润物无声　风化于成

——"三全育人"的校本探索与实践

陈仕俊　陈军强 等 著

浙江工商大学出版社
ZHEJIANG GONGSHANG UNIVERSITY PRESS
·杭州·

图书在版编目（CIP）数据

润物无声 风化于成：“三全育人”的校本探索与实
践／陈仕俊等著. —杭州：浙江工商大学出版社，
2022.10

ISBN 978-7-5178-5134-9

Ⅰ. ①润… Ⅱ. ①陈… Ⅲ. ①思想政治教育－职业技
术教育－教案（教育）Ⅳ. ①G711

中国版本图书馆 CIP 数据核字（2022）第 177856 号

润物无声 风化于成
——“三全育人”的校本探索与实践
RUNWU WUSHENG FENGHUA YUCHENG
—“SANQUAN YUREN” DE XIAOBEN TANSUO YU SHIJIAN

陈仕俊 陈军强 等 著

责任编辑	黄拉拉
责任校对	韩严新
封面设计	浙信文化
责任印制	包建辉
出版发行	浙江工商大学出版社
	（杭州市教工路 198 号　邮政编码 310012）
	（E-mail：zjgsupress@163.com）
	（网址：http://www.zjgsupress.com）
	电话：0571－88904980，88831806（传真）
排　　版	杭州朝曦图文设计有限公司
印　　刷	浙江全能工艺美术印刷有限公司
开　　本	710mm×1000mm　1/16
印　　张	22.5
字　　数	376 千
版 印 次	2022 年 10 月第 1 版　2022 年 10 月第 1 次印刷
书　　号	ISBN 978-7-5178-5134-9
定　　价	69.00 元

前 言
Preface

　　育才造士，为国之本。2022年是进入全面建设社会主义现代化国家、向第二个百年奋斗目标进军新征程的重要一年，中国共产党将召开第二十次全国代表大会。回顾党的奋斗历程，党建工作和思想政治教育是中国共产党的重要政治优势。中国共产党自成立以来，始终坚持实践基础上的理论创新，坚持用发展的马克思主义中国化创新成果武装头脑。

　　加强和改进新时代高校党建工作和思想政治工作，是重大的政治任务和战略工程。

　　为更好地推动党建与思想政治教育工作走深、走实、走活，近年来，浙江工商职业技术学院紧紧围绕"立德树人"的根本任务，紧扣时代特征，立足社情和校情，不断创新学校党建和思想政治教育的内容及形式，构建了内容完善、标准健全、运行科学、保障有力、成效显著的学校思想政治工作体系，形成了富有工商特色的"三全育人"新格局。面对新形势，研究新方法，解决新问题，组织开展了一系列关于党的建设、思想政治教育、素质教育等方面的学术研究活动和实践活动，产生了一批特色鲜明的研究成果和实践育人案例，初步形成了具有鲜明辨识度的工商案例、工商实践和工商经验。

　　为总结我校"三全育人"综合改革的宝贵经验，宣传优秀研究成果，推广优秀工作经验，我们将2017—2021年的优秀研究成果及相关论文进行梳理，并结集出版。论文分为思政课建设、课程思政改革、思政工作创新等板块，案例主要涉及班主任工作创新、辅导员育人点滴、心理问题学生管理、"三困"生服务等内容，这些优秀研究成果和案例，充分反映了我校近五年"三全育人"领域在理论研究、队伍建设、教学实践、育人实践等方面的新思路、新方法、新经验，为更好地推进高校全员全程全方位育人提供了借鉴和启迪，具有较强的时代特点和实践应用价值。

　　学用结合,知行合一。《润物无声 风化于成——"三全育人"的校本探索与实践》的出版将进一步激励我校广大思想政治教育工作者不断深化理论研究,提升思想政治教育工作的水平,推动"三全育人"综合改革,教育和引导大学生树立正确的世界观、人生观和价值观,增强中国特色社会主义道路自信、理论自信、制度自信和文化自信,努力成为中国特色社会主义事业的合格建设者和可靠接班人。今后,学校将全面推动党建和思想政治教育高质量发展,以实际行动迎接党的二十大胜利召开。

目 录
Content

思政工作论文

思政工作案例

思政工作论文

党建赋能高校治理能力和治理体系建设的校本探索

陈仕俊[①]

内部治理已成为信息化、全球化、民主化语境下的新型管理范式。在《国家职业教育改革实施方案》及相关文件密集出台后,高等职业教育已处在改革的风口,职业教育现代化体系建设步伐明显加快。因此,推进高职院校治理能力和治理体系现代化建设,服务国家重大发展战略,培养创新型技术技能人才,是引领高职教育发展的总引擎。浙江工商职业技术学院深入贯彻落实党的十九届四中全会精神,不断推进主题教育常态化、长效化、制度化,持续做深、做实"党建+治理现代化",以高质量党建凝聚发展动能,把中国特色社会主义的制度优势转化为办学治校的实际成果,推动各项事业实现多点突破。

一、强化党的领导,以学校党委为"龙头",逐步完善治理体系

对照时任浙江省委书记习近平在学校办学 90 周年暨建校 5 周年时贺信中"抢抓机遇、加快发展、办出水平、办出特色"的希望和要求,对照高职院校优质校和"双高"校建设的目标,还存在一些桎梏学校高质量发展的难点、堵点。

面对问题,只有加强党的领导,充分体现党组织把方向、管大局、做决策、抓班子、带队伍、保落实的能力,把牢意识形态,以党建引领学校治理体系顶层布局创新,加强方向引领、发展定位、内部统筹等方面的系统设计,才能将党的组织优势转化为治理优势,从而破题解难,释放发展新动能。

---

① 陈仕俊,浙江工商职业技术学院党委书记,主要研究方向为高校党建与思想政治教育。

（一）坚持政治引领，铸强党委领导核心

学校党委始终把政治建设摆在首位，坚持党委领导下的校长负责制，近两年来，着眼于更好地发挥党委的领导核心作用，聚焦"强化政治责任、强化团结协作、强化规矩意识、强化学习观念、强化创新精神、强化廉洁自律"目标锻造"六强党委"，进一步健全党委会和校长办公会议事规则，规范决策程序，积极履行管党治党、办学治校主体责任，把好社会主义办学方向，推动学校改革发展。先后建立了八个抓落实机制，并引导党员干部践行"四个改变"，坚持联系基层"11个一"制度，推动各级党组织书记扛起主责主业，切实增强党委管党治党的意识并提高党委管党治党的水平。

（二）确立发展目标，优化内部治理结构

2019年1月召开的学校第二次党代会提出了把学校建成"特色鲜明、全省前列、国内知名"的高职院校的目标，为未来5年的发展明确了方向。本着"等不得"的紧迫感、"歇不得"的危机感和"慢不得"的使命感，学校党委发挥了政治领导力，在广泛调研和充分听取各方面意见的基础上，紧锣密鼓地开展了机构调整、职能整合、中层换届、全员聘任等一系列工作，通过整合资源、优化机构、完善职能、理顺关系、建好队伍，合理配置各类资源，推进管理重心下移，扩大二级学院自主权，强化服务监督职能，形成放管结合、良性互动的格局，进一步完善内部治理结构，建立起与学校发展相适应的管理系统和运行机制。

（三）加强统筹协调，实现跨界整合共赢

职业教育的跨界类型特征，使其由学校一元治理主体结构走向学校、行业、企业、社区等多元治理主体协同育人模式。学校党委切实发挥"总揽全局、协调各方"的政治引领力，加强统筹协调，努力构建多方主体力量共治共建共享的治理体系。与海曙区签署了"1＋X"全面合作框架协议，并开展实质性合作；与慈溪市政府达成第二阶段合作协议，并投入1.54亿元扩建慈溪学院；与宁海县政府协商推进10多年未解决的宁海学院办学条件、人才公寓产权等历史遗留问题……立足"一体两翼"的办学格局，主动利用各方优势，积极争取政府支持，依靠社会力量拓展学校的办学空间，实现政府、行业企业、科研院所与学校的跨界

联动、资源整合、多方共赢。2019 年 11 月,在全国高职院校中率先举办规模较大的产教融合大会,参与企业 276 家,现场签订产教合作协议 26 个,捐赠 600 多万元,产生广泛且深远的社会影响。

二、聚焦固本强基,以基层组织为"基石",不断提升治理能力

党的十九大报告强调,要以提升组织力为重点,突出政治功能,把学校基层党组织建设成为宣传党主张、贯彻党决定、领导基层治理、团结动员群众、推动改革发展的坚强战斗堡垒。学校以组织建设上水平为牵引,发挥党组织的协同效应,借助组织功能、组织优势和组织力量,有效激发红色细胞活力,结合学校发展目标,推进简政放权放管相结合,助推二级学院特色发展,提升治理能力,破解事业发展瓶颈。

(一)激发党建活力,深化关键领域改革

学校立足现状求突破,将开展"不忘初心、牢记使命"的主题教育与推动改革发展稳定紧密结合,在充分调研的基础上研究确立了扩大二级学院办学自主权、分级分类考核、业绩目标导向、以考核促质量提升的综合改革方案,有力地释放和激发了教职工干事创业的活力,充分调动了二级学院的积极性、主动性和创造性,推动学校发展动力机制从"火车头模式"向"动车组模式"的切实转变。固本强基凝聚强大力量,改革创新激活"一池春水"。在全员聘任中下定决心,全面配齐配强各条线的党务人员,设置党总支书记、副书记等岗位,配齐专职组织员,实现党务人员占教职工比例超过 1%。只有党建工作人员到位,党建基础才可以真正称得上"夯实"。全面推行"支部建在专业上",实现"双带头人"教师党支部书记全覆盖,以"头雁效应"凝聚师生骨干力量创新发展;通过党建责任制考核等激励机制,构建以党建带动各项工作深度融合的"党建+"新模式,推进支部标准化建设。2019 年至今,学校先后获评浙江省高校党建工作标杆院系、样板支部和全国高校党建样板支部;学校党委和两个党总支、五个党支部被宁波市委组织部评为"五星级党组织",多项事业协同并举获得丰硕成果。

（二）坚持党管人才，实施人才强校战略

坚持"党管人才"这一原则，把人才工作纳入学校发展大局统筹谋划推进，健全党管人才工作领导体制、运行机制和常抓机制。借势主题教育，开展师资和人才队伍建设专项调研，抓住评价制度改革和创新平台搭建两个重点，依托教师教学竞赛、人才培养培训项目、加强科研指导服务三个载体，有效激发人才发展活力，服务学校改革创新。自 2019 年以来，以博士工程、名师工程、国际访学交流等为平台建立了"金字塔形"的名师培育体系，形成大师领航、架构明晰、梯级攀升的人才梯队；以"双师"基地、技能大师工作室、教师工作室等为依托，提升教师双师创新素养；以"双导师"培养模式、青年教师成长资助等为载体推动青年教师成才。因此，学校人才涵育工作取得了丰硕的成果，计算机网络技术专业团队获批首批国家级职业教育教师教学创新团队立项建设单位，影视动画"双师"培养基地成功获批国家级"双师"培养基地，王柏华老师领衔的"智能制造技能大师工作室"获批国家级技能大师工作室。得益于"双导师"培养模式，一位入职刚满一年的青年教师荣获 2020 年度浙江省高校思政微课大赛特等奖。

（三）强化廉政建设，发挥制度规范作用

从本质上说，学校的治理体系就是一个制度系统，包含人才培养、科学研究、社会服务等各个领域。因此，推进学校治理必须从总体上考虑和规划各个领域和各类群体的理性约束，实现职业院校各项事务治理制度化、规范化、程序化。学校各级组织切实把"党要管党、从严治党"的责任扛在肩上，认真落实党风廉政建设"一岗双责"，积极履行监督执纪问责，扎实推进清廉校园建设，举办制度学习会、警示教育专题讲座和参观反面典型案例展，开展干部任前集体廉政谈话。全面落实纪检监察体制改革，对职能部门的业务工作流程、岗位职责风险、防控措施等进行梳理再造，逐一制定防控措施；对选人用人、基建工程等易发腐败的重点领域工作进行监督，提升规范性。重点关注"三公管理"规范程度，着力整治形式主义、官僚主义问题。加强对基建工程、物资设备等易发腐败的重点领域和环节的监督检查，全面落实中央"八项规定"等制度，稳步推进党风廉政建设，强化发展规范性，有力地稳定了教育事业发展的基础。

三、传承红色基因,以师生党员为"先锋",持续涵育治理文化

"文化自信是一个国家、一个民族发展中更基本、更深沉、更持久的力量。"长久有效地治理高职院校同样需要文化作为支撑。职业教育跨界合作协同育人的结构形式,决定了治理手段上需要从单一的制度性治理方式向强调观念和价值的文化治理相结合的综合治理方式转化。

(一)凝练"工商精神",为高质量发展铸魂

学校创立于兴学图强的时代背景之下,奋斗于国家与民族的危难之时,兴荣于改革开放搏击潮流之际,数代工商人为国、为校、为教育呕心沥血,形成了独特的"工商基因",积淀了独特的工商文化,凝聚了独特的"工商精神"。学校第二次党代会报告第一次系统性地总结提炼出了"工商精神"的内涵:"爱国爱校、矢志不渝的教育情怀,艰苦创业、开拓创新的精神追求,以及尊师重教、师生为本的办学宗旨。"不仅如此,学校还通过打造以"工商精神"为核心的主景观,组织开展"厚德讲坛""重走工商路"、校史报告会、"与工商精神对话"等多种主题党团日活动,引导全校师生党员感悟与传承工商精神,努力营造出一种坚守教育初心、艰苦创业、开拓创新、尊师重教的校园文化氛围。这种实干兴校、以校为家、与学校同呼吸共命运的校园文化理念深入每一个人心中,成为全体工商人的共识和行动指南,令工商人站在新的时代坐标中,登高望远,凝心聚力,全面推动学校创新前行。

(二)凝结党建思路,推动发展见成效

自"不忘初心、牢记使命"的主题教育开展以来,学校党委聚焦主题主线、紧扣目标任务、围绕四项措施,突出"书记抓、抓书记",谋划在前,研究确立了"1+8+N"的主题教育一体化推进工作思路。其中,"1"是指党委,党委班子成员作为主题教育的主角和重点,做到"党委带头学";"8"是指学校的 8 个二级党总支,党总支是学校主题教育的基层单位,做到"总支跟进学";"N"是指学校的 28 个支部、474 名党员、若干个学习载体,做到"支部积极学""党员自觉学"。结合国家高职教育改革发展的风口和学校高质量发展关键期的背景,坚持将主题教育

与服务学校中心工作、推动改革发展稳定紧密结合,在省委五个方面目标要求的基础上,增加了"推动发展见成效"的目标任务,团结引导师生党员创新创造、担当作为、岗位建功,将主题教育焕发出的组织力、创造力转化为学校事业发展的推动力。学校主题教育洗礼了思想,凝聚了人心,促进了发展,得到了浙江省委第二巡回指导组的充分肯定。

(三)凝聚红色力量,交出抗疫满意答卷

2020年初,新冠肺炎疫情来袭,全校上下闻令而动,第一时间吹响集结号,迅速成立疫情防控领导小组,设立教师线、学生线、后勤员工线、外籍师生线"四线"和综合组、后勤保卫组、信息宣传组、纪律监察组、教学组"五组",建立起"纵向到底、横向到边"的联防联控机制。学校党委明确发出"每位老师都是战士,每个学生都是士兵"的号令,号召全校上下同心"战疫"。"四线""五组"协同作战,加强管理、守好校门,严格落实上级疫情防控要求。健康信息排查、防控物资筹集储备、防疫知识宣传等一项项措施有效落实,实现了校园疫情的"零发生,零扩散,零输入"。28个党支部党员争相报名,只用一天就完成了1.2万个健康防疫包的分装打包工作;所有教工参与返校复学模拟演练,500多人次教职工担当志愿者,化身"接待引导员""行李运输员""秩序维护员""防疫宣传员"等。在这场考验学校综合治理能力的大考中,工商人发扬"工商精神",凝聚红色力量,用自己的实际行动交出了一份满意的答卷!

职业教育治理是一个系统工程,党建引领高职院校治理任重道远。未来,学校将继续积极探索,笃力躬行,进一步加强党委领导班子自身建设、基层党组织建设、干部队伍建设和党风廉政建设,充分发挥党员的先进性,广泛凝聚各方面的智慧和力量,推进学校高质量发展,努力为高职治理体系和治理能力现代化提供"工商方案"。

从心出发，做好新时代高校思想政治工作

陈仕俊[①]

党的十九大报告字字珠玑、句句铿锵，凝聚全党智慧，符合人民期待，是我们党迈进新时代、开启新征程的行动指南。作为高校党委书记一定要认真学习和深刻领会十九大精神。

一是深刻把握"不忘初心"，实现中华民族伟大复兴。"不忘初心、牢记使命"被写入大会主题，简洁明了地指出中国共产党人的初心和使命就是为中国人民谋幸福，为中华民族谋复兴。基于这份初心，才有了十八大后"砥砺奋进的五年"。硕果累累的背后也无声地证明了我们党以巨大的政治勇气和强烈的责任担当，推动了党和国家事业的历史性变革。

二是深刻领会"坚定信心"，激荡达成目标的奋斗热情。信心并非凭空而来，而是建立在五年来成功实践的基础上。以习近平同志为核心的党中央探索形成的新时代中国特色社会主义思想，已经系统地回答了新时代坚持和发展什么样的中国特色社会主义、怎样坚持和发展中国特色社会主义的问题，为党和国家事业发展提供了根本遵循，这就是全国人民共筑中国梦的信心源泉。

三是深刻领悟"展示雄心"，贡献全球治理的中国智慧。走雄关漫道须有雄心壮志，这个雄心展示在提出"一带一路"顶层设计的高屋建瓴，展示在面对中美贸易战争时铿锵有力的"奉陪到底"，展示在出席博鳌论坛时的"开放共赢"的大国担当。今天的我们比历史上任何时期都更接近、更有信心和能力实现中华民族伟大复兴的目标，但这个目标绝不是轻轻松松就能实现的，我们必须具备中国特色的智慧和担当。

---

① 陈仕俊，浙江工商职业技术学院党委书记，主要研究方向为高校党建与思想政治教育。

四是深刻体悟"保持恒心",谱写新征程的壮丽篇章。当前,中国特色社会主义进入新时代,但我国仍处于并将长期处于社会主义初级阶段的基本国情没有变,"行百里者半九十",我们要清醒地看到工作中的不足、困难和挑战,必须坚持"打铁必须自身硬"的理念,保持艰苦奋斗、戒骄戒躁的作风,发扬坚韧不拔、锲而不舍、锐意进取、埋头苦干的精神,撸起袖子加油干,推动中国特色社会主义事业不断向前发展。

作为一名从政多年又转任至高职院校担任一把手的教育工作者,从开幕式直播到拿着报告读十九大原文再到中心组集中学习,每一次笔者都倾注了极大的政治热情,也收获了丰富的精神食粮和不竭的思想政治工作动力。在"95后""00后"逐渐"占据"校园的今天,如何让思想政治工作真正走进学生心里? 我想,答案依然在"心",不忘初心,从心出发,源于心,存于情,终于行。

一、思想铸魂,价值引领,"主心骨"认同更强劲

思想理论建设是意识形态工作的核心和灵魂。增强大学生对"主心骨"意识的认同,就是要让大学生"真学、真懂、真信、真用",不断增强他们的理论认同、政治认同和情感认同。

(一)把稳把牢正确政治方向

牢牢把握党对高校工作的领导权,坚持党的领导,坚持社会主义办学方向,坚持服务地方的办学宗旨,把思想政治工作纳入党建工作和意识形态工作责任制范畴,出台《关于切实加强领导班子建设的意见》,着力强化学校党委主体责任,切实履行党委书记的第一责任人责任。同时,各部门主要负责人履行主体责任及"一岗双责",建立部门协作机制,各负其责,加强协作,层层传导压力,逐级压实责任,形成学校党委统一领导、各部门齐抓共管的工作格局。重点围绕中心工作,提高敏感舆情的发现力、研判力和处置力。

(二)确保思想政治责任落实到位

深入贯彻全国、全省高校思想政治工作会议和十九大精神,按宣传谋划、分工实施、检查评价、改善提升 4 个阶段落实,每一个阶段按计划、执行、检查、提升

4个步骤实施,形成闭环,明确责任,取得实效。鉴于学校创办时间较短、规模较小,基础相对薄弱、短板较为明显,学校党委聚焦短板,有的放矢,集中力量抓好党建、"三风"、思想政治、服务四大模块工作。在学校党委统筹领导下,明确每个模块的牵头校领导、责任部门、配合部门,制订实施计划,设定时间节点,进行挂图作战。

(三)管好守好意识形态阵地

出台教学管理办法,划定课堂教学意识形态安全底线和红线,实行报告会、讲座等"一会一报"制,建立新闻发言人制度。全面建立起以《〈党委意识形态工作责任制实施办法〉实施细则》为纲,以《校园网新闻发布管理规定》《课堂教学纪律要求》《微博微信平台管理办法》《报告会、讲座、论坛等管理的实施办法》《校内宣传栏、横幅、海报等管理规定》等一系列管理制度为目的体系,确保高校成为传播先进理论、弘扬先进文化的重要阵地。

二、方向坚定,以生为本,"同心圆"打造更稳固

师生"同心圆"就是处处都要体现"以学生为中心"的根本教育理念,坚持做到"一切为了学生、为了一切学生、为了学生的一切"。

(一)构建师生共同体,优化资源整合

通过开展"网格走寝、师生连心"活动,把思想政治工作融入党建,将全校72名党员教师,组成20支教师服务团队与学生寝室结对,使寝室成为学生的第二课堂。定期开展心理健康普测和心理健康教育宣传活动,引导学生树立正确的价值观,培养成熟的情感心理。开展"诚信之星""自强之星"等评选表彰活动,培养学生诚信感恩、自立自强的观念。坚持围绕学生、关照学生、服务学生,把解决思想问题和解决实际问题结合起来,把严格要求和关心帮助结合起来,完善"奖贷助减补"五位一体的助学机制,发挥其资助育人的作用,解决学生经济困难。

(二)建立亦师亦友情,促进情感交流

寓思想政治教育工作于师生情感交流之中,通过让教师和学生"交朋友",以一起去食堂吃饭或者操场散步等方式,切实加强对学生的思想引导。在解释社

会重大热点、难点问题时,引进思想政治教育的内容,做到不拒绝、不回避。对一时解答不了的问题,可以和学生共同探讨,拉近与学生的思想距离。对需要澄清的言论一定要澄清,需要引导的要引导,需要辨别的要辨别,需要直言的要直言,提高广大学生辨别是非曲直的能力和抵抗不良文化侵袭的免疫力。借助"邀请学生上讲台",办好"旅健大讲堂""分享读书会"等活动,使思想政治工作更聚人气。

(三)增强师生合作观,提升实践教学

组织师生深入乡村社区,了解社情民意,亲身感受中国特色社会主义在当地的生动实践,由教师带队引导大学生走进基层、走进群众,参与"环境综合整治""五水共治"等志愿服务活动,广泛开展社会公益活动,主动服务新区建设。启动了校地共建模式,相继合作设立了党建实践基地、旅游发展基地、国际志愿者基地、产学研基地等八个师生实践基地,共同成立了 15 支"五水共治剿灭劣 V 类水""1+2+N"治水等志愿者队伍。

三、"八心八问",干净干事,"强心剂"作用更彰显

教师是思想政治教育工作的主力军,师德师风建设是高校思想政治教育工作的重要一环,教师首先要做先进思想文化的传播者和中国共产党执政的坚定支持者。

(一)聚焦修养,巩固师德建设成果

坚持教育者先受教育,更好地担起作为学生健康成长的指导者和引路人的责任。学校明确提出教职工的四件大事:教书育人、全员思政、创新创业、干净干事。其中,干净干事的重点是用心,要用"真心"感召学生,把纯正风气的思想根植好,努力培养学生积极进取、奋勇拼搏的良好心态,让学生树立起"学校以我为荣"的目标意识;用"热心"服务学生,解决学生的后顾之忧,关心学生在学习、生活中遇到的各类困难,使学生真正把学院当成自己的家;用"公心"取信学生,用高标准、严要求时刻提醒自己,一切以学院和学生的利益为重,维护好风清气正的优良氛围。

（二）健全机制，实施素质提升工程

制定出台《党员清单式管理积分化评价办法（试行）》，激发广大党员保持先进、争做先进的内动力。制定发布《教师行为规范 10 项规定》，从最基本、最细节处向教职工提出了必知必行的日常规范。严格师德评价，在专业技术职务评聘、聘岗任职、考核评优中实行师德师风"一票否决制"。制订思想政治理论课教师培养培训规划，坚持和完善暑期集体备课会、"双休日课堂"、骨干教师访学研修等工作制度。发挥师德楷模、名师大家、学术带头人等的示范引领作用，开展"师德标兵""最美教师"和"最受学生欢迎的教师"评选活动。

（三）自省自纠，开展教职工"八心八问"

在全体教职工中开展"八心八问"活动，即是否有感恩心、敬业心、忠诚心、事业心、责任心、奉献心、宽容心和爱心。通过学习心得交流和自省自纠活动，鼓励教师积极创新，运用形式灵活、丰富多样的思想政治教育留住学生的心，把学生吸引到和教师相同的"心率"上来，既能以理服人，又能以情感人，确保思想政治工作接地气、有底气，做到以德立身、以德立学、以德施教，让思想政治工作多点"味道"，切实增强青年学生获得感。

四、问题导向，守正出新，"向心力"供应更实效

习近平总书记指出，做好高校思想政治工作，要因事而化、因时而进、因势而新。时代变化和实际运作都迫切要求我们以创新的精神把高校思想政治工作做新、做活。

（一）思路创新，与学生零距离接触

切实遵循实事求是、与时俱进的原则，改变原来的工作思路，综合运用 QQ 交流群、官方微信、官方微博等网络交流载体，与学生平等交流。占领网络宣传阵地，及时开通官方微博、官方微信，用网络的语言和喜闻乐见的方式推送与师生工作生活密切相关的讯息，形成互动，传播校园正能量。针对网络舆情内容的

特点,突出服务性,建设完善的网上服务系统,将与师生密切相关的学习、生活、工作等信息发布到网上,及时收集校园热门话题和各方面的意见及建议。

(二)方式创新,向"课程思政"转变

制订由"思政课程"向"课程思政"转化的实施方案,把社会主义核心价值观的要求融入各类课程教学之中,使各类课程与思想政治理论课同向同行,形成协同效应。修订教研室考核办法和教学业绩考核办法,将思想政治要求有机纳入教研室和教师业务考核内容等,积极探索思想政治理论课程课堂改革,开展思想政治教育大比武活动。

(三)载体创新,做到润物无声

深入推进校园文化建设,开展"一月一主题"活动,优化校园育人环境,实施文化上墙,使校园文化"看得见、摸得着、感受得到"。同时,为充分满足青年师生的需求,建设一批集党团活动、学术交流、学业指导、心理辅导、社团文化等于一体的交流活动室、茶吧、咖啡吧等文化示范项目。全面规范学校视觉信息识别系统,强化视觉标识系统的推广应用。

经过这几年的探索,学校已经初步形成"三五九大思政模式",即三张网、五个阵地、九大载体,其中,三张网为党组织网、教师网、学生网;五个阵地是指基层党组织、教学课堂、校园文化、互联网、社会环境;九大载体就是"两学一做"常态化制度化、党员积分评价、教师10项规定、最美评选、文明系列、校风建设、新媒体应用、思想政治教研创新及思想政治工作考核体系。"三五九大思政模式"覆盖了全体师生,内容涉及高校思想政治工作的所有参与者、建设者和受益者,三张网层层递进、步步为营,五个阵地全面覆盖、周密无隙,九大载体互相补充、彼此配合,为学校思想政治工作的全程、全方位育人提供了新思路、新途径。

学习十九大的起点是心,不忘初心;收获依然是心,信心倍增。只有用"心"去感受新时代,用"心"去感悟新思想,从心出发,才能真正领会十九大报告的精神实质,并全面贯彻落实至行动举措。

高校思想政治理论课现场教学协同模式探索

——从协同理论"协同效应"建构实践①

陈军强②　乔文奇③

摘　要:高校思想政治理论课现场教学的关注点多在教学现场的活动性和教学场域的特殊性,对其应有的系统性和整体性却把握不足。思想政治理论课现场教学引入协同理论"协同效应",融教学内容、教学实施和教学评价等为一体,追求各教学子系统相互协同产生的集体效应,落实校地合作育人的理念,引导多主体协作"三全育人",以提升思想政治理论课的针对性和实效性。

关键词:协同理论;现场教学;实践

近年来,现场教学在思想政治理论课(以下简称"思政课")教学中颇受各高校的重视与推崇,以其特有的生动性和实践性为思政课教学注入了新鲜活力。但从整体情况看,思政课现场教学效果尚有很大的提升空间。究其原因,很大程度上是现场教学各元素仍处于分割单列状态,难以兼顾整体。因此,需要借助协同理论思想系统观照思政课现场教学各元素,整合学校及地方文化教育资源,统筹思政队伍,形成教育合力。

---

①　本文系浙江省高校思政名师工作室、宁波市教育工委 2018 年加强和改进高校思想政治工作试点项目"依托基地教学资源开展思政课现场教学模式探索与实践"(编号:SZZD201806)的研究成果。

②　陈军强,浙江工商职业技术学院党委宣传部部长、副教授,研究方向为高校思想政治理论课建设。

③　乔文奇,浙江工商职业技术学院思政课教师,研究方向为思想政治理论课教学。

一、协同理论"协同效应"与思政课现场教学的逻辑关联

协同理论也称"协同论",是 20 世纪 70 年代德国物理学家哈肯在多学科研究的基础上逐渐形成的一种学科论,是系统科学的重要分支理论。协同论提出了这样一种观点,即整个环境中的各个系统间存在着相互影响又相互合作的关系。对于千差万别的自然系统或社会系统而言,当在外来能量的作用下或物质的聚集态达到某种临界值时,子系统之间就会产生协同作用。这种协同作用能使系统在临界点发生质变产生协同效应,使系统从无序变为有序,从混沌中产生某种稳定结构[1]。滥觞于自然科学的协同论自提出以来,其发展空间和应用范围就不断拓展,甚至延及社会科学系统,哪里存在有序结构的形成,哪里就会有协同作用。即便社会现象亦如是,安德鲁·坎贝尔指出,"通俗地讲,协同就是'搭便车'。当从公司一个部分中积累的资源可以通过横向关联取得协同效应,被同时且无成本地应用于公司其他部分的时候,协同效应就发生了"[2]。"协同效应"是协同理论的核心原理、思想,是系统自组织现象的体现。"协同效应",即由于协同作用而产生的结果,是指复杂开放系统中大量子系统相互作用而产生的整体效应或集体效应[3]。简单地说,"协同效应"就是"1+1>2"的效应。

就高校思政课教学体系的重要部分而言,现场教学在教学目标、教学内容、教学实施和教学(考核)评价等方面亦形成相对独立的教学子系统。该系统内部诸要素在空间、时间、逻辑上纵横交错、密不可分,也同样需要通过系统整理产生叠加效应。思政课现场教学的系统性、整体性和实践性特点正是协同理论"协同效应"的规定性的衍生显现,现场教学的组织、实施可以借助协同论给予理论支撑和方法指导,反过来,现场教学的付诸实践又能够为协同理论"协同效应"提供具体场域来加以验证。因此,两者具有相当的内在关联。

一方面,协同理论"协同效应"为现场教学提供了科学方法论。该理论探讨了不同系统从混沌无序转变为稳定有序的结构过程中的普遍性规律和共同特点。依照"协同效应"的观点,系统内部诸如环境、组织、管理等各个子系统如若能目标统一、协调配合,该系统就能更好地发挥整体效应。这对思政课现场教学同样有着重要的理论指导意义。高校思政课现场教学是一个相对完整的教学系

统,教学内容、教学形式、教学过程和教学考核则是现场教学必备的要素。它们围绕"立德树人"的根本任务协同创新,能产生整体大于部分之和的"协同效应"[4]。因此,运用协同理论"协同效应"来研究和决策现场教学过程,对现场教学开展能起到科学指导和理论支撑的作用,更有利于现场教学汲取改革创新的理论养分。从此角度来看,该理论与思政课现场教学有了一个契合点。

另一方面,现场教学为协同理论"协同效应"提供了实践场域和验证场景。从现场教学的实质来看,主要是"教"与"学"等系统内各元素不断配合、结合和融合的过程。以教学过程中的"师生"元素为例,双方通过调查、分析和研究现场事实,提出解决问题的办法,或总结出可供借鉴的经验,从事实材料中提炼出新观点,从而培养学生运用理论认识问题、研究问题和解决问题的能力[5]。现场教学实现了教学模式质的转变。这种转变过程坚持"以人为本"的思想,根植于学生实际,更加注重学生的主体性地位和学习主动性的激发。而协同理论在教育、思维科学、哲学以及社会经济等领域均得到了运用与发展,理论合理性和合法性的取得与巩固本身就充满着实践的魅力,这与现场教学更为注重实践性的特质不谋而合。同时,协同理论"协同效应"必须通过不断分析和解决复杂问题来拓展发展空间,以体现其理论价值。协同理论可借理顺现场教学各要素之间关系和机制之机,进一步提升和拓展发展空间,通过在教育场域内的实践检验将独特的理论魅力展现得淋漓尽致。基于此,思政课现场教学与协同理论"协同效应"又有了一个契合点。

二、思政课现场教学应用协同理论"协同效应"面临的困境

(一)系统性、整体性理念不足,导致现场教学成为"走过场"

从各高校思政课现场教学管理来看,在资源共享、协调同步的政策和制度安排方面缺乏校地协同,整个教学活动的系统性、统筹性和长效性难以得到保证。有些现场教学仅靠学校积极推动,教学基地能动性相对有限,校地合作流于形式,时断时续。从现场教学运作机制来看,往往是思政课程的负责机构单边唱戏,其他教学机构和管理部门不以为重,教学活动的组织得不到有力保障。各类思政活动与思政课现场教学很难相融,社团活动、社会实践和专业实践仍然是以

我为主,与思政课现场教学契合度不高。很显然,传统条块分割的工作理念和机制不利于思政课现场教学的实施和效果发挥,各系统内各要素之间还存在较多壁垒,协同理念的缺失弱化了思想政治教育的成效。从教学场域来看,现场教学和课堂教学之间也缺乏联动,内容、形式均有雷同,在教学内容、实施环节、考核评价等方面都暴露出统筹不足的缺陷。

(二)教学内容整合与创新不够,导致现场成为教室的翻版

由于某些现场教学目标不清晰、教学任务不明确,学生走马观花,不同程度地存在"转了、看了、听了、玩了——完了"的现象[6],致使部分现场教学陷入"为了现场而现场",或单纯为了吸引学生眼球而使用现场的窘境。从教学实践和反馈看来,现场教学的难点在于如何将思政课程内容与基地教学资源有机地融合,逐步实现从教材体系向教学体系再向学生体系的转化,使教学体系和学生体系在大学生思想政治素质养成中双双发挥作用。有些现场教学不能很好地反映最新的理论和内容,甚至出现课程教学内容与基地教育资源相脱节的现象。现场参观体验成为象征性的学生活动,现场参观结束后教师在教学基地继续大谈政治理论,进行"课堂版"灌输式教学,致使学生更加厌倦思政课,对现场教学也产生了不好的印象。这也是部分学生在参加过几次现场教学活动后,觉得现场教学仅仅是把上课地点由教室换成基地而已,刚开始还有新鲜感,后来就"没什么意思"的原因所在。

(三)教学方法协同与融合不紧,导致现场教学成为"走流程"

思政课教师在组织现场教学时,关注焦点多放在如何合理安排课程内容上,而忽略了多种教学方法的融合与互动,致使教学方式较为单一,极大地弱化了教学吸引力。有些教师虽然也对思政课现场教学做了方法上的设计,但一旦遇到实际问题,便陷入教师事先布置话题,学生自主选择题目、自行调研落实、最后提交心得体会的刻板流程,现场教学沦为形式上的实践,却没有真正的内涵。即使采用互动式、研讨式的教学方式,也只是在教学过程中象征性地安排下,让学生热闹一番,教师小结了事。教师未能根据教学内容安排相应的教学方法,未能使用新媒体手段调动学生的学习热情,未能将多种方法融合使用形成一个整体,仍旧固守老一套的课堂教学方式,教学成效便可想而知了。

(四)教学评价主体与内容不全,导致现场教学成为考核盲点

现场教学评价以思政课教师为主,忽略了学生、基地兼职教师、教学管理人员等多主体的想法,而专职教师有时囿于思维定式仍把现场当课堂,执着于学生对理论知识掌握的观测,忽视了学生在现场的能动性表现(实践能力、心理素质、情感态度、创新精神等),致使评价结果过于片面。评价方法还较为陈旧,评价标准过分关注共性而忽略了学生的个性差异和个性发展,过度重视教学结果而忽略了教学过程,导致"以评促教"功能难以发挥[7]。现场教学在思政课教学评价中所占比重过低,有些甚至不纳入学习评价中,教师对诸如定性与定量评价相结合、学生自评与教师评价相结合的做法有畏难情绪,简单应付了事,导致现场教学成效大打折扣。

三、基于协同理论的思政课现场教学模式探索与实践

针对思政课现场教学实际运作中出现的问题,根据协同理论"协同效应"和现场教学的关联性,笔者所在的浙江工商职业技术学院的思政课教学团队与共建基地紧密合作,充分利用地方资源,协同基地人员联合开展现场教学,引导学生参观体悟,有效地提升了学生在思政课堂的参与度和获得感。几年来,经过不断深入的探索与实践,逐步形成思政课"校地协同、三教融合"现场教学模式(见图1)。

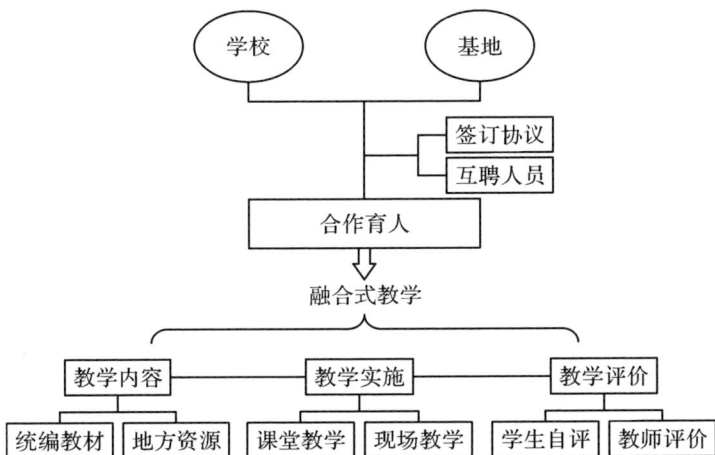

图1 "校地协同、三教融合"现场教学模式

校地携手,协同育人:以签订合作协议、共建现场教学基地等方式,实现学校与基地之间资源有效共享、方案联合制订、教学协同开展等。学校还聘请基地党政干部、讲解员等为兼职教师,思政教师则成为基地的特聘顾问,形成合作育人的联动机制。校地双方用生动鲜活的宁波案例来教育学生,初步形成植根宁波土地、突出宁波特色的校地协同教学模式。

校地一体,三教融合:整合思政课课程内容,提炼并形成与基地资源契合度高的教学专题,借助校地力量,提升教学内容、教学实施、教学评价等元素的整体性,达到"三教融合",即教学内容坚持统编教材与地方资源相融合,教学实施注重课堂教学与现场教学相融合,教学评价强调学生自评与教师评价相融合,形成协同效应。同时,现场教学适当呈现教学内容的理论性,依托教学内容和教学实施来展现教学评价的全面性,"三教"深度融合共同指向"铸魂育人"的核心目标。

学校将协同理念深入思政课现场教学的每个环节,结合学生成长发展需要和思想政治工作规律,积极探索创新思政教学方法,努力形成一套行之有效的思政课现场教学协同模式,充分发挥现场教学在思想政治教育中的作用。

(一)学校与地方共建基地,校内外多方联动,体现协同育人理念

1.加强校地深度合作,形成协同育人机制

校地签订基地共建合作协议,明确双方的权利和义务,举行现场教学基地挂牌仪式,推动双方领导人员在思想上形成共识,促成校地资源有效对接、共建共享。近年来,学校先后与宁波四明山革命烈士陵园、镇海海防历史纪念馆等签订了多份共建协议,并授予其现场教学基地牌。借助校地双方搭建的党建共建平台,以党建促发展,双方党组织联合推动基地建设,达到党政双轨协同、联合研讨方案和共同付诸实施的目的。如宁波市奉化滕头村的现场教学公开课,专门设置了"模拟党委会"环节。在思政教师的主持下,多名同学以"村党委会委员"的身份,和滕头村第一党支部书记一起再现了美食街项目可行性论证会议的场景,深刻理解了"坚持党对一切工作的领导"的重要性。学校与基地还互聘教师,形成合作育人的联动机制。聘任基地领导和讲解人员为兼职教师,同时,多名思政教师则成为基地的顾问,实现了校地双方人员上的互融互通。

2.完善顶层组织架构,实现多部门合作育人

成立以学校主要领导为组长的大学生实践育人工作领导小组,形成党委部门、教学部门和各院系等多部门联动的工作机制,全面统筹协调大学生的专业实践、社会实践和思政课现场教学之间的关系,搭建合作育人平台。出台实践育人总体方案,坚持思政课现场教学与大学生社会实践、专业技术实践相融合,有效整合各院系实习实训、实践教学共享平台,建立各部门和各院系相协同、思政课和专业课相协同的教学改革机制,促进各类思政活动与思政课现场教学相辅相成,构建整体性更强的校内外联动、课内外互补、多主体共参与的现场教学育人体系。

(二)促成"三教融合",同向同行,体现教学"协同效应"

1.坚持统编教材与地方资源相融合,显示教学内容的完整性

明确统编教材内容的基础性地位,以协同思想设计现场教学活动,同时充分挖掘地方资源所蕴含的思想政治教育元素,使教材内容需要的"教学点"与地方资源的"实践点"更好地衔接起来,促使两者同向而行,形成协同效应。现场教学资源的选取还要兼顾大学生的学习特点,以其为载体融入课程教学,不断挖掘、整合现场教学的内容与精髓并开发成教学案例,凸显现场教学资源的价值。如滕头村的现场教学设计着重把握"五位一体总体布局"这条主线,挖掘滕头村在政治、经济和文化等方面取得的成就,整合课堂内外的教学内容,活化教学内容。学生通过参观体验、研讨交流,可以将课堂所学的内容和实践所感知的内容对接起来,这既能推动教材体系向学习体系的有效转化,又能促进思政课教学的知行合一。

2.注重课堂教学与现场教学相融合,体现教学实施的有效性

现场教学坚持讲授与体验并举:一方面,精心设计理论讲授环节,教师在现场着重讲清楚理论的逻辑关系,帮助学生形成较为完整的理论体系;另一方面,以学生体验为主轴,引导学生在情境中体悟并分享现场学习的所思所感,通过教师与学生、学生与学生之间的研讨交流驱动学生自主探究,使其不断丰富和完善知识体系。在现场教学前的理论课堂上,预先讲清楚现场教学所涉及的理论知

识点,同时利用蓝墨云班课、学习通等平台推送教学安排和教学基地资料,让学生进行预习准备,完成前置教学;现场教学结束后,教师重温现场教学所涉及的理论知识,或组织开展专题讨论、专题展示等活动,强化现场教学成果,使学生将理论知识真正内化于心。比如在讲授"弘扬中国精神"时,课前,教师将镇海海防历史纪念馆的"四抗"历史资料通过 APP 推送给学生,让其自主学习;教学中,教师设计了理论学习、参观体验、分享交流等多个环节,由多名教师合作组织教学;教学后,教师再次设计"我的中国心"主题演讲、"爱国主义是否过时"辩论赛等活动,帮助学生强化爱国主义情感。

3. 强调学生自评与教师评价相融合,实现教学评价的全面性

在现场教学中,学生通过参观体验,对自己学习感悟的质量和价值进行判断,形成自我评价。专兼职教师运用相对评价、个体内差异评价等方式对学生认知提升、政治倾向等进行衡量,引入学生互评,避免学生自我评价出现盲目性和随意性。专职教师对学生理论知识的掌握、政治态度的变化等进行评价,兼职教师对学生参与教学的情感态度、互动表现等进行定性评价,学生群体内部对现场教学的参与积极性、学习任务完成度等进行互评。综合这三个维度的评价,很好地实现了知识与能力、过程与方法、态度与情感的相统一。例如,在四明山革命烈士陵园教学时,设计了由三个一级指标和 10 个二级指标构成的教学评价体系,涵盖了"校""地""生"等多元评价方式,运用过程性评价、定性评价、价值评价等对学生的行为表现、情感态度、政治素养等方面进行了全方位的衡量。

(三)多元主体积极介入,分工合作互动,体现"三全育人"成效

1. 教学实施的分工合作互动

校地双方既可以按协议保证各司其职,也可以共同开发现场教学大纲、实施方案、示范案例等,有效地实现了资源共享。教师团队内部、教师和基地讲解员之间分工合作,有助于提高整体效能。基地兼职教师负责参观讲解,教师团队则认真打磨讲解词,使之更好地衔接教材内容。教学团队通过集体备课对教学内容进行优化,确保合作教学的质量。这种在分工基础上合作的新模式,不仅最大限度地发挥了教师的自我效能,而且有效提升了思政课教学的整体质量。

2. 教学管理的多元主体构成

思政专兼职教师在现场教学中起主导作用,同时动员党政干部、辅导员、班主任等多元主体积极介入,形成思政育人"全校一盘棋"的格局。一方面,党政干部参与能够促进学校探索长效机制,从而固化现场教学的运作模式;另一方面,多方介入"挑起思政担",有利于形成"校地协同联动、教学精准施策、全员共同育人"的思政课教学新局面,推进"三全育人"体系构建。

现场教学的创新改革是一个系统工程。高校应该把目光更多地投向摆脱思政课现场教学的困境上,以协同理论为指导,促进学校、基地、管理部门、师生等各个子系统"协同效应"的发挥,全力推进思政课现场教学模式的发展和完善,逐步提升思想政治教育的魅力与价值。

参考文献

[1] 赫尔曼·哈肯.协同学 大自然构成的奥秘[M].凌复华,译.上海:上海译文出版社,2005.

[2] 安德鲁·坎贝尔.战略协同[M].北京:机械工业出版社,2000.

[3] 范炳良.主动社会管理论[M].长春:吉林人民出版社,2015.

[4] 陈军强.协同论视角下高校思想政治理论课现场教学特征及策略分析[J].机械职业教育,2019(3):30-33.

[5] 张红峻.北京高校思想政治理论课教学质量保障体系建构研究[M].北京:北京理工大学出版社,2009.

[6] 李青嵩,刘纯明.高校思想政治理论课教学方法改革的困境及对策[J].重庆与世界,2011(5):1007-7111.

[7] 涂刚鹏.构建高校思想政治理论课实践教学评价体系的新思考[J].湖北经济学院学报(人文社会科学版),2015,12(1):168-169.

基于全课程育人视角的思政课程与课程思政一体化运作机理分析①

陈军强②

摘　要：思政课程与课程思政都有宣扬马克思主义意识形态、提高思想政治教育效果、培养社会主义建设者和接班人等共同目标。从全课程育人视角去审视二者的协同，就要以完善知识与技能结构、优化过程与方法、关注情感态度价值观培养等一体化推进育人体系建设，尤其观照思政内容、教学方法、教学评价等三个维度的一体化，形成课程育人的合力。

关键词：全课程育人；思政课程；课程思政；一体化

高校思想政治工作贯穿教育教学全过程，"三全育人"理念得以贯彻落实，可解决"培养什么样的人，如何培养人，以及为谁培养人"这个根本问题。思想政治理论课是大学生接受思想政治教育的主渠道，高校其他课程是课程教学育人的主要渠道，两者作用的发挥亟待统筹于一体。从思想政治理论课思政主渠道到课程教学育人主渠道的演进，凸显了"全面思政"的核心要义和价值指向，强调了发挥每门课程的思政效用。就课程育人的归结点而言，思政课程和课程思政全课程育人的终极目标是一致的，具备共同的价值意蕴，都能体现思想政治教育的理论价值、思想价值和教学价值等，最终落脚点在于提升青年学生思想政治素养。

---

①　本文系浙江省高校思政名师工作室、浙江省第一批课程思政教学研究项目创新"推动课程思政与思政课程协同育人研究"的阶段性研究成果。

②　陈军强，浙江工商职业技术学院党委宣传部部长、副教授，研究方向为高校思想政治理论课建设。

一、思政课程与课程思政全课程育人价值分析

思想政治理论课与专业课程、其他公共课程同属课程育人主阵地,现代社会的全人教育促使各门课程都有育人功能,所有教师在课堂上不仅教授课程知识或技术技能,而且理应担负起做学生思想政治工作的职责。所谓全课程育人,指的是坚持以育人为本、以思想政治为价值引领,构建包含思想政治理论课、专业课,以及其他公共课程的系统化育人体系,赋予并彰显所有课程的育人功能,推动思政课程与课程思政同向同行,进一步将大学生培养成为"人",而不是具体的"某种人",最终实现学生全面发展的育人目标。[1]思想政治理论课教学是思想政治教育的主要实施载体,但"立德树人"绝不仅限于思政课教师群体范畴,其他课程教师更需要在课堂教学中强调思政价值。思想政治教育的获得感是基于对思想政治理论真切性的认知和评价,由受教主体内部发端形成的具有自觉性、自为性特质的精神满足感。课程思政更易于实现这种满足感,思政全课程育人理念更好地彰显了思想政治教育系统的教育教学功能,让学习主体感受到"课程"内在蕴含的思想魅力,产生精神共鸣。

(一)引领思政课程改革方向,使之回归思想政治理论教学本原

长期以来,人们在思想政治教育认识上存在误区,片面地认为思想政治教育是思想政治理论课的任务,造成思想政治理论课与专业课脱节严重,使思想政治教育成了"孤岛"。这不仅忽视了其他课程多元化的思想政治元素和教育资源,而且无法发挥思政课程的引领作用,甚至使思想政治理论课异化为专业技术人才培养目标的辅助课程。[2]新时代以来,习近平总书记高度重视思想政治理论课建设,全面推进各类课程与思政课程同向同行,赋予了思政课程更宏大的历史使命和更宽阔的历史视角。思政课程成为高校铸魂育人的关键课程,思政课程改革逻辑就是要构建一整套全课程协同育人体系,使"三全育人"理念落地并见效。在全课程育人这一历史视角下,调动所有专业课程开展课程思政,使得思政课程从之前的迎合专业特质回归思想政治理论教学本原,引领人才培养的趋势和方向。在全社会主推课程思政改革背景下,思政课程建设不能因此而迷失方向,思政课堂需要从"新"定位和从"新"正位,回归思想政治课程应有的特性,以引

领其他课程办好思政课。高校要确立思政课在立德树人方面的核心地位,除必要的经费投入、政策支持和硬件保障之外,重点推进思政课回归本原式的教学改革创新,以高质量、高水平的"金课"触及学生的灵魂,改变思政课固有的面貌和学生对思政课旧有的印象。思政课程建设必须协同课程思政创新内容和形式,以高质量、高水平的课程建设作为课程思政改革的样板参照,在课堂教学组织实施上强调与课程思政的有效互动。课程思政改革的成功经验也可作为思政课改革的借鉴,从而形成思政课程和课程思政一体化发展的大思政教学格局。

(二)推动思政教学改革创新,使之成为课程思政的原动力

思政课程教师如何"理直气壮"地讲好思政课程,如何汇聚理论勇气和底气使得思政课程成为引领课程思政改革、带动课程思政形成全课程育人格局的关键,是办好思政课极为关键又亟待破解的现实问题。习近平总书记强调,推动思想政治理论课改革创新,要不断增强思政课的思想性、理论性、亲和力、针对性,推动思政课改革创新要做到"八个相统一"[37]。"八个相统一"的辩证梳理直击思政课的重点和难点,为思政课教学改革创新标定航道。做到"八个相统一"的关键在于要提升思政课程教师队伍的整体能力和素质,思政课程教师要"在马言马",以高超的学术研究能力与教学水平将深奥的理论转化为学生可以接受的知识,要注重自身的道德修养,言传身教,并影响其他课程的教师。当前课程思政已成为思想政治教育的大势,思政课程教学改革方向必然顺乎其中,立足于以思想引领、价值带动和教学支持为使命,做课程思政改革的"火车头"。基于高校较为成熟的学科、专业体系和课程特征,思政课程重点为课程思政的教学改革提供理论指引、元素融入和方法参考,教改定位在于助力全人培养目标的最终实现。思政课程教改成果不应局限于本课程教学领域,甚至可以推广应用到其他课程教学,引导非思政类课程在课程教学中要有明确的思想政治教育目标,深度挖掘课程所蕴含的思政元素,在提升专业素养的基础上增加人才培养的厚度。要将思政课程教改经验价值最大化,比如课程思政教学指南可以由思政课程教师组织编写,以便更明确地指导其他课程教师在教学设计中确定思政的内容、环节及方法等。就合作育人作用发挥最大化而言,需要思政课程教师与课程思政教师形成良性互动,以思政课程教师队伍素质的整体提升带动其他课

程教师。两支教师队伍联合开展教学改革创新研讨,组织有针对性的示范课教学与不同课程的"集体备课"活动,深化课程思政改革的创新形式,并为之提供持续动力。

(三)解决思政课堂现实难题,使之提升思政教育的实效性

学生在思政课堂上积极性不高、获得感不足,是思政课程教师面临的头等难题。改变思政课堂内容艰涩深奥和形式呆板无趣等印象,摆脱"人到心不到"这一思政课"难以言说的痛点",已然成为提升思政课堂有效性的关键所在。在全课程育人视角下,创设出一种既符合青年一代接受习惯,又能在课程知识的传授中对年轻人的价值观进行潜移默化的引导,既教育其形成完整的学科理论知识体系,又能将学科课程价值与社会主义核心价值观较好地相统一的学习方式,是思政课教师和其他课程教师共同完成立德树人重任的关键。思政课堂的破题要架构在协同育人的理念之上,主动打破思政课的"孤岛"现象,通过对影响思政教育教学要素的全方位审视,以思政元素为核心一体化地构建思政课、专业课、通识课教学体系,统筹不同课程教师的资源和力量,有效化解当前思政课堂的难点、堵点,让思政课程成为学生喜欢的课,且让其他课程体现思政味。广义大思政的育人理念,其本质是整合各类思政因素形成思政教育合力,由高校搭建思政课和专业课同频共振新平台,使思政课程"理直气壮"地扣好人生第一粒扣子,同时其他课程整合学科教育资源并积极开展课程思政,从而构建全员全程全方位的思政格局。

二、课程思政与思政课程全课程育人体系框架构建

实现协同育人目标,就是要以完善知识与技能结构为载体、以优化过程与方法为纽带、以关注情感态度价值观培养为支撑来一体化推进思政课程与课程思政育人体系建设,使知识获取、技能培养与价值观塑造融为一体,让育人成为系统工程。

第一,完善课程知识与技能结构是课程思政与思政课程全课程育人的基础。各门课程在知识传授和能力培养中,都要帮助学生建立起学科思维、价值思维,充分发挥学科课程知识体系对社会主义意识形态的支持作用。[4]思政课

程教学应通过对学生进行系统的思想政治理论涵育,提高学生运用马克思主义的立场、观点和方法分析问题、解决问题的能力和水平;课程思政统筹专业知识、能力培养与学科价值形成有机整体,在充分发掘各个学科、专业和课程的资源与特色之上,经过知识传授与解决问题、理论学习与实践运用的糅合,推动学生思想品德修养的再提升。思政课程以显性教育为主开展系统的思想政治教育,而课程思政以隐性教育为主实施思想价值引领。在协同育人过程中,既要发挥好思政课程的主渠道作用,适当体现专业的差异性,又要将思政内容与学生所学专业、课程知识进行有效融合,同时避免出现所有课程"泛思政化"的现象。

第二,优化课程的实施过程与方法是课程思政与思政课程全课程育人的关键。专业课程同步追求在教学过程中体现"思政味",引导学生在自主、合作、探究、体验的学习中做到专业能力提升与思想价值观端正相结合。除了相关的教育管理部门要发挥好协调作用,充分调动任课教师的积极性和能动性之外,思政课程教师与专业课、公共课教师在教学过程中的协同配合也很重要。建立一套科学的运作机制,确保思政课程教师与专业课、公共课教师在教学过程中打破队伍壁垒、通力合作,形成紧密型教学团队。在不同类型教师间的合作教学,都要立足于贴近当代大学生的成长环境和思想特点,遵循思想政治教育规律,采用青年学生乐于接受的教学形式和语言,使"漫灌"与"滴灌"有机结合。丰富课堂教学形式,落实学生的主体地位,充分利用现场教学、翻转课堂、跨学科教学、开放式教学等形式,推动思想政治教育的传统优势与现代信息技术相融合,在师生互动和探讨中提升知识传递的质量,提高思政教学的实效性。

第三,关注情感、态度与价值观培养是课程思政与思政课程协同育人的核心。思政课程与课程思政相得益彰,将学科蕴含的情感、态度、价值观嵌入知识和技能的传授中,对学生进行积极正确的思想价值引领,尤其强调一体化运作思维的效用。关注情感、态度与价值观系统化培养,要做好思政课程与课程思政体系的构建,关注学生的情感反应,将情感、态度、价值观的培养落实到第一课堂、第二课堂乃至第三课堂的全过程,让学生在行动行为与情感体验中产生关联,在有温度的知识接受中获得更高的精神愉悦,使各门课程都彰显出对社会主义核心价值观的认同。同时,也要防止课程思政同质化现象,应根据不同课程或专业的特点、规律在思想政治元素挖掘上有所侧重,育人的素质考量更是有所差别。如:公共基础通识课程要重点培育学生的思想道德素质、人文素养、科学精神;实践类课程要注重增强学生的探索精神、创造意识和解决问题的能力；专业课程则要根据不同专业的特点和人才培养的素质要求，科学合理地渗透思想政治教育内容，使学生既获得专业的知识又升华了思想情感。

三、思政内容一体化：协同思政理论与课程思政价值元素

富有时代性和正能量的思政内容，才能引起学生的心理共鸣。思政课程内容创新就是把政治理论与社会发展相结合，将思政课程内容在融入鲜活的实践中不断提升亲和力。挖掘其他各类课程的思政价值元素，并主动融入知识传授和能力塑造，在学生学科素养形成的同时提升思政品质。将二者在内容上有效协同，就是要探索赋予全部课程的教育教学以丰富的多维特质，注重教育的内在整合和完整性，实现育人的整体效应。

（一）思政价值引导由显性向隐性转化

高校的各门课程，不管是思政课程、专业课程，还是公共课程，都蕴含着鲜明的价值导向，对大学生都能起到潜移默化的思想引导作用。实施思政课程和课程思政一体化育人的关键，在于深入挖掘非思政类课程的育人资源和深刻揭示其中的价值追求，培养学生的思想政治素质。逐步将思政教育的关注点由思政课程扩展至课程思政，进而充分发挥全课程教育的引导功能，促使高校每位教师在教学中将思想政治教育贯穿备课、授课、实践指导、作业批改的全过程，贯穿教育教学的各环节。通过整合所有课程的思政教学资源，强调润物无声、撒盐入水，改变传统思政教育固有的呆板形象，更加侧重课程的隐性思政功能，促使课程思政助力思政课程，进而建立全方位、系统化的课程育人教学体系。一方面，思政课程教学改革渗入专业性和生活化元素。在思政课堂上，教师除了向学生灌输思想政治理论知识外，可结合学生专业性特点和生活化特征，糅合专业教育资源和生活教育资源，让思政课程变得生动起来，改变思政课程以往的刻板形象；同时依托师生的校园文化活动，思政课程教师因势利导，延伸思政课程教育教学的半径，由校方统筹思政课实践教学和学生社会实践，将思政教育贯穿学生生活学习的全过程。另一方面，专业课程教学自觉渗透思想价值引导。专业课程在教学内容上除了深挖思想政治元素外，更重要的是要实现专业知识技能与

思想政治素养的互融互促。在各类课程教学大纲的制订过程中,要求专业课教师对所教课程在课程体系中的定位、教学目标、教学内容以及实训实践进行深层分析,展现课程蕴含的育人元素。[5]相比较思政课程的显性政治教育,专业课程的隐性政治教育更易为受众认可,前后端相互转化和演进,从教学工作层面对思政课程与课程思政协同育人提供更为完整的体系保证。

(二)思政元素挖掘由课程向学科拓展

专业课程思政无疑在整个课程思政体系中居于相当重要的地位。专业课程应当如何结合专业特色创新性地融入思政元素,挖掘哪些思政元素,如何将其渗透到各教学内容和环节中并产生持续的价值导向,这些都是关键问题。以往的课程思政改革大都聚焦于某门课程思政元素的开发和挖掘,难以形成课程思政改革的多点开花式的局面,在轰轰烈烈之余仍然暴露出"课程思政"零敲碎打、不成体系的问题,大多数教师仍局限于一门课、一节课的思政元素挖掘,同类课程的思政元素缺乏有效整合,课程同质化现象较为突出,思政教学效果不明显。为此,必须统筹各学科专业、各类课程的课程思政建设,从学科战略的高度思考构建分课、分科、分层、分类的课程思政元素挖掘体系。一是强调课程思政元素的挖掘要契合学科特色和优势,厘清各学科课程思政间相对的边界。文科类专业、艺术类专业侧重人文感知与艺术审美,将思想政治理论渗入人文熏陶和对艺术美的追寻,坚持运用马克思主义立场、观点和方法来分析人文艺术探索中的问题,形成正确的价值共识和审美倾向。理工科类、语言类专业侧重实践与技能,要发挥思政课的方法论作用,树立中国特色社会主义共同理想和集体主义价值观,将思政元素运用于各类实操过程,结合细节进行升华,小中见大。二是课程思政应该各有侧重,而不是全面兼顾。院系应当组织教师确立每门课的任务,形成系统、精炼、一致、连贯的课程思政元素分布体系。各专业课程聚焦教师教学和学生评价端口,实事求是地巧妙融合各类思政元素,既要摒弃功利主义,又要杜绝形式主义。当前,课程思政元素挖掘由"单一课程"向"课程—专业—学科"体系拓展,课程思政元素挖掘的主体也呈现由"单一教师"向"学校—院系—教师"转变的发展趋势。

四、教学方法一体化：协同课内课外及校内校外教学实践

（一）理实一体，形成多元化的课内外联动体系

课程教学在学生思想品德形成中起到关键作用。教学方式理实一体，教学手段显隐结合，教师用春风化雨和润物无声的方式开展教育教学。学科课程以理论灌输为主，以其严密的逻辑体系和知识体系促使学生系统掌握学科知识，进而提升学生理论素养，但目前学科课程普遍存在重知识习得、轻思政教育、植入痕迹较浓、吸引力和实效性相对不足的问题，为此需要协同课内外教学资源，联合高校开设的讲座论坛和活动课程，提升思政课程与课程思政的实践体验性。讲座论坛以学科或专业领域的知名学者、行业精英、榜样人物为讲师，以优于第一课堂的学习信息和学习方式来提升学习成效，借助信息化平台，形成线上线下、课内课外、学期内外、理论实践相结合的课程体系，营造浓厚的学术氛围以调动学生兴趣。活动课程设置开放的教学情境，提供课内外探究活动设计，引导学生自主学习相关知识、澄清概念、深化认识、积累经验，发挥其特有的育人功能，促使学生形成科学的价值体系和健康的独立人格[6]。另外，还需打造良好的教学环境，促进各类课程之间形成良好的互动局面，不管是在思政课程教学过程中，还是在其他课程教学过程中，所有教师都必须以"平等、自由、公开"为基本教学原则，创建良好的教学氛围。教师通过自身模范行为来感染学生，学生通过参考教师的行为来养成良好的学习生活习惯。不管是课堂上还是在生活中，学生都受到思政课程全方位的感染，在主动接受思想政治内容之中提升自身道德修养。

（二）方法多样，构建多渠道校内外实践体系

思政课程是一种显性思政，课程思政是一种隐性思政，两者要互相借鉴并有效使用对方的优势手段，做到教学手段显隐结合。思政课程与课程思政要充分利用课堂教学这一主渠道，灵活运用多种教学方式，共同发挥课堂上的育人效果。当然，光有课堂讲授是远远不够的，课堂讲授只能让学生记住理论知识，唯有实践才能帮助学生运用理论知识并指导实际生活。在日常教育中，除了利用

课堂教学的传统形式,还应将思政元素融入社会实践、实训实习、创新创业、劳动教育等活动中,引导学生在实践中学习、在实践中成长,使思政教育走出课堂,走入学生生活。思政课程和其他专业课程应结合实际情况探索开展实践性教学,将书本知识与实践体验相结合,通过实地调研、案例分析、参观学习、实习实训等多种教学模式将知识学以致用,达到知行合一的教学效果。不同课程都要践行"工学结合""产教融合"等新型育人理念,将思政课程实践基地、社会实践基地和专业实习实训基地打通使用,共同打造教学实践一体化平台,既统筹教育资源又可以检验成效。当然,结合"95后""00后"学生的新特点,还要积极利用新媒体技术方法,将图文、短视频穿插于课程教学之中,扩展教学空间,推动实践课堂与网络课堂的互动,实现线上线下课堂的联动,最终提升协同育人的效果。

五、教学评价一体化:协同教师教学活动与行政组织管理

第一,建立以学生成长和教师发展为核心的双标准思政教学动态评估制度,这是思政教育一体化改革的重难点。要想在课程教学中渗透思政内容,就需要对教学活动进行一个准确的评估反馈。建立一个合适的动态评估制度,是检验思政知识点是否融入教学过程的重要抓手,并且在这一评估过程中能发现问题,引导师生及时做出调适。动态评估制度具体包括以下几个方面。一是通过课堂教学的参与度、课程思政作业、菜单式实践教学以及志愿活动的参与情况等维度进行评估,这些是可量化的评估方式。二是借用心理学量表进行评估,任课教师在学期之初就有关课程思政的相关问题进行调查问卷,在课程完成之后就相应的问题再进行调查,看看前后的差异。三是通过教育大数据来监测学生的思想政治教育效果,将育人成效作为判断各专业课程教师教授内容是否合理的依据,并且通过分析教育大数据来健全课程思政的考核体系,解决新媒体融入课程思政与思政课程教学的难点和疑点,推动新媒体技术更好地辅助思政课程与课程思政的发展。四是通过学生评教、课程总结等方式查看学生的反馈。在以教师发展为核心的评估制度中,确立"建—享—赛""三位一体"的激励机制是重要的方式。其中,"建"表达的是在专业课程中进行一定程度的思政元素输入,既不引起学生的反感,又能取得良好的教学成果,这需要教师对思政课程的知识进行一个全方位的掌握;"享"体现了专业教师与思政教师在教学方法上的讨论,实践证

明,分享交流是激发创造性的重要途径,好的创意往往在交流之间产生了;"赛"就是以赛促建、以赛促发展,可以有效地促进思政课程与课程思政一体化发展。

第二,在监管层面强化思政课程与课程思政全课程育人的考核评价与激励约束,这是思政教育一体化改革的有力保障。课程思政与思政课程全课程育人机制建设是一项协同要求高、推进难度大的改革举措,要坚持问题导向和结果导向,以破解协同育人中的堵点、难点为重点,以学生的成长发展指标来反推全课程育人的评价机制,实现"以评促建"、管理与激励并进的效果。具体而言,从以下三个方面进行改进。一是优化高校绩效考核体系。各高校应把课程思政与思政课程全课程育人机制的落实情况纳入各二级单位年度考核评估指标,并进行宣传、指导、反馈及奖惩等。在学评教中设立思政元素评价项目的做法逐步为教师所认同,并转化为其自觉行动,从而确保课程思政与思政课程一体化育人机制在管理决策渠道和教学实施环节畅通无阻。二是加强课程的督查、诊断和改进工作。学校人才培养方案的制订要将全课程育人理念视为重中之重,构建内容齐全的思政课程和课程思政矩阵,建立动态的思政教学质量监控和教学效果评价体系,形成定期或不定期的教学检查和督导工作机制,组织教学督导重点观测思政元素在课程教学中的落实情况,并向教师做出及时反馈以立行立改。三是注重发挥激励引导的效用。课程思政与思政课程一体化育人机制建设必须有明确的导向,至少要凸显多元主体参与、分类分层评价、激励导向功能等原则。要明晰学校各部门和各层面人员一体化育人的具体职责,以考核为指挥棒,分层分类予以激励推动,对协同育人工作推进有力并取得量化成绩的部门、平台和团队进行表彰和奖励,对一体化改革取得业绩实效的教师在年度考核、评先评优、出国进修和职称评聘,甚至薪酬福利待遇等方面予以倾斜。

课程思政与思政课程全课程育人机制构建与实践,必须从顶层予以系统设计,需要有党委统一领导、部门各司其职的组织领导体系作为保障,建设显隐结合的协同育人大课程体系作为持续,打造教书育人、协同育人的师资队伍体系作为关键,使科学规范又符合实际的运作机制真正发挥效用,完成培养社会主义建设者和接班人的使命。

参考文献

[1] 李申淼.高职"思政课程"与"课程思政"全课程育人策略分析[J].中外企业文化,2021(5):168-169.

［2］石书臣.正确把握"课程思政"与思政课程的关系［J］.思想理论教育,2018
(11):57-61.

［3］习近平.思政课是落实立德树人根本任务的关键课程［J］.求是,2020(17):
4-16.

［4］许瑞芳.一体化视角下高校课程思政建设的四个维度［J］.中国高等教育,
2020(8):6-8.

［5］魏瑞花.高职院校思政课程与"课程思政"协同育人的几点思考［J］.教育教
学论坛,2020(39):40-41.

［6］涂刚鹏,刘宇菲.思政课程与课程思政协同育人的三维路径［J］.学校党建与
思想教育,2020(21):50-53.

职业素养培养导向下
高职院校德育课程改革研究

靖国华[①]

摘　要：行业在发展，时代在进步，社会各界对高职学生的要求越来越高，不仅要求他们掌握专业知识与技能，而且对他们的道德品质、环境适应能力提出了更高的要求。古人认为，只有德才兼备者才可以被视为"圣人"。可见，道德品质对于个人的成长与发展非常重要。然而，我国高职院校德育课程存在诸多问题，高职学生职业素养、思想道德水平均有待提升。因此，加快高职院校德育课程改革十分有必要，也很紧迫。本文对现阶段高职院校德育课程存在的问题进行分析，并结合职业素养培养探讨高职院校德育课程的改革路径。

关键词：德育课程改革；高职院校；职业素养；路径

高职院校是技能型、应用型人才的重要来源。随着国内高等职业教育的发展，高职学生已经成为企业重要的劳动力资源。在国民思想观念变化、社会经济快速发展的背景下，社会对高职学生的素质提出了更为严格的要求。实践证明，在具备知识基础、职业技能的基础上，具备高尚品格、环境适应能力强的学生更受企业青睐。这就要求高职院校在重视职业技能、职业知识传授的同时，也要关注学生职业素养的培养，要加强对高职德育课程的研究，寻求更为有效的手段以提升德育课程的育人效果。现阶段，高职德育课程是高职人才培养体系的薄弱环节。为了培养出具备职业能力、职业素质与职业道德的人才，教育工作者需要研究德育课程改革。基于此，本文对职业素养培养导向下高职院校德育课程改革进行研究，希望对促进高职德育课程良性发展、提升人才培养质量有所裨益。

---

① 靖国华，浙江工商职业技术学院马克思主义学院副院长（主持工作）、副研究员，研究方向为马克思主义理论与思想政治教育。

一、高职院校德育课程存在的问题

(一)课程目标不明确

课程目标决定了教师的教学方向,也影响着德育课程的质量,对高职学生的个人成长与教育发展产生了深远的影响。然而,当前高职院校德育课程目标不够明确,主要表现为以下几个方面。一是高职德育课程目标界定较为模糊。高职德育课程的目标应该是探讨如何在传授专业知识的同时,实现学生个人素质的提高和道德行为的养成,在教育教学、就业工作中做到技术性与人文性相结合。当前,教师对高职院校德育课程目标的认识和界定不够清晰,在制定课程目标过程中没有将理论与实践相结合,难以将理论观念向学生的人文素质、思想道德教育形成具体转化。二是高职德育课程目标与高职学生基本情况不适应。高职学生的家庭背景、心理素质、专业选择存在较大的差异,同时,相比于本科学生,其自制能力、文化课基础相对较差,这就要求高职德育课程必须具有一定的针对性。但从实际情况来看,部分高职院校在确定德育课程目标时,直接照搬重点本科院校的课程目标,并没有根据不同专业的学生制定差异化的课程目标,而且存在教师主导性过强的问题,导致德育课程目标缺乏针对性。三是部分高职德育课程枯燥、乏味。当前,高职德育教育学生被动学习的问题较为突出,德育课程普遍对高职学生吸引力不足,这也侧面反映了高职院校德育课程设计的不合理。同时,在教学过程中,教师施教手段比较单一也使得高职德育课程脱离学生、脱离实际情况严重。四是高职德育课程目标滞后。社会的进步、技术的发展,加之中国经济发展模式的转变,要求高职院校必须紧跟时代发展潮流。然而,高职德育课程目标在知识结构、情感价值目标、教学手段等方面仍存在一定的滞后性。

(二)课程内容不合理

一是高职德育课程内容缺乏针对性。当前,高职院校和本科院校使用相同的德育教材,难以体现学生之间文化水平、专业方向的差异,难以兼顾德育教育的共性与个性。二是高职德育课程内容体系开放性不足。当前,高职院校德育课程的政治、哲学、法律等内容基本不变,难以突出德育教育的特色,限制了学生发展,也不利于学生创新思维的培养。三是高职德育课程内容脱离学生实际生活。当前德育课程内容政治性过强,内容偏向于理论,课程内容不太贴近"90后""00后"高职学生的生活,难以引起学生的情感共鸣。四是高职德育课程内容与职业的融合度较低。目前,仍有一部分高职院校认为,德育教育就是大学生思想政治教育,德育教育仅通过思政课进行,故乏味、强理论性的内容难以调动学生的兴趣。从校本内容来看,涉及职业道德问题、职业道德行为的内容较少。在职业道德问题频发的今天,缺乏这一内容导致高职德育教育流于说教,职业素养并未被纳入德育教育内容中,不利于学生今后的职业发展。高职院校德育课程内容不合理使其育人作用难以得到真正的发挥,也在一定程度上影响了德育教育目标的实现,难以满足新时代对综合性人才的需求。[1]

(三)教学方法不丰富

在德育课程教学过程中,部分教师照本宣科地讲授理论知识,教师与学生之间缺乏平等的互动,课堂教学成为教师的"独角戏",这样的德育课程对学生缺乏吸引力,学生的学习热情与兴趣不高,甚至产生厌学的心态。尽管部分教师为了调动学生的兴趣尝试制作课件,采用多媒体教学,但由于教师自身信息技术水平不高,制作的教学课件不够生动,使用多媒体教学设备过程中存在诸多的问题,甚至部分课程的课件内容实效性不强,没有做到与时俱进,最终难以达到德育课程的目标。与此同时,高职院校德育课程现有的教学手段不能较好地利用教学资源,教育形式仍以课堂理论教学为主,课内外德育实践活动较少,不利于培养学生的实践能力、创新能力。

(四)教学效果不理想

由于上述因素的影响,德育课程教学的实效性还存在不足,教学效果有待进一步提升。一方面,部分高职学生的就业观、职业价值观有失偏颇。高职学生入学后受周围环境的影响,加之入学时没有结合自己的兴趣等慎重选择专业,因此在校学习、生活往往安于现状,在毕业求职时对自身没有准确的认知,就业岗位一味追求"高、大、上",对岗位待遇、工作环境要求较高,却从未思考自己的能力是否达到用人单位与岗位的要求[2]。虽然高职院校开展了德育课程,但是学生的职业素养并未得到有效的提升,在求职、任职过程中功利心较重。另一方面,学生的职业素养、职业生涯规划意识不强。由于高职院校德育课程内容滞后、教学方式单一等因素,高职学生在学习德育课程后,对自己未来的职业方向仍缺乏思考,对职业素养仍缺乏全面的认知。同时,学生对未来岗位的职责、内容与工作方式不了解,自我素养意识较弱。

二、职业素养培养导向下高职院校德育课程改革路径

(一)以职业目标为基础,明确德育课程目标

当前,社会的快速发展变化对人才培养提出了新的要求。在这一背景下,高职院校德育课程必须与时俱进,从源头入手,合理调整德育课程培养目标,要充分体现德育教育的前瞻性、针对性与层次性,更好地指导德育教育工作。

在制定德育课程目标时,一方面要建立在国家发展要求、专业发展需求的基础上。教育工作者要立足实际,深入研究国家发展形势、专业发展现状,不断完善德育教育工作,提升人才培养质量,为行业、企业提供德才兼备的技能型人才,更好地服务社会经济发展。与此同时,要立足区域发展实际,以区域经济发展的需求为导向培养专业人才,要以发展的眼光看待德育教育工作,提高人才培养与社会需求的适应性[3]。高职院校德育课程不仅要培养学生的爱国情怀、法律意识,也要培养学生的职业素养、职业精神,要结合行业需求、专业特色以进一步细化课程目标与教学方式,从而提升德育课程目标的针对性。

另一方面,要注意渗透,突出职业教育特色。高职院校在明确德育课程目标时,要根据不同专业学生的职业目标,确立德育课程目标。在教育政策的宏观指导下,高职院校要努力探索具有本校特色的德育教育模式,在此基础上制定课程目标,而非盲目照搬其他院校的德育课程目标,要突出职业教育特色,突出本校特色。高职德育课程目标是要使德育教育融入学生学习、生活、实习过程中,实现学生在实践过程中将德育理论自觉外化为行动[4]。具体包括以下两个方面。一是发挥思想政治理论课的教育作用,借助优化教学手段等方式加强德育内容在课堂教学中的渗透;同时要在各个学科、专业教学中充分挖掘德育教育资源,要让学生在学习专业知识的同时学会做人,要发挥专业课程在育人中的重要作

用,做到课程思政与思政课程同向而行。二是要关注德育教育在学生生活中的渗透,要充分利用校园文化活动、社团活动等隐性课程载体,结合学生生活进一步深化课程目标,提升德育教育的感染力。

(二)以职业内涵为抓手,优化德育课程内容

第一,构建隐性课程与显性课程相结合的德育课程体系。首先,思政理论课作为大学生接受思想政治教育的主渠道,高职院校应该优化其课程内容。"思想道德与法律基础""毛泽东思想和中国特色社会主义理论体系概论"等是高职学生的必修课,但是其中的职业道德内容大多不受教师与学生的重视。从现实情况来看,部分思政课程教师在教学安排下不得不讲授职业道德知识,而多数学生觉得当前还未参加工作并不需要了解职业道德,认为这样的内容无实际意义。笔者认为,要想改变这一现状,首先必须整合现有的课程内容,筛除部分重复、陈旧的内容,合理增加贴近学生实际生活的内容,例如就业、心理健康、婚姻等方面的内容。对学生已经学习过的内容加以整合,例如根据学生实际,以马克思主义中国化为主线,以问题为抓手,整合相关内容或专题,提高课程教学灵活性。其次,要重视德育隐性课程的开发,可以将教学课堂搬到现场,定期组织学生到革命纪念馆、社会主义新农村等地开展现场教学,让学生结合课程内容,现场学习革命精神,感受时代发展;或者是通过宿舍文化展示、校园大赛等培养学生的创新意识,通过隐性课程让学生在实践中提升思想道德水平。

第二,增加职业道德教学内容。高职院校德育课程改革必须抓住学生职业发展这一重点,要结合市场和社会的整体需求,以用人单位的岗位标准、能力要求等作为教学内容,将最新的职业道德植根于学生的脑海中,使学生具备职业规划意识,引导学生明确未来职业发展方向。高职院校要以职业内涵为抓手,将职业规范等纳入德育课程内容中,强调爱岗敬业、集体主义、创新意识等,使学生在课程学习过程中自觉养成适应未来职业特点的素养、道德品质,为学生未来的求职奠定基础。[5]

第三,可以增设辅助德育课程。高职院校可以增设人文类或职业素养类选修课,实现专业教育与德育教育相结合,使学生在课程学习过程中,可以从不同的角度进一步理解不同的德育内容。在具体教学过程中,课程的实施需要充分体现德育教育的重要性,将课程内容尽可能地贴近学生的生活,确保课程教学

不脱离学生需求,不脱离实际生活。除此之外,对于这类辅助德育课程,学校与教师也要重视教学计划、教学时间与方式的安排,使其育人作用能够得以充分发挥。

第四,重视校本教材的开发,不断充实德育课程内容。高职院校要基于客观需求合理调整课程结构,当原有的课程与当前形势不适应时,则应该根据社会、学生的需求,及时调整课程内容。与此同时,要认清校本教材的侧重点,兼顾教材内容与课程目标。社会经济的快速发展,必然对人才的培养提出越来越高的要求。高职院校必须深入研究校本教材的开发,使其作为辅助教材更好地协同德育课程发挥育人作用,以满足人才培养的新要求。

(三)以职业要求为导向,丰富课程教学方法

在理论课程方面,一是要加强交互式教学。在课堂教学过程中,德育教育必须以学生为中心,要根据学生的基础能力、兴趣点等选择教学方式并组织教学活动。在理论课程教学中,教师要多与学生进行眼神交流,多让学生发出声音,改变过去乏味、沉闷、单向的教学模式。二是可以采用活动导入的方式,活跃课堂氛围,调动学生学习的积极性。例如在讲解社会公德内容时,教师可以让学生进行角色扮演,由不同的学生表演乘车让座和不让座的情形,通过对比,学生可以进一步了解什么是"美"的行为、什么是社会公德的要求。在讲述职业道德内容时,教师可以让学生进行模拟面试,让同学担任面试官,要求他们站在企业的角度考察前来面试学生的行为习惯,使学生认识到自己哪些行为会影响求职、哪些行为是违背职业道德标准的。三是引入案例分析法。教师可以根据本节德育课程的内容,搜索相关资料,最好以学生身边或社会影响力较大的事件作为案例,让学生浏览、分析、讨论,主动参与其中,通过讨论明辨是非,树立正确的理想信念,提升德育理论课程的教学效果。

高职院校若要深化德育课程改革,必须重视德育实践教学,提升德育教育实效性。在实践课程方面,高职院校要鼓励学生参与社会实践,例如,教师组织学生前往企业参观学习,使学生能够进一步认识到用人单位对劳动者能力、素质的要求,接受企业文化、职工工作态度的熏陶,对德育课程内容有着更为直观的理解和感受。此外,高职院校还可以邀请各行各业的能工巧匠前来讲学,向学生展示工匠技艺、个人事迹,使学生感悟工匠精神,体会到良好的职业道德。

（四）以校企合作为契机，构建教育合作平台

现阶段，不少高职院校都积极与当地企业开展合作。国务院印发的《国家职业教育改革实施方案》对产教融合和校企合作提出了更高的要求，也提供了更广阔的发展平台。高职院校应抓住契机，推动德育课程改革，积极与企业深入沟通合作，进一步了解企业文化内涵，在德育教育方面开展合作，构建合作平台。具体而言，高职院校可以根据系统性、综合性、功能性的原则，在现有网络平台的基础上增设校企交流与协同模块，使高职院校与企业可以在平台上就德育实践活动、职业生涯规划、企业文化与职业精神等话题进行深入探讨，让学生深入了解企业文化和企业对人才的要求；通过平台邀请企业人员前来讲学或举办专题讲座，也可以通过平台与企业进行协调、沟通，便于确定人员、活动形式、活动时间[6]。此外，让企业文化进入校园，与校园文化共同发挥环境育人的作用，促进学生养成良好的思想道德与品质。学校与企业的德育合作就是要引入社会正能量，让学生汲取在校园和课堂上难以获取的营养，培养学生良好的职业道德。与此同时，德育教育合作平台建设可以使优秀的企业文化和传统更好地走进学生心中。这些优秀的企业文化对学生未来职业发展起着重要的作用，也是学生最为关切的问题之一[7]。

三、结语

综上所述，在社会经济已经进入新常态、技术进步飞速发展的背景下，高职院校德育工作面临新的挑战。与此同时，学生个人的职业素养、思想道德品质会影响学生的职业价值观与就业竞争力，影响学生未来的个人发展，因此，高职德育课程改革势在必行。高职院校必须转变思想，立足实际，加强对德育教育的研究，以职业目标为基础，明确课程目标，不断优化课程内容，根据学生的反馈情况等调整教学手段，在校企合作的基础上加强德育教育合作，多层面地推动德育课程改革，以提升德育教育的实效性。

参考文献

[1] 王辰.产业文化育人视域下高职院校德育实效性研究[J].中国职业技术教育,2018(10):81-85.

[2] 陈冬丽.浅谈高职德育课在教育教学存在的问题与对策[J].济源职业技术学院学报,2017,16(2):101-103.

[3] 谢雪梅,卢桂霞,李民华.贯通培养背景下职业院校德育课教学中培养学生职业素养的探析[J].山东商业职业技术学院学报,2017,17(5):55-57.

[4] 白国祥.立德树人根本任务视角下的中职德育课改革探索与思考[J].中国职业技术教育,2017(20):27-29.

[5] 韩献珍,宋长江.职业素养培育融入高职思想政治课教学路径探析[J].包头职业技术学院学报,2017,18(1):56-59.

[6] 马琳.融合高职院校大学生思想政治教育与职业素养教育的途径[J].吕梁教育学院学报,2017,34(4):80-81.

[7] 李赟,黎鲲.工程伦理维度下的高职德育教学问题透视及对策研究[J].湖北函授大学学报,2018,31(2):53-54,57.

浙东传统文化视域下
高校思想政治教育路径研究①

朱 伟②

摘 要：文章梳理了高校思想政治理论教育现状，创新性地提出了将浙东传统文化融入高校思想政治教育的思路，分析了浙东传统文化的育人价值和浙东传统文化的精神内涵，最后在传承浙东传统文化的基础上，探索高校思想政治教育的新路径，包括思想政治理论课程结合路径、校园文化建设路径、社会实践教育路径和网络教育路径四个方面。

关键词：浙东传统文化；思想政治教育；路径

随着我国经济社会的快速发展与全面深化改革的不断推进，多元化的价值观、深刻变化的社会结构以及新兴媒体的出现极大地影响着当代大学生的世界观、人生观和价值观，给高校思想政治教育工作带来了挑战。

浙东传统文化以其鲜明的地域特征和丰富广博的精神内涵，在中国传统文化中占有十分重要的地位，尤以明清时期王阳明、黄宗羲等人为代表的学说蕴藏着丰富的精神内涵和宝贵价值，将其运用于高校思想政治教育，是对浙东传统文化的有效继承，也是提高高校思想政治教育吸引力和实效性的创新性思考与实践。

---

① 本文系宁波市哲社规划课题（编号：G18-ZXLL16）"浙东传统文化与高校思想政治教育结合路径研究"的成果。

② 朱伟，浙江工商职业技术学院思政课讲师，主要研究方向为思想政治教育。

一、现状分析

近年来,广大高校思想政治教育工作者一直致力于高校思想政治教育实效性研究,从教学理念、教学方法、信息化技术的应用等方面展开了广泛而深入的研究与实践,取得了一定的成就,也带给我们很多思考。目前,就高校思想政治教育实效性而言,仍存在一些不足之处。

(一)从思想政治教育内容来看,与学生的生活实际和发展需要相脱节

当今大学生群体大多是"00后"的一代,他们出生并成长于互联网时代,思想活跃,善于创新,兴趣爱好广泛,又充满着个性。他们更多思考的是"对我有什么用?我能学到什么?对我以后工作有什么帮助?"等十分实际的问题。思想政治理论课对于他们来说理论性太强,与生活实际和他们的发展需要相脱节。课堂教育的效果不够理想,学生对思想政治理论课先天存在一种偏见,觉得这门课就是灌输党的意识形态的课程,于实际并无帮助。因此,这就需要找到一个切入点或者载体,让学生明白思想政治理论课对他们未来的成长成才都具有重要的指引作用。可以依托学生身边的浙东传统文化,用身边人的事例,让学生们真切地感受到一个人的成功成才,不仅需要专业知识,还需要坚定的理想信念、崇高的个人品德及正确的世界观、人生观、价值观。同时,只有把自己的前途命运和国家的前途命运联系在一起,他们的路才能走得远、走得辉煌。

(二)从思想政治教育的方法和形式来看,相对落后陈旧

传统的思想政治教育重知识轻实践,重说教轻体验,导致部分学生出现了知行分离的状态,空谈理论而实践能力很弱。从理论的层面上说,目前绝大多数大学生能很好地理解思想政治教育所传播的理想信念、道德观及人生观,也能拥护党的理论、路线、政策。但是,很多大学生对党的理论及爱国爱党的理解停留在表面,对自己身上肩负的历史使命和主人翁意识不够明确,对中国特色社会主义的共同理想信念也不够坚定。"不在乎大国崛起,只在乎小民追求"的观念普遍存在于大学生中。而实践教学可以让学生由被动的理论接受者转变为主动的参与者和实践者,结合地方特点,做地方的事情、说地方的话语、接地方的地气,实

现由"知识本位"向"行为本位"的转型,从而增强大学生进行社会主义现代化建设的热情和服务社会、奉献社会的意识,真正让思想政治教育内容入脑、入心。

二、浙东传统文化的育人价值

(一)浙东传统文化的精神内涵

浙东传统文化孕育于浙东独特的地理环境和人文环境之中,在历史的发展中,形成了独具特色的精神内涵,蕴藏着极为浓厚的实践精神。

1.知行合一、学以致用的实践自觉精神

王阳明的哲学思想,是浙东传统文化的重要代表之一。他提出的"知行合一"理论,对后世产生了重要影响。按照传统的朱熹观点,知先行后,但许多人却知而不行,空谈理论。王阳明提出了"知行合一"的观念,"未有知而不行者,知而不行,只是未知"[1]。他强调,知与行是相互联系、不可分割的,知是行之始,行是知之成,光有知是不够的,还要靠行,也就是以行促知、学以致用。王阳明的一生也在践行着他的知行合一的思想,他不仅精通哲学思想,熟知为官之道,还领兵平乱剿匪,创下以少胜多的战绩,被认为是立德、立功、立言三不朽的圣人。

2.经世致用、实事求是的求真务实精神

经世致用思想的历史可追溯到儒家思想。明清之际,黄宗羲对其加以批判发展。"所谓经世致用,简而言之,就是要求文化、学术之事必须服务于国计民生,以社会效应作为衡估文化、学术事业价值的主要准则。在哲学思想上,它要求道与功、义与利、理论和实践的有机统一。"[2]也就是说,研究学问要紧密联系当下社会和实际问题,要根据事物发展的客观规律解决实际问题。它蕴含了实事求是、求真务实的现代精神和当代价值,是一种历史使命感与社会责任感的集中体现。

3.博采众长、兼容整合的开拓创新精神

在人类社会长期的发展历史中,浙东人民开拓进取、开放包容的性格特点,"使得浙东传统文化在发展过程中呈现出博采众长、兼容整合的风格"[3]。从历史进程

来看,两宋时期是浙东传统文化的发展繁荣期。随着宋室南迁,南北文化出现了大融合、大交流现象,浙东传统文化更是博采众长、兼容整合,积聚了深厚的底蕴,为后世浙东传统文化的创新发展奠定了基础。黄宗羲的《明夷待访录》重新发掘了孟子的民本论思想,其内容具有丰富的近代议会制民主精神,"从政治、法律、经济以及文教等方面提出了社会变革的广泛要求和主张,是早期启蒙学派的思想纲领",[4]因此他被20世纪初中国革命民主主义者称为"中国的卢梭"。浙东传统文化博采众长的开拓创新精神,强烈地体现了时代精神,顺应了时代变革发展的潮流。

4.忧国忧民、解放思想的爱国主义精神

明清之际,人民生活日益艰难,以黄宗羲、朱之瑜为代表的爱国思想家积极寻求救国救民的道路,认真研究和解决现实问题,着眼当时情况,办教育、开学堂,身体力行地践行自己的学说和思想,传播着爱国斗争精神。晚清时期,国家饱受帝国主义的侵略,民不聊生,中华民族面临着生死存亡的严重局面。在这种情况下,经世致用之学,再度兴起。在戊戌变法期间,《明夷待访录》作为反清斗争的宣传资料,具有重要的启蒙救世作用。

(二)浙东传统文化对高校思想政治教育有重要的引领作用

1.浙东传统文化的内涵是加强高校思想政治教育的重要人文基础

目前,世界在大发展、大变革和大调整之中,价值观利益化、集体观念淡薄和理想信念缺失等思想问题不可避免地影响着当代大学生,而以往灌输式、政治化、口号式的思想政治教育效果不是很好。一般情况下,人们对自己生活的区域文化具有认同感和亲切感,因此通过传统文化作为切入点开展思想政治教育工作比较容易。以浙东传统文化的历史渊源、发展脉络、价值观念、鲜明特色等内容为载体,集中开展思想政治教育,"让大学生真学、真懂、真信、真用,不断增强他们的理论认同、政治认同和情感认同"[5],引导他们将个人前途与国家发展结合起来,积极投身于社会主义事业建设中。

2.浙东传统文化的资源是提升高校思想政治教育的丰富素材来源

浙东传统文化所蕴藏的资源,是开展高校思想政治教育取之不尽、用之不竭的素材宝库。王阳明、黄宗羲等的学术论述,蕴含了丰富的智慧,对时下大学生

树立正确的世界观、人生观和价值观有重要启示。思想政治教育的内容要接地气,要富有生活气息,紧紧贴近大学生的现实生活,以大学生耳熟能详的地方文化去感染、引导他们。比如,王阳明的"知行合一"思想不仅是践行道德、知行并重的哲学智慧,也蕴含着肩负使命、政治实践的政治理想和责任担当。无论面临什么样的困境,王阳明始终坚信"三代王道、大同世界"的理想生活一定能够实现。这种真实的历史人物身上传奇的人生故事,以及特定的历史遗迹、纪念馆等所蕴含的丰富思想政治教育的素材,是提高高校思想政治教育的吸引力和感染力的宝贵来源。

三、在传承浙东传统文化的基础上,探索高校思想政治教育的新路径

(一)高校思想政治教育对浙东传统文化的传承与创新功能

1.浙东传统文化在思想政治教育中实现历史传承

浙东传统文化是浙东人民在长期实践和历史创造过程中所形成的相对稳定的精神追求和文化内涵。在浙东人民将其精神一代代传承下去的过程中,思想政治教育发挥着重要的作用。大学生是文化传承的重要主体,广大思政教育工作者是文化传承与创新的重要力量。在思想政治教育过程中,把浙东传统文化思想的人文价值和历史价值体现出来,就是推动了浙东传统文化的进一步传承与发展。改革开放 40 多年来,我国经济高速发展,社会正在经历深刻变革,特别是浙东部分地区,经济较为发达,价值观也比较多元化,受西方文化的冲击较大,在部分大学生中存在着重功利、讲实惠、重物质利益的现象,而对于本地区的传统文化,很多大学生觉得枯燥乏味,不愿意花很长时间去了解,因此我们在思想政治教育的实践中,要多渠道、多形式地促使大学生更清楚地了解浙东传统文化所倡导的价值观念、道德规范等,使其领略传统文化的独特魅力。在引导大学生坚定文化自信的同时,浙东传统文化也在汲取现代文明的养分中实现传承与发展。

2.浙东传统文化在思想政治教育中实现时代创新

中国传统文化是中华民族宝贵的精神财富。对待中华民族优秀的传统文化,要实现创造性的转化,结合新时代背景,要着力把握它的"现在",从实际出发,使传统文化为中国特色社会主义所用。浙东传统文化在不同的历史阶段以不同的方式表达出来,新的表达方式要符合现代社会的要求,这就要求我们在进行高校思想政治教育的过程中,要坚持古为今用,推陈出新,结合新的实践和时代要求进行时代创新。如:王阳明的"知行合一"思想现在仍然对高校思想政治教育有重要的启示作用,王阳明"万物一体""大同世界"的政治社会追求大体上和共产主义的伟大理想是一致的。这些传统文化通过与当代社会相契合的时代性阐释,唤起今天大学生的民族情感和使命感,也就实现了时代创新性发展。

(二)浙东传统文化融入高校思想政治教育路径分析

1.传承浙东传统文化与思想政治理论课引领相结合

首先,开展融入思想政治理论课教学研究。以"思想道德修养与法律基础"课为例。思想政治理论课课堂教学是高校思想政治工作的主渠道和主阵地。笔者将浙东传统文化资源与课程教学内容进行有机结合,既是对课堂教学的创新,也是对浙东传统文化的传承。目前,思政理论课教材是全国统一的,但每个地方的具体情况不同,本科学生和高职学生的特点也不一样,这就需要把教材体系转换为教学体系,把学生身边看得见、摸得着、体验得到的浙东传统文化的历史渊源、发展脉络、人物特色等资源以多种形式运用到课堂教学中,为学生提供更实际、更真实的学习情境,让思想政治理论课真正活起来、好听起来、入心入脑,成为学生真心喜爱、终身受益的人生大课。如在"思想道德修养与法律基础"课上,关于理想信念的学习中,笔者通过列举一些王阳明的例子——王阳明自幼立下志向,要做圣贤,他后面做的事情也都是朝着这个目标努力;王阳明在《教条示龙场诸生》中的"志不立,天下无可成之事"[6]一语,说明了理想信念是人生前进的动力和目标。

其次,开设符合教学实际的浙东传统文化资源的课程与讲座。笔者所在的学校一直致力于学生学习和传承浙东传统文化精神,开设"宁波商帮精神"及"浙东传统文化概论"等课程与讲座,其内容涉及浙东传统文化的历史渊源、发展脉络、代表人物、学术观点、艺术修养、民俗文化、时代价值等方面。在课上,采用多种形式进行教学,使课堂讲授与阅读作品、观看视频、主题讨论、主题演讲等相结合。在课后,引导学生进行社会实践活动,用图片、微电影等形式加以记录,挖掘浙东传统文化资源。同时,聘请校内外浙东文化研究专家开设具有鲜明地域文化特色的专题讲座,以提高学生的人文素质。

2.校园文化建设的路径

王阳明重视"环境熏陶",他坚持"致良知"学说,以书院为主阵地,重视自然环境和社会环境对人的道德教育作用,这与现代的观点不谋而合。校园文化是随着大学的产生和发展而产生的,对学生的世界观、人生观和价值观的影响是深远和强烈的。目前,一些高校已经将浙东传统文化的精神和内涵运用到校园文化建设之中。但多数校园文化活动类型单一,活动范围较小,重视程度不够高。

校园文化建设的路径有以下几条。首先,要提高认识,学校领导和相关部门齐抓共管。在校园文化建设中,从制度和机制入手,提高广大师生的积极性,对浙东传统文化的传承活动进行统一的计划、安排、实施和考评。其次,重视师资队伍建设,建设一支高素质专业化的教师队伍,发挥教师言传身教的影响力。最后,要开展丰富多彩的活动,多渠道、多形式地营造浓烈的校园文化氛围。在促进校园文化建设与浙东传统文化相互融合渗透的过程中,鼓励学生践行"知行合一"的思想,继承和发展实事求是、开拓创新、求真务实的精神,在实践中实现自我价值和社会价值的统一。

3.社会实践教育的路径

在王阳明的"知行合一"思想中,行是知的基础和前提,而现阶段,高校思想政治教育多以理论为主,忽视了实践的环节,造成了理论与实践相脱节的局面,也就是知行相分离。

要解决这个问题,首先,要积极开发和建设社会实践教育基地,开展多种渠道的实践教育活动。建立社会实践教学基地是开展思想政治教育的重要举措,应充分利用浙东传统文化资源,选择具有代表性的地点建立校外实习基地,如余姚名人馆、王阳明故居纪念馆、中天学阁、黄宗羲纪念馆等,结合校内的课堂教学、暑期社会实践等活动,带领学生或者由学生自发地在校外实践基地进行实践教学,去实地感受、感知名人的遗迹,让学生更加全面、深刻地认识与了解王阳明、黄宗羲等人的生平、学术研究、影响等,直观地感受浙东传统文化的博大精深,深刻地理解浙东传统文化的当代价值,并将其转化为个人前进的动力,做到内化于心、外化于行、以知促行、以行促知、知行合一。

其次,要运用多种形式的实践教学方法,提高社会实践教育的实效性。以"现场教学"方法为例。"现场教学是指组织学生到生产现场或社会生活现场进行教学的一种组织形式。其在时间、形式上不像课堂教学固定,常依教学任务、教材性质、学生实际情况和现场具体条件等而定。"[7]通过现场感知、实地调查或实际操作,丰富学生的感性认识,将现场教学与浙东传统文化结合起来,用现场教学的表现力、吸引力和感染力,深挖浙东传统文化的资源内涵,让学生在看中悟、在听中感、在思考中得启发。笔者所在的学校通过打造"行走的思政理论课课堂",多次带领学生来到实践基地进行现场教学,鼓励学生用脚丈量、用心体悟,延伸和拓宽了思想政治教育的有效性和针对性。

4.网络教育的路径

当前,中国已进入"互联网+"时代,互联网已经成为众多大学生日常生活不可分割的一部分。用互联网这个"新瓶"装浙东传统文化这瓶"旧酒",是对高校思想政治教育途径的积极探索,也是浙东传统文化发挥当代价值的有效途径。

首先,促进当代与传统的有效结合。结合高校思想政治教育实际,可以开发特色品牌网站、在线课程、手机 APP、微信公众号、微电影、微动漫、手机报等平台。在内容上,要体现知识性、趣味性和教育性的有机统一,同时要及时结合宁波经济与社会发展热点更新内容,以增强思想政治教育的时代性和感染力。

其次,推动现实与虚拟的互动结合。积极开展线上线下相结合的互动活动,利用线上的各种功能服务于线下的思想政治教育实践活动。比如,在网站和微信上开通报名通道,在线征集各种浙东传统文化资料,开展相关话题讨论,发起各种在线征文活动,等等;同时发挥自媒体的作用,让学生自己建设网站,或者在豆瓣、优酷、抖音等平台上制作视频来拓宽网络教育的路径,通过网络平台参与现实生活中的各种教育实践活动,在虚拟世界中接受浙东传统文化的洗礼和熏陶,从而增强浙东传统文化的吸引力,提高高校思想政治教育的活力。

参考文献

[1] 王阳明.传习录[M].北京:文化发展出版社,2018.

[2] 心浩.经世致用:浙东文化的最高宗旨[J].宁波大学学报(人文科学版),2000(2):10-13.

[3] 蔡罕.试析秦汉以来浙东文化之特色[J].浙江万里学院学报,2006,19(4):1-5.

[4] 张如安.开拓创新浙东文化的本质内涵[J].宁波大学学报(人文科学版),2000,13(2):14-18.

[5] 赵忠庆.浅谈高职高专院校思想政治理论课教学的实效性[J].红河学院学报,2016,14(2):122-124.

[6] 王阳明.教条示龙场诸生[M].北京:中华书局,2015.

[7] 裘燕南.创设丰富教学情境 提高学生职业素养[J].中国职业技术教育,2007,14(7):10-11.

课程思政与思政课程协同育人的生成逻辑、现实困境与实践路径①

朱 伟②

摘 要:课程思政与思政课程协同育人是符合社会主义建设规律、教育发展规律和人才培养规律的,是新时代高校思想政治教育发展的必然要求和客观趋势,有其生成的理论逻辑、历史逻辑和实践逻辑。目前,尚存在协同育人目标定位的整体性不足、内容供给的层次性不够和方法选择的适切性不佳三方面的现实困境。我们可通过部门联动,做好顶层设计工作;教师联动,凝聚思政育人合力;课程联动,完善课程思政体系建设来推进课程思政与思政课程协同育人。

关键词:课程思政;思政课程;协同育人

习近平总书记在学校思想政治理论课教师座谈会上的讲话中强调:"我们办中国特色社会主义教育,就是要理直气壮开好思政课。同时,要挖掘其他课程和教学方式中蕴含的思想政治教育资源,实现全员全程全方位育人。"[1]这就要求学校发挥各类课程的思想政治教育功能,构建课程思政与思政课程协同育人格局。

一、课程思政与思政课程协同育人的生成逻辑

协同一词,最早可见《说文解字》,文中提到"协,众之同和也。同,合会也"。围绕着"培养什么人"这个教育的首要目标来说,需要协调学校各方面的资源和

---

① 本文系 2021 年浙江工商职业技术学院科研项目(党建与思政专项)的研究成果。

② 朱伟,浙江工商职业技术学院讲师,主要研究方向为思想政治教育。

个体来共同完成。协同育人是新时代高校思想政治教育发展的必然要求和客观趋势,有其生成的理论逻辑、历史逻辑和实践逻辑。

(一)理论逻辑:继承了马克思主义关于人的全面自由发展的思想

人民性是马克思主义教育理论的本质属性。马克思主义唯物史观认为,人民是社会发展的决定力量,是历史的创造者,"人的自由全面发展"思想是马克思主义教育理论的重要理论基础。中国共产党在领导中国革命、建设、改革的伟大实践中,推进了马克思主义教育思想的中国化。毛泽东同志在《关于正确处理人民内部矛盾的问题》中提出了党和国家培养全面发展的社会主义建设合格人才的要求,提出了思想政治工作六个层面的要求和服务的"六条标准",为社会主义建设时期思想政治工作理论的形成和发展做出了巨大贡献。邓小平同志把有理想、有道德、有文化、有纪律作为思想政治教育的主要目标,强调"一个学校能不能为社会主义建设培养合格的人才,培养德智体全面发展、有社会主义觉悟的有文化的劳动者,关键在教师"。

党的十八大强调,要把立德树人作为教育的根本任务,培养德智体美劳全面发展的社会主义建设者和接班人。习近平总书记在全国高校思想政治工作会议上指出,"所有课堂都有育人功能","不能把思想政治工作只当作思想政治理论课的事,其他各门课要守好一段渠、种好责任田,使各类课程与思想政治理论课同向同行,形成协同效应"。这是习近平总书记坚持"以人民为中心"的发展思想在教育中的充分体现,是践行马克思主义"实现人的自由全面发展"这一核心要义的重要途径。

(二)历史逻辑:根植于精神厚重的优秀传统文化和革命文化

习近平总书记多次强调了优秀传统文化和革命文化对一个民族的精神引领的重要性。他指出:"优秀传统文化是一个国家、一个民族传承和发展的根本,如果丢掉了,就割断了精神命脉。"中华民族伟大复兴需要赓续优秀传统文化,人才培养也需要文化底蕴和历史根基。

在我国丰富的文化和历史沃土中,德才兼备思想源远流长。"德者,本也""人而无德,行之不远""国无德不兴,人无德不立""才者,德之资也;德者,才之帅也"等,都把德放在了第一位,德对于个人、社会和国家而言,都有基础性意义。习近平总书记在北京大学师生座谈会上的讲话指出:"人才培养一定是育人和育才相统一的过程,而育人是本。人无德不立,育人的根本在于育德。这是人才培养的辩证法。"由此可见,要把大学生培养成为担当民族复兴大任的时代新人,光抓好知识教育是不够的,还要抓好思想政治教育。

在培养社会主义建设者和接班人的过程中,从来少不了革命文化的滋养。革命文化凝结着无数革命先烈对民族复兴的奋斗历史,在中国共产党领导人民进行革命的不同阶段,形成了红船精神、井冈山精神、长征精神、延安精神、西柏坡精神等不同的表现形态,是爱党、爱国、爱社会主义、爱人民的集中体现,为新时代学校立德树人提供了宝贵的思想资源。

(三)实践逻辑:着眼于世界百年未有之大变局的现实应对

中国特色社会主义进入新时代,这是我国新的历史方位。新时代催生思想政治教育工作的变革,要坚持以问题为导向,立足实践之基,回答时代之问。当今世界正经历百年未有之大变局,2019年3月,习近平总书记在学校思想政治理论课教师座谈会上的讲话指出:"办好思政课,要放在世界百年未有之大变局、党和国家事业发展全局中来看待,要从坚持和发展中国特色社会主义、建设社会主义现代化强国、实现中华民族伟大复兴的高度来对待。"[2]当前世界政治格局、世界经济重心、全球化进程、科技与产业、全球治理等都发生了变化,我国发展的内部条件和外部环境也正在发生深刻复杂的变化。

处在百年未有之大变局的发展新契机中,课程思政与思政课程协同育人的战略地位、价值立场、方向道路、发展动力等要把握时代特点、服务时代需求。面对历史虚无主义、新自由主义、西式民主等错误思潮,思政课程和课程思政要守好一段渠、种好责任田,为国家现代化建设厚植人才优势,使青年学生深刻领悟"中国共产党为什么能""马克思主义为什么行""中国特色社会主义为什么好",坚定马克思主义信仰,坚定中国特色社会主义信念,坚定实现中华民族伟大复兴中国梦的信心。

二、课程思政与思政课程协同育人的现实困境

推进课程思政与思政课程协同育人、同向同行是符合社会主义建设规律、教育发展规律和人才培养规律的,是新时代高校思想政治教育发展的必然要求和客观趋势,不是"一阵风""过路客",但目前尚存在一些亟待解决的问题。

（一）协同育人目标定位的整体性不足

高校育人目标是系统的、整体的，既包括知识的传授，也包括能力的培养和价值观的塑造。在推进课程思政和思政课程协同育人的过程中，各类课程、不同专业和不同部门之间存在目标定位的整体性不足的问题。一是在协同育人的体制机制建设上，缺乏系统性。在教学管理和教学实践中，受限于各自的工作目标和工作定位不同，依然存在"独善其身""各自为政"的现象，缺乏顶层设计、统筹协调的机制；二是在教学主体上存在认识偏差，缺乏整体性。在以往的印象中，思想政治教育是思政教师和辅导员的工作，专业课教师以教授专业知识和技能为主。这种错位的认识割裂了育人和育才的整体统一性，没有把立德树人当作高校的育人目标，不利于形成整体的育人合力。课程思政与思政课程的目标定位应突出整体性设计，不同学科的课程应基于落实立德树人根本任务的需要，基于培养建设新时代中国特色社会主义人才的需要。

（二）协同育人内容供给的层次性不够

马克思主义认识论认为，人们认识事物的过程遵循从实践到认识，再到再实践和再认识螺旋上升的过程。人们在从感性认识上升到理性认识的过程中，首先要掌握真实可靠的感性材料，并且对其进行科学的逻辑加工。可见，对于课程建设来说，内容为王，要注重课程思政与思政课程在内容供给方面的层次互动，既满足知识传授和能力培养的目标，又不能忽视价值引领的重要性。一是专业课与思政课教学在内容上尚未形成真正的协同效应。受到不同学科教师思想政治理论素养高低不等的影响，一些专业课往往把知识和技能的培养放在第一位，忽视了价值观的塑造和引领，而思政课在教授课程的过程中更强调理论性和价值性，与学生的专业实际和思想实际也有一定的距离感，导致了育人效果不佳；二是课程思政与思政课程相互共享信息和资源不到位。《关于进一步加强和改进大学生思想政治教育的意见》指出："高等学校各门课程都具有育人功能，所有教师都负有育人职责。……要深入挖掘各类课程的思想政治教育资源，在传授专业知识过程中加强思想政治教育，使学生在学习科学文化知识过程中，自觉加强思想道德修养，提高政治觉悟。"[3]可见，在课程内容上，高校各类课程中均蕴含着思想政治教育资源，课程思政的教学对象层次多样，课程覆盖领域较广，而思政课程内容相对比较集中和丰富,两者在课程建设、教学方法、教学队伍、学生学习等资源上还没有完全实现共享。

(三)协同育人方法选择的适切性不佳

无论是思政教师还是专业课教师,要想把思想政治教育融入育人的各个环节,形成全员育人、全方位育人和全过程育人的良好格局,都要采用切实有效的方法和路径。好的方法会事半功倍。习近平总书记指出,好的思想政治工作应该像盐,但不能光吃盐,最好的方式是将盐溶解到各种食物中自然而然地吸收。当前,由于教师对课程思政和思政课程协同育人的认知不够深入,在方法的选择上缺乏一定的适切性,主要体现在以下几个方面。一是内容简单拼接。课程思政一般是指非思政课类课程在教学过程中融入思政元素。但在实际教学过程中,由于部分专业课教师对怎么融、融什么这些问题理解得不够科学,他们只是简单地在课堂教学中把思政课的教学内容加入专业课程中,有的甚至由一位思政教师和一位专业课教师共上一门专业课,呈现出机械式的简单重复的硬性灌输模式,而忽视了课程思政"如盐在水""润物无声"的教学效果。二是生搬硬套思政课程教育方式。思政课程是育人的"主渠道",课程思政是育人的"责任田",协同育人必须处理好分工与合作的关系,既要分工边界清晰,也要合作重点明确。在课程思政育人元素的挖掘过程中,生搬硬套思政课程教育方式,忽视了各自不同的思维方法和价值理念,导致课程思政和思政课程良性互动不够、相互支撑力度不足。三是教学评价方式模糊粗放。在课程思政的实践中往往重视专业课的专业目标和评价,而对应课堂教学思政元素育人的节点的梳理和思政育人效果的评价等存在标准模糊和简单粗放的问题,与有章可循的规范化教学存在偏差。

三、课程思政与思政课程协同育人的实践路径

(一)部门联动,搭建平台,做好顶层设计工作

协同育人是一项系统工程,需要加强顶层设计,统筹规划,搭建平台,构建全员育人、全过程育人和全方位育人的顶层设计工作。首先,坚持党对思想政治工作的领导,党政军民学,东南西北中,党是领导一切的,要坚持社会主义办学方

向。要明确课程思政与思政课程协同育人同向同行的重要意义和价值定位,打通、打破不同课程之间的壁垒藩篱,整合不同学科资源和教师队伍,全面贯彻党的教育方针,推进落实立德树人的根本任务。其次,搭建平台,成立课程思政研究中心,建立齐抓共管的工作机制。加强高校各职能部门和二级分院的协同配合,充分发挥课堂育人的主渠道作用、课程育人的主体作用,引导广大教师准确把握课程思政的内涵与外延,深入发掘各门专业课程所蕴含的思想政治教育元素和所承载的思想政治教育功能,积极推进课程思政建设。最后,建立健全课程思政建设标准、教学资源共享、资金保障、沟通交流等相关制度,从教学目标、师德师风建设、教育教学评价体系、课堂教学管理、师资培训、激励等方面促进协同育人的常态化发展。

(二)教师联动,培养队伍,凝聚思政育人合力

无论是课程思政还是思政课程,在育人宗旨和目标上都要同心同德,立足于解决培养什么人、怎样培养人、为谁培养人这一教育的根本问题,围绕全面提高人才培养质量这个基本点。因此,"要改变思想政治教育仅仅只是思想政治理论课教师的单独责任的错误认识,各类课程教师应努力构建在立德树人根本任务指引下同向同行、协同育人的合力"[4]。首先,建立完善思政教师与专业课教师结对制度。由马克思主义学院牵头完善相应的结对方案,一般可由一个思政教师对接1—2个专业,建立定期的交流和互动制度。结对范围做到分院全覆盖、所有专业全覆盖。其次,建立学习共同体。为了避免结对流于表面和形式化,在人才培养方案、专业建设标准、课程思政团队建设中做到思政教师深度参与融合发展。推进思政教师与专业教师合作的纵深发展,建立全方位、多维度、深融合的学习共同体模式。最后,加强师资培训,树立典范。育人的主体是学生,而关键在于教师。受到学科背景和经历阅历的影响,每位教师的思政素养参差不齐,对思政元素有哪些及如何融入专业课程等有不同的理解。学校可以先树立一批典范,把他们的经验和优秀做法在全校推广,同时要把教师的理论学习和素质提升纳入日常培训体系,开展多种形式的课程思政培训。

(三)课程联动,整合资源,完善课程思政体系建设

教育部印发的《高等学校课程思政建设指导纲要》明确提出,要"构建全面覆盖、类型丰富、层次递进、相互支撑的课程思政体系"。由此可见,需要各学科、各

课程之间深度联动,整合资源。专业课程里面蕴含着丰富的育人资源,但是如何把育人资源转化并打造为系统的课程思政体系,则是课程思政建设的痛点和难点。首先,要注重目标定位的整体性和系统性,所有专业课程不是不分层次地上思政课,而是要注意结合专业分类、课程设置情况以及学科特点,"润物细无声"地在不改变专业课程内容的基础上分类推进,逐步实现各类专业课程与思政课程的一体化建设。其次,要注重挖掘各类专业课程中思想政治教育资源的科学性,"课程思政的基础是课程,如果不深入挖掘专业课程中的思想政治教育资源,课程思政建设的功能就成为无源之水、无本之木"[5]。可以制订课程思政教育元素挖掘指南以优化课程思政教学内容。最后,打通教学基地,完善现场教学体系。实践教学是各学科普遍且有效的教学方式,同一个教学基地可以实现各学科的资源共享。

参考文献

[1] 习近平.思政课是落实立德树人根本任务的关键课程[J].求是,2020(17):1.

[2] 教育部思想政治工作司组编.加强和改进大学生思想政治教育重要文献选编(1978—2014)[M].北京:知识产权出版社,2015.

[3] 陈淑丽.协同育人视域下高校课程思政建设的现实困境与应对机制[J].教学与研究,2021(3):89-95.

[4] 教育部关于印发《高等学校课程思政建设指导纲要》的通知[EB/OL](2020-06-01)[2020-06-05].http//www.moe.gov.cn/srcsite/A08/s7056/202006/t20200603_462437.html.

[5] 李国娟.课程思政建设必须牢牢把握五个关键环节[J].中国高等教育,2017(15):28-29.

"基础课"之法律教育第一课的教学设计①

胡行华②

摘　要:法律观教育,要从课程的内容特点以及高职学生的实际出发。本节课围绕大学生"为什么要学法?""怎样学法?"这两个问题展开讨论,采用探究式的教学模式来组织实施教学,将视频、案例、访谈等素材进行了有机组合。

关键词:大学生;学法;教育;教学

作为一门重要的思想政治理论课,"思想道德修养与法律基础课"(以下简称"基础课")对于培养当代大学生正确的世界观、人生观、价值观、道德观及法律观有重要的作用。而上好"基础课"法律观部分教学的第一课,是以后学习培养法治思维以及大学生该如何行使权利、履行义务等内容的基础,其对于培养学生们学法、知法的兴趣,以及积极用法的能力也具有重要的意义,还可为毕业后的工作及继续学习打下坚实的基础。

一、教学思想

大学生正处于人生的关键时期。较之于中学生、小学生来说,大学生学习法律知识往往具有更现实的意义。特别是在资讯信息不断变化的时代,大学生如

---

①　本文系 2016 年浙江工商职业技术学院教改项目"基于行动导向教学理念的'以案说理/法'学习活动在'基础'课堂实践教学中的改革与探索"的阶段性成果。

②　胡行华,浙江工商职业技术学院马克思主义学院副教授,研究方向为思政与法律教育。

何更好地学习法律知识和关注法律资讯、保障自身健康成长具有重要的意义。因为随着大学生年龄的增加,他们接触到法律的可能性也在增大。但是,他们对于法律知识的学习往往又是不完整的。特别是,有些同学可能认为自己的专业或研究方向更为重要。因此,他们可能无法辩证地看待大学阶段法律学习的意义,从而影响到自己的健康成长和正确维权。

思想政治理论课的教学,一定要忠于教材内容,贴近现实,贴近学生。根据当代大学生的特点和生活实际,教师在教学中应当把最新的时事内容作为教学案例。因此,"基础课"法律观部分教学的第一课,可以采用探究式的教学模式来组织实施,设置悬疑,将视频、案例、访谈等素材进行有机组合,充分运用多媒体课件,让学生积极参与、体验、感悟,主动获得新知,激发学生的学习兴趣和求知欲望,培养其正确的法律观和法治思维,为其投身于依法治国的实践打下坚实的理论基础。

(一)知识目标

1.掌握大学阶段为什么学法律知识、怎么学法律知识。

2.明确学习法律知识的重点所在。

(二)能力目标

培养学生辩证、全面地分析大学生在校期间以及以后为什么学法、怎么学法的能力。

(三)法律观目标

1.增进学生学习法律知识的积极性。

2.激发学生积极学法的动力。

3.培养学生在资讯信息不断变化的时代,如何更好地学习法律知识的能力。

二、总体设计思路

在当今中国,法治已成为党和政府治国理政的基本方式,在国家治理和社会管理中发挥着重大的作用。本文从引导大家思考"当代中国治国理政的基本方略是什么?""法律,对于普通民众有何意义?"两个问题开始,播放《法律的保护作用》公益短片,让学生认识到,法治中国建设同每一个普通人息息相关。

依法治国,需要从基础开始。大学生要在中学法律常识的基础上,进一步学习一些基本的法律知识。本文以大学生要学习法律知识为中心话题,具体从青年大学生为什么要学法律知识、怎么学法律知识两个方面展开,具体讲解如图1所示。

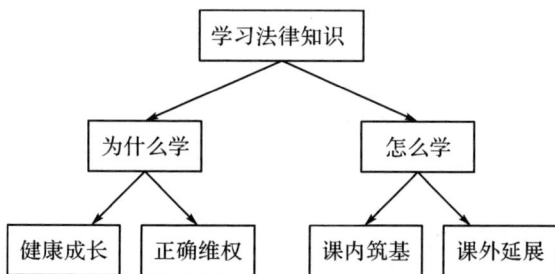

图1 学习法律知识思路框架

用视频、图像与案例材料相结合的方式,通过"设置悬疑—案例讲解—理论探讨—形成共识"的设计理念,让学生在自主探究中认识学习法律知识的现实意义,进而理解大学生在校期间如何有效地学习法律知识,提升法律素养。这种设计符合大学生的认知规律,易于被学生所接受。

三、教学过程

(一)导入

本部分可以通过两个问题导入:

1."当代中国治国理政的基本方略是什么?"党的十八届四中全会给出的答案是:全面推进依法治国!

2."法律,对于普通民众有何意义?"播放《法律的保护作用》公益短片。视频播放完结之后,提问:看了这段视频,你对法律同我们的关系,有没有新的认识?

设置问题,吸引学生主动参与探究,导入学习内容:依法治国,需要从基础开始——青年大学生要学习法律知识。

(二)青年大学生为什么要学习法律知识?

首先,讲解青年大学生学习法律知识的必要性。第一,我能否做到不主动侵犯别人,这就要求我们学法懂法,做到"我不犯人",让自己健康成长。第二,别人如果来侵犯我,我能否做到知法、用法,正确维权。(可结合青年大学生的人生特殊阶段特性来理解。)

1.健康成长

设疑探究:通过药家鑫案例设置悬疑,播放庭审实录片段。(约2分钟)

提问:为什么说大学生健康成长需要学习法律知识呢?

设计意图:通过悬疑设置的案例讲述方式,引入药家鑫庭审现场实录片段,让同学们感受到,认为"农村人难缠",是其不懂法的心理状态的暴露,使学生认识到学法懂法对大学生的健康成长有着重要的意义。

2.正确维权

讲解英国哲学家洛克的观点:法律的目的是对受法律支配的一切人公正地运用法律,借以保护和救济无辜者。进而提出:今天的大学生,作为无辜者被侵害的情况,其实也经常发生。

播放访谈视频:大学生兼职过程中普遍存在的被侵权的问题。(约2分钟)

设计意图:通过访谈案例和课堂设问,让学生认识到,遇到"人若犯我"的情形,大学生应当知法用法,正确维护自身的合法权益。

拓展视角:不只在兼职领域,"大学生遭遇电信诈骗""网购受骗""应聘遭遇传销陷阱"等等,这些侵害无辜大学生权益的案例其实经常发生。大学生需要具备一些基本的法律知识来妥善处理类似问题。

(三)青年大学生要怎么学习法律知识?

讲解青年大学生如何学习法律知识,可以从两个方面入手:一是要重视课内法律基础知识的系统学习——课内筑基;二是要关注一些重要的法律资讯——课外延展。

1.课内筑基

举例:"孙杨无证驾驶"事件,课件呈现孙杨的道歉信。

讲述中,主要围绕孙杨犯下这种错误的相关原因展开,即孙杨为何会犯这种无证驾驶的低级错误。他自己的回答:"平时忙于训练,对法律知识的淡薄,导致了今天的错误!"从孙杨无证驾驶事件中吸取教训,我们应当注意:第一,大学生不能只重视自己的专业或研究,而忽略了课内法律基础知识的系统学习;第二,大学生要了解和学习一些基本的法律知识,特别是要学习掌握一些与大学生密切相关的法律法规、法律原理,要时刻做到心中有法,如此可免去学习、生活中的很多麻烦。

设计意图:无证驾驶,也是普通人容易犯的错误。事件发生时,孙杨是游泳奥运冠军,也是浙江体育职业技术学院的在校大学生。通过类似典型案例,来阐明大学生要学习基本法律知识的重要性。

2.课外延展

课外延展,就是要关注各类重要的法律资讯。PPT展示浙江叔侄冤案案情。
视频播放:十年冤狱,竟从《今日说法》节目中找到真凶!(约3分钟)
案例点评:观看《今日说法》,张氏叔侄竟从电视荧屏上指认出真凶。看似有些巧合,实际上也是张氏叔侄长期在监狱中关注法律资讯、学习法律知识的结果。得出结论:

第一,当前我们可以采用多种媒介来关注法律资讯。除了可以看一些像《今日说法》这样的法治电视节目之外,现在的网络新媒体、法律报刊、杂志以及向法律资深人士咨询,都是我们获取法律资讯、学习法律知识的渠道。

第二,新法颁布、重大法律会议、法治新闻、法治节目等等,都是值得我们关注的。

设计意图:通过观赏、点评典型案例,学生能身临其境地感受到经常关注法律资讯、学习最新法律知识,应当成为他们大学生活及未来生活的一种习惯,这对他们的生活、事业发展具有重要的意义。

(四)总结及结束语

总结:"为什么学"和"怎么学"这两个问题,紧密联系现实生活。同学们如果能坚持"课内筑基"和"课外延展",就能更好地学习法律知识,从而为我们的健康成长和正确维权打下坚实的基础。

结束语:法治中国,你我相关;依法治国,脚下起步;青春飞扬,筑法为基!

设计意图:围绕青年大学生学习法律知识的中心话题——"为什么学"和"怎么学"这两个问题展开。24字结束语,帮助同学们进一步总结和强化认识:依法治国,离不开每个公民的参与和推动,也需要青年大学生从基础开始,从学习法律知识开始。

《民法典》"自甘风险"原则对学校体育伤害事故的影响与应对

胡行华[①]

摘　要: "自甘风险"原则,是《民法典》的一项全新规定,其对我国学校体育伤害事故的责任承担进行了较为明确的界定。"自甘风险"原则的出台,有利于学校体育活动的开展,同时也对学校体育活动的组织者、参加者提出了新要求。

关键词:《民法典》;自甘风险;学校体育;伤害事故

一、《民法典》"自甘风险"原则的出台背景

　　学校是各类体育活动的常见举办场地,有关学校体育伤害事故的处理已成为当下司法实践中的现实问题。《民法典》实施之前,我国各类学校体育伤害事故处理的依据,主要有《侵权责任法》(2009 年)、《最高人民法院关于审理人身损害赔偿案件适用法律若干问题的解释》(2003 年),以及教育部《学生伤害事故处理办法》(2002 年)等。根据《教育部关于修改和废止部分规章的决定》(2010年),我国《学生伤害事故处理办法》已于 2010 年依据《侵权责任法》做了修正:"发生学生伤害事故,造成学生人身损害的,学校应当按照《中华人民共和国侵权责任法》及相关法律、法规的规定,承担相应的事故责任。"对于学校体育伤害事故责任的承担问题,《侵权责任法》(2009 年)采取的是公平责任原则,这

---

① 　胡行华,浙江工商职业技术学院马克思主义学院副教授,研究方向为思政与法律教育。

主要体现在该法第24条①的规定:"受害人和行为人对损害的发生都没有过错的,可以根据实际情况,由双方分担损失。"这一条款给予了法官以较大的自由裁量权,其在司法实践中具有方便保护弱者权益等优点。特别是,在受害人相关损害无法落实到位且各方均无过错的情况之下,法院可通过适用公平责任原则,根据各方的经济状况等实际情况,对当事人之间的具体责任义务进行适当裁判。毫无疑问,这些处理方式在一定程度上起到了平息争议、促进社会和谐的作用。

但是,在司法实践中,由于根据"实际情况"存在较大的不确定性,且因为现实中的实际情况可能千差万别,这就导致了一些法院在认定各方均无过错的情况下,却又利用公平原则来裁处相关责任的承担。因此,公平责任原则的相关规定,往往因裁判标准不明、适用范围过宽等问题,出现了"和稀泥"的现象和诸多争议,相关社会效果也大打折扣。其中,比较典型的案例就是2017年在河南郑州发生的"电梯劝烟猝死案":一位医生因在电梯里劝老人不要抽烟,两人发生争执。10多分钟后,老人突发心脏病意外死亡,一审法院判决该医生赔付死亡老人家属1.5万元;一审判决结果曾引起社会广泛的关注和激烈的讨论;二审法院则改判劝烟的医生无责,最终赢得了广泛的社会称赞。这一案件集中反映了公平责任原则在司法实践中适用的不确定性,以及因此产生的诸多社会争议问题。

具体到有关学生伤害事故问题的处理上,因公平责任原则在原《侵权责任法》里的规定不明确等问题,有关学校责任的范围也较为模糊,相关法院对相似案件的判决结果存在较大差异,学校的责任同时也出现了被扩大的趋势。[1]这种同案不同判的后果,也在一定程度上表明,对学校伤害事故的处理急需明确立法,统一裁判尺度。

《民法典》已于2021年1月1日开始施行。为进一步明确公平责任原则的适用范围,统一裁判标准,《民法典》第1186条规定:"受害人和行为人对损害的发生都没有过错的,依照法律的规定由双方分担损失。"这里将《侵权责任法》规定中的"根据实际情况"修改为"依照法律的规定"。这一规定的出台也就意味着,《民法典》施行后,法官只能依据具体的法律规定裁决,而不能再自行依据实

---

① 为方便读者阅读,本书正文部分在整理、解读法律法规时,文中的数字均用阿拉伯数字表示。

际情况径行裁量了。

我国"自甘风险"原则,规定于《民法典》第 1176 条中:"自愿参加具有一定风险的文体活动,因其他参加者的行为受到损害的,受害人不得请求其他参加者承担侵权责任;但是,其他参加者对损害的发生有故意或者重大过失的除外。"这是我国法律首次对"自甘风险"原则做出规定,其专门针对文体活动的开展而设立。[2]在理论研究中,"自甘风险"有时又称"自甘冒险"或"甘冒风险"(Assumption of Risk),是指"被害人原可以预见损害之发生而又自愿冒损害发生之危险,而损害结果真不幸发生"[3]的情形。其主要适用的情况是,当受害人事先了解某项行为可能伴随着风险、损失或事故的时候,但仍自愿为此行为,并同意自行承担可能的后果。显然,《民法典》有关"自甘风险"原则的规定,让公平责任的承担有了具体的法律依据,也让公平责任的确定更加清晰、明确。

二、"自甘风险"原则对处理学校体育伤害事故的影响

目前,学校的体育活动主要包括体育课、学校组织的体育竞赛和运动会、自发组织的体育活动等不同类型,具体活动内容可能因学生、学校等不同而存在一定的区别。同时,体育活动本身也是一个矛盾体的集合,"它既是一块规则明确的领域,暴力且带有表演的性质,并受到控制,又是一块极易引起隐秘的愤怒的领域"[4]。现实中,各类学校体育活动可能会有一定的差异,但是,存在一定的对抗性、风险性是很多体育竞技活动的共同特性。因此,在各类比赛、运动中,也可能会出现各种学校体育伤害事故。

在《民法典》实施之前,对学校伤害事故的处理,主要还是以《侵权责任法》中规定的公平责任原则为主。如本文前面所述,《民法典》已将这一规则的适用条件进行了改变,即:从根据"实际情况",更改为"依照法律规定"。而对于校园文体活动中出现的相关风险及责任承担,《民法典》第 1176 条已明确应适用"自甘风险"的法律原则。据此,《民法典》明确规定,在我国的学校体育活动中不需适用公平责任原则即可认定相关法律责任的承担。这也就意味着,依据"自甘风险"的法律原则,相关学校活动的组织者、教育机构等,如果在体育活动中履行了安全保障义务、没有过错的情况下,不会再因法院适用公平责任而承担赔偿责任。这可大范围地减少公平责任原则的使用范围,从而起到防

止公平责任原则被滥用的作用。因此,"自甘风险"原则作为我国《民法典》的一项全新规定,实际上也可视为对原规定于《侵权责任法》中的公平原则之具体化规定。

从社会意义角度来看,"自甘风险"原则的出台,对于高效率地组织各类学校体育活动、保证各类学校体育活动的顺利开展,会产生积极的促进作用。这是因为,一般意义上的体育活动,均应提倡公平竞争、广泛参与、效率至上等原则。《民法典》关于"自甘风险"法律原则的规定,目的也正是在于鼓励更多热爱体育活动的人群能积极、主动且无顾虑地参加活动。反之,如果在学校体育伤害事故的侵权责任认定上,动辄考虑伤者的个体得失,将相关个体的损失"摊派"于其他活动参加者或组织者,则可能会引起相关学校体育活动参加者和组织者的担心,容易产生因自身行为对他人造成伤害而担责的相关顾虑。如此下去,势必会影响更多人参与和组织各类学校体育活动的积极性,这对参与者竞技水平的发挥乃至体育活动观赏性等方面,都可能会产生不同程度的负面影响。

目前,我国正处于从体育大国向体育强国迈进的阶段。增进全民的身体素质与健康,也应是我国文体事业发展的重要目标。"自甘风险"原则在明确责任之后,对于消除相关顾虑,鼓励更多人放开手脚积极参加学校各类体育活动,将产生积极的意义。

三、"自甘风险"原则下学校体育伤害事故的主要应对

(一)组织者:尽到合理的安全保障义务,预防体育伤害事故的发生

根据《民法典》1198至1201条的规定,学校等作为文体活动的组织者、场馆管理者,应尽到"安全保障义务"。需要注意的是,在"自甘风险"的原则下,该项规定已属于法律的强制性规定。因此,即使学校签署过类似"运动参与者发生人身损害事件与组织者无关、由参与者自行承担损害"等相关内容的条款,那么,该条款也应属于无效条款,不能因此而免除运动组织者承担损害赔偿的责任。[5]这是因为《民法典》第506条明确规定:"合同中的下列免责条款无效:(一)造成对方人身损害的;(二)因故意或重大过失造成对方财产损失的。"据此,这种相关免责的条款,就属于因为违反了《民法典》的强制性法律规

定而无效的范围。

在认定学校体育活动的组织者是否尽到安全保障义务时,《民法典》主要针对无民事行为能力人和其他参加者两种不同的情形,对归责和举证责任进行了区别。

在无民事行为能力人参加的体育活动中,对于组织者来说,《民法典》采取的是一种严格责任。《民法典》第1199条规定:"无民事行为能力人在幼儿园、学校或者其他教育机构学习、生活期间受到人身损害的,幼儿园、学校或者其他教育机构应当承担侵权责任;但是,能够证明尽到教育、管理职责的,不承担侵权责任。"据此,无民事行为能力人如参加学校体育活动受到人身损害,活动的组织者(幼儿园、学校或其他教育机构等)首先应被推定为有责任,是否能够构成无责的证明责任,则应由组织者来证明。

而在其他非无民事行为能力人参加的体育活动中,《民法典》对组织者采取的责任认定方式,则是首先推定组织者无责。这种情况下,学校体育活动组织者是否应承担责任,则应由参加者来证明,组织者无须证明自己无责。

因此,在各类学校体育活动的组织实施过程中,相关学校体育活动的规则制定者、流程的规划者,要想到一些涉及基本安全保障方面的问题。比如,相关活动是否适合某一年龄段的学生参加?此活动中可能会有怎样的危险发生?可能会出现怎样的意外状况?如果出现了意外状况,应如何解决?若是大型的活动,该如何管理和维持活动的秩序?……而无论发生何种意外,只要组织者尽到了正常、合理的安全保障义务,则其就不应该承担不相关的损害责任。

在学校体育伤害事故的常规预防工作方面,建议各类学校可以做好以下几个方面的工作。1.完善相关体育设施,以及教具、学具的进货、采购渠道,保留相关销售、加工合同、票据、质量保证书、合格证等。这一方面是为了保证相关设施的质量状况、安全性能良好;另一方面,也可以作为日后追偿的依据。2.制定、完善校内安全管理、消防、门卫值班制度和校规校纪等,还可采取公示等多种手段。3.定岗定责,落实相关责任人员,明确具体责任。4.对相关安全制度、措施的落实情况等,要坚持常规性检查。

在出现具体学校伤害事故时,学校应重点做好以下相关应对,主要包括以下几个方面。其一,要正确处理。出现相关学生伤害事故时,要及时通知家长、与目睹整个事故发生现场的其他学生或成人进行沟通;同时,要第一时间安排救助,必要时,学校应先行垫付医疗费用,并注意安抚其他学生或参与者的情绪,避免造成恐慌。其二,要做好证据的固定、收集以及保留工作等,如:调取监控、视频资料;固定在场人员及相关责任人员证言;向教育行政部门及公安部门、消防部门、安监局等相关部门报告,而这些部门的介入也可以固定相关证据;收集、固定相关书面证据(如教案、教师的教学、工作记录、相关规章制度等)。在明确责任的情况下,也可以考虑寻求和解、调解处理,避免影响扩散。如果调解失败,则应注意引导受害方进入司法程序,做好诉讼应对。

(二)参加者:对学校体育活动风险责任应有清晰的认知

根据《民法典》的规定,如构成学校体育活动的"自甘风险",则应具备参加者"自愿参与"具有相关已知风险的活动、且无故意及重大过失等基本条件。

首先,"自甘风险"原则明确规定,民事主体参与某项文体活动,应该以"自愿"为基础。"根据竞技体育活动的惯例,参与者一旦参加活动,应视为其自愿承担活动中的风险,并同意承担相应损害后果,只有在侵权人存在过错或在体育活动中严重违背活动规则且损害后果特别严重时才承担赔偿责任。"[6]在司法实践中,是否为"自愿",涉及的核心问题其实主要是举证责任的分配。毫无疑问,从提高学校体育活动的组织效率、权衡举证责任公平角度来看,某一具有完全民事行为能力的人员参加某项文体活动,应该默认为是其自愿的行为。而参加者如认为其是非自愿性的,比如受到"胁迫"、履行必须执行的"命令"等等,则应该由参加者举出充分的证据来证明自己的主张,要对自己参加相关体育活动系非其本人自愿的行为进行举证。

其次,对于参加者来说,还应当明确的是,即使因其他参加者存在一定的"犯规"等行为,导致产生了伤害事故,但是该行为却可能仍然构成"自甘风险"。这是因为,"体育中技术犯规的情况比比皆是,是体育公认的文化和传统"。毕竟,竞技体育有其自身的特性,犯规与否的技术标准不能简单等同于法律上"重大过失"的具体判断。即使某一参加者在学校体育活动中有一定的犯规行为,导致其他参加者受到伤害,也不能因此将这种体育活动上的"犯规"简单等同于司法裁判中的"过失",进而认定相关责任。

最后,在参加相关学校体育活动之前,参加者应认真了解相关体育活动的流程,清晰知道自己的身体状况是否可以参加相关竞技体育活动,以及能否接受在活动中不可避免的跌撞发生,等等。在活动中,参加者还应做好保护措施,增强防范意识,尽量避免相关人身伤害等各类危险的发生。同时,在保护好自己的前提下,每一位参加者都应遵守活动规则,要秉持"友谊第一,比赛第二"的原则,注意不要伤害其他人员。

参考文献

[1] 方益权.学生伤害事故中学校的法律责任及其认定标准[J].政法论坛:中国政法大学学报,2004,22(4):143-150.

[2] 韩勇.《民法典》中的体育自甘风险[J].体育与科学,2020,41(4):13-26.

[3] 曾世雄.损害赔偿法原理[M].北京:中国政法大学出版社,2001.

[4] 乔治·维加雷洛.从古老的游戏到体育表演:一个神话的诞生[M].乔咪加,译.北京:中国人民大学出版社,2007.

[5] 杨林,万容.风险自负原则适用与阻却[J].社会科学家,2014(11):92-96.

[6] 四川省成都市中级人民法院.曾佩玲、李红梅等生命权、健康权、身体权纠纷二审民事判决书[Z].(2019)川01民终12505号.

[7] 韩勇.同场竞技运动员间伤害的侵权责任[J].体育学刊,2013(1):48-55.

中国共产党人精神谱系融入高职思政课教学研究

孙　雪[①]

摘　要:中国共产党人精神谱系是中国共产党百年奋斗中创造、积累的精神财富,与高职思政课教学内容同根同源,其价值取向与高职思政课教学目标同向同行,是高职思政课教学重要且丰富的内容素材。将中国共产党人精神谱系融入高职思政课教学,对于弘扬和践行社会主义核心价值观、提升高职思想政治教育获得感、赓续共产党人精神血脉都具有重要意义。高职院校三门思政主干课的教学内容需按照各门课程教学目标在内容选择上有所侧重,有机融入相关内容。课程教师在精心备课的基础上,需要在融入过程中注意选择灵活多样的教学方法。

关键词:中国共产党人精神谱系;高职院校;思政课教学

党的十八大以来,习近平总书记在不同场合多次谈及强大的精神力量在我国发展中产生的无可替代的作用,并提出"中国共产党人精神谱系"这一重要理念。习近平总书记曾指出,在一百年的非凡奋斗历程中,一代又一代中国共产党人顽强拼搏、不懈奋斗,涌现了一大批视死如归的革命烈士、一大批顽强奋斗的英雄人物、一大批忘我奉献的先进模范,形成了一系列伟大精神,构筑起了中国共产党人的精神谱系,为我们立党兴党强党提供了丰厚滋养[1]。现如今,中国共产党人精神谱系第一批伟大精神已经正式发布,这笔宝贵的精神财富该如何展现出应有的时代价值,是当前应当研究的重大课题。对于高校思想政治教育工作者而言,积极推动中国共产党人精神谱系融进思政课课堂、浸入青年学子之心

---

①　孙雪,浙江工商职业技术学院思政课助教,研究方向为高校思想政治教育。

是一项重要使命。因此,探究中国共产党人精神谱系(下文简称"精神谱系")因何融入、以何融入、如何融入高职思政课之中,具有非常重要的意义。

一、中国共产党人精神谱系与高职思政课教学的内在关系

充分把握精神谱系与高职思政课教学的内在关系,是研究如何融入等问题的前提和基础。对于高职思政课教学增强说服力和理论魅力来说,精神谱系是不可或缺的养分;对于精神谱系的传承和发扬而言,高职思政课教学又是重要的输出载体:精神谱系与高职思政课教学内容同根同源、同向而行,互为依托。

(一)中国共产党人精神谱系与高职思政课教学同根同源

高职院校思政课主要由"思想道德与法治"(下文简称"德法"课)、"毛泽东思想和中国特色社会主义理论体系概论"(下文简称"概论"课)、"形势与政策"三门公共必修课程构成。其中,"德法"课注重综合运用辩证唯物主义和历史唯物主义的世界观和方法论,是青年学子认识社会并走向社会需要修炼的基本功,而精神谱系内容的形成正是无数革命先辈、仁人志士将自己的世界观、人生观、价值观投射到现实社会中的集中体现。"概论"课以马克思主义中国化为主线,集中阐述马克思主义中国化过程中产生的重大理论成果,不断推进马克思主义基本原理同中国具体实际及优秀传统文化相结合,而精神谱系的内容正是在马克思列宁主义作为科学的指导思想下,在党不懈奋斗的伟大实践中结出的精神硕果。当前我们正处在百年未有之大变局之中,"形势与政策"课程显得尤为必要,在习近平新时代中国特色社会主义思想的指导下,增强对大势大局的把握能力、提升对矛盾问题的分析能力,充分展现出当代马克思主义强大的真理力量和实践力量。而在精神谱系中,中国特色社会主义新时代形成的新时代北斗精神、伟大"抗疫"精神、脱贫攻坚精神等,在新时期解决新问题、新矛盾的过程中发挥着至关重要的精神引领作用。总的来说,精神谱系是党百年奋斗历程中的宝贵精神结晶,而高职思政课的相关理论是在党百年奋斗历程中形成的重要理论成果,二者具有同样的实践基础,即新民主主义革命时期、社会主义革命和建设时期、改革开放和社会主义现代化建设新时期、中国特色社会主义进入新时代以来的全部实践。

(二)中国共产党人精神谱系与高职思政课教学同向同行

新时期,思政课作为落实立德树人根本任务的关键课程,是高校开展思想政治教育的主渠道。高职院校为社会输入的不仅是具备专业技术和技能的人才,更是高素质、全面发展的人才。思政课是当前各大高职院校最为重视的课程之一,思政课的教学成效也是广大思政课教师教学改革创新的重要目标之一。精神谱系作为党百年奋斗史中构筑而成的精神丰碑,其催人奋进的感召力量、永不言弃的坚守力量和无私奉献的大爱力量等,无不是青年学子成长成才路上的一盏盏明灯,教育、引导着青年学子坚定理想信念、树立正确的价值观。因此,从高职院校培养目标层面来看,二者同向同行,共同致力于青年学子的全面发展。与此同时,中国共产党人精神谱系与高校思政课教学同处于思想政治教育的供给侧,将二者适当融合以产出更多思想政治教育的有效供给,使供给内容对准学生需求,从而在良性互动的基础上探索出弘扬精神谱系和提升高职院校思政课教学效果的共通渠道。

(三)中国共产党人精神谱系是高职思政课教学重要且丰富的内容素材

第一,当前思政课教学遭遇瓶颈,这对思政课教学的改革创新提出了更高要求。对于高职院校思政课教学来说,面临着"三难一低"的境况,即:学生学习理论知识难,教师将教材体系转化为教学体系难,理论紧密联系实际难,教学成效较低。如何让晦涩难懂的理论知识真正走进青年学子内心,一直是思政课教学致力于完成的一项重要任务。第一批精神谱系的正式发布,无疑是对当前思政课教学资源的进一步充实。每一个精神背后蕴含着的鲜活的人物、现实的困境、拼搏的历程等,使得教材中原本生硬的文字变得饱满、立体。因此,将精神谱系恰如其分地融入思政课教学中,是对思政课教学的新尝试,在讲好一个个精神背后故事的同时,让思政课的理论知识也随之输出,使学生在故事中感受到理论的魅力。

第二,当前是广大青年学子学习与传承精神谱系的关键时期。习近平总书记多次强调,大力发扬红色传统、传承红色基因,赓续共产党人精神血脉[2]。精神谱系的传承与发扬正是共产党人精神血脉在新时代的延续,那么这一个个精神坐标该如何延伸它的影响力呢?除了通过网络媒体、理论稿件进行学习传播之外,还应发挥好思政课这一战略阵地,系统地将精神谱系作为一条精神主线贯穿思政课理论体系并融入思政课日常教学之中,从而保持精神谱系的整体性、连贯性,使学生更加深刻和全面地进行学习领悟。

总的来说,一方面,精神谱系作为高职思政课内容的丰富素材,可以在内容上形成良好的契合点,推进当前高职思政课教学的改革创新;另一方面,高职思政课教学将作为精神谱系传承与传播的重要载体发挥着不可替代的作用,使精神谱系在青年学子群体中得到广泛且有效的普及。

二、中国共产党人精神谱系融入高职思政课的价值意蕴

(一)广大青年树立和践行社会主义核心价值观的现实需要

习近平总书记在纪念五四运动 100 周年大会上的讲话指出,新时代中国青年要自觉树立和践行社会主义核心价值观,善于从中华民族传统美德中汲取道德滋养,从英雄人物和时代楷模的身上感受道德风范,从自身内省中提升道德修为[3]。当前,关于对青年学子社会主义核心价值观的培养是高职院校思政课的重要内容之一,也是出于两个方面的迫切需要:一方面是学生的需要,作为步入大学阶段的青年学子来说,扣好人生的第一粒扣子,树立正确的世界观、人生观、价值观对其一生的发展将产生重要的影响;另一方面是社会的需要,当前社会对高校毕业生的要求越来越全面,特别是对于高职院校的毕业生而言,不仅要掌握过硬的专业技能,还要具备较高的素质及正确的三观等。因此,如何将个人层面、社会层面、国家层面的具体要求转化为学生的自觉行为,是思政课教学的重点、难点。

2020 年,中共中央宣传部、教育部印发《新时代学校思想政治理论课改革创新实施方案》,强调通过了解"四史"以培养学生运用马克思主义立场观点方法分析和解决问题的能力,实现培养自觉践行社会主义核心价值观、争做社会主义合格建设者和可靠接班人的目标[4]。党史、新中国史、改革开放史、社会主义发展史是在党的领导下形成的宝贵理论财富,而精神谱系中的一个个精神坐标正是中国共产党在不同历史阶段中产生的。伟大精神中所蕴含的奋斗的力量、担当的力量、奉献的力量、信仰的力量,有助于在现实生活中答学生所疑、解学生所惑,是广大青年学生树立和践行社会主义核心价值观的现实需要。

(二)高职院校提升思想政治教育获得感的重要举措

2021 年 3 月 6 日,习近平总书记在医药卫生界、教育界联组会上指出:"思政课不仅应该在课堂上讲,也应该在社会生活中讲。""拿着一个文件在那儿宣读,没有生命、干巴巴的,谁都不爱听,我也不爱听。"[5]习近平总书记通俗的话语道出了当前思政课教学面临着学生不买账的境况,而思政课作为高校思想政治教育的主阵地,若无法发挥出其应有的效果,则必然导致学生难以有思想政治教育获得感或获得感较低。2020 年,习近平总书记特别强调:"会讲故事、讲好故事十分重要,思政课就要讲好中华民族的故事、中国共产党的故事、中华人民共和国的故事、中国特色社会主义的故事、改革开放的故事,特别是要讲好新时代的故事。"[6]由此可见,讲好一个个生动鲜活的故事对提升思政课教学效果有着关键性的作用。中国共产党人精神谱系,涵盖了那些身处不同时期、面临不同困境、从事不同职业但却有同样追求的人们的故事。他们的故事刻着历史的印记,彰显真理的力量,保存着信仰的温度,时至今日,这种生生不息的精神力量仍然影响着中国人民。因此,将精神谱系融入思政课教学,能够使青年学生更加立体、全面地接收思政课教学内容,同时对于高职院校思想政治教育获得感的提升有较大的推动作用。

(三)赓续中国共产党人精神血脉的重要路径

百年大党行至今日正风华正茂,精神血脉饱经磨砺仍代代相传。当前我们正经历世界百年未有之大变局,面对错综复杂、瞬息万变的国际形势、机遇与挑战并存的发展态势,一道道考题摆在新时代党的队伍面前,检验着中国共产党能否交出令群众满意的答卷。习近平总书记指出:"人无精神则不立,国无精神则不强。精神是一个民族赖以长久生存的灵魂,唯有精神上达到一定的高度,这个民族才能在历史的洪流中屹立不倒、奋勇向前。"[7]如果说我们党经历百年已成长为一棵枝繁叶茂的大树,那么中国共产党人精神谱系就是滋养这棵大树的重要养分,为党的队伍的发展提供着不竭的动力。正如"虎胆英雄"裘古怀烈士遗言:"胜利的时候,请你们不要忘记我们!"92 年后的今天,我们仍然将他铭记,我们记得的是他愿意为真理而死的坚定信仰,我们记得的是他临死之际仍遗憾为党做的工作太少的赤诚之心,这种精神可以不受时空和生死的限制,跨越百年而历久弥新。当前,将精神谱系融入高职思政课教学,一方面是充分利用好思政课教学平台,系统地向学生讲述精神谱系的脉络、内容等;另一方面使学生对精神谱系不能仅停留在"知道"的层面,还应将精神谱系与现实建立联结,在"知道"的基础上,进一步发挥精神谱系的现实价值。因此,精神谱系融入高职思政课教学作为赓续中国共产党精神血脉的重要路径是十分必要的。

三、中国共产党人精神谱系融入高职思政课的内容构建

(一)融入"思想道德与法治"教学的内容构建

精神谱系源于实现中华民族伟大复兴的具体实践,根据各个精神产生的背景和形成的内容,主要划分为五个主题,如图1所示。

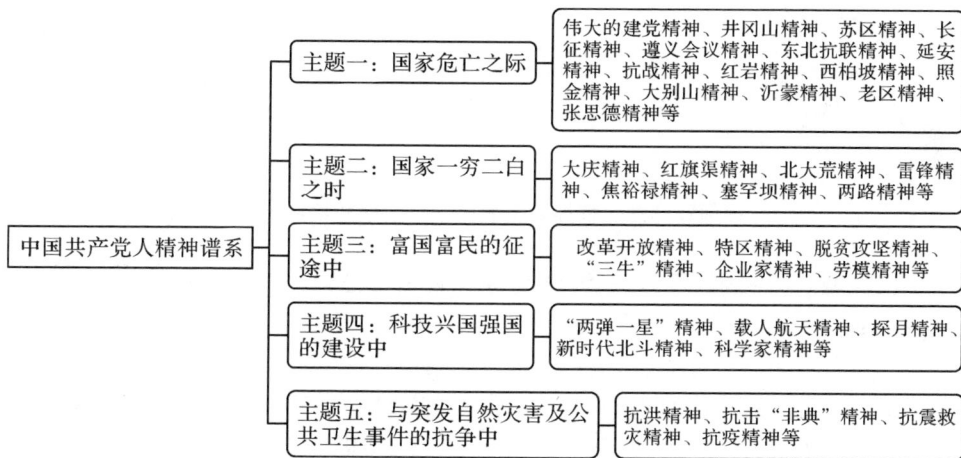

	主题	内容
中国共产党人精神谱系	主题一:国家危亡之际	伟大的建党精神、井冈山精神、苏区精神、长征精神、遵义会议精神、东北抗联精神、延安精神、抗战精神、红岩精神、西柏坡精神、照金精神、大别山精神、沂蒙精神、老区精神、张思德精神等
	主题二:国家一穷二白之时	大庆精神、红旗渠精神、北大荒精神、雷锋精神、焦裕禄精神、塞罕坝精神、两路精神等
	主题三:富国富民的征途中	改革开放精神、特区精神、脱贫攻坚精神、"三牛"精神、企业家精神、劳模精神等
	主题四:科技兴国强国的建设中	"两弹一星"精神、载人航天精神、探月精神、新时代北斗精神、科学家精神等
	主题五:与突发自然灾害及公共卫生事件的抗争中	抗洪精神、抗击"非典"精神、抗震救灾精神、抗疫精神等

图1　中国共产党人精神谱系

原《思想道德修养与法律基础》(2018 版)教材已更新为《思想道德与法治》(2021 版),对比发现:虽然教材名称发生了变化,但课程定位未变;虽然微观结构发生了变化,但总体框架未变;虽然章题表述发生了变化,但核心要义未变。根据教育部要求,该课程主要讲授马克思主义人生观、价值观、道德观、法制观,社会主义核心价值观与社会主义法治建设的关系,帮助学生筑牢理想信念之基,培育和践行社会主义核心价值观,传承中华传统美德,弘扬中国精神,尊重和维护宪法法律权威,提升思想道德素质和法治素养。高等职业学校结合自身特点,

注重加强对学生的职业道德教育。因此,高职院校"德法"课特别强调职业道德教育,这也是精神谱系融入教学应重点关注的内容之一。根据教材体系、教学要求、培养目标等,精神谱系融入"德法"课采取案例式教学方法,以"章节＋主题"的模式进行内容构建,如图2所示。

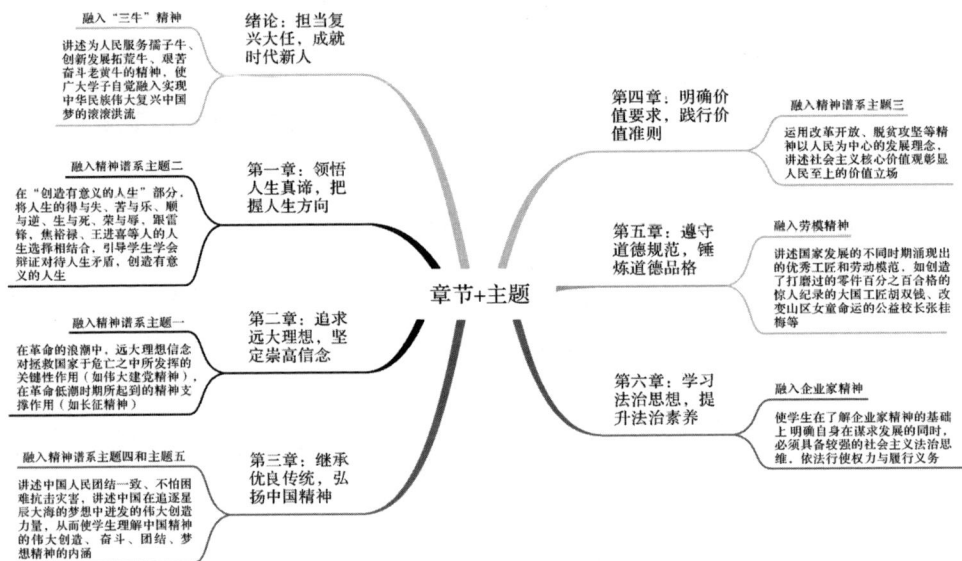

图2　中国共产党人精神谱系融入"德法"课程教学的内容构建

(二)融入"毛泽东思想和中国特色社会主义理论体系概论"教学的内容构建

"概论"课程主要讲授中国共产党把马克思主义基本原理同中国具体实际相结合产生的马克思主义中国化的两大理论成果,帮助学生理解毛泽东思想、邓小平理论、"三个代表"重要思想、科学发展观、习近平新时代中国特色社会主义思想是一脉相承又与时俱进的科学体系,引导学生深刻理解中国共产党为什么能、马克思主义为什么行、中国特色社会主义为什么好,并坚定"四个自信"。精神谱系与"概论"课的教材体系契合度较高,以一条精神主线贯穿"概论"课教学的始终,每一部分以各个伟大精神作为总结,使学生在学习理论内容后,能进一步将这一时期产生的伟大精神作为指导现实实践的精神指南。以"教材体系＋不同时期的伟大精神＋精神层面总结提炼"的模式,将精神谱系融入"概论"课程教学的内容构建,主要分五个部分,具体如图3所示。

如抗美援朝精神、"两弹一星"精神、雷锋精神、焦裕禄精神、大庆精神、红旗渠精神、北大荒精神等，总结这段激情而峥嵘的岁月以及初步探索时的艰辛历程，使学生不仅从理论上了解这一时期的经验和教训，也能从情感价值层面感受这一时期国家初步探索的艰难

融入精神谱系中社会主义革命和建设时期形成的伟大精神

如脱贫攻坚精神、抗疫精神、"三牛"精神、科学家精神、企业家精神、新时代北斗精神等，总结当前围绕"强国精神"进行新时代的伟大斗争，为共产党人精神谱系写出更加精彩的篇章，引导学生积极投身于国家高质量发展、建设现代化的进程中，为实现民族复兴继续奋斗

融入精神谱系中进入伟大复兴新时代形成的伟大精神

伟大建党精神作为百年大党的精神之源，指引着一代代中国共产党人顽强拼搏、不懈奋斗，不断书写着中国共产党人新的精神史诗

融入伟大建党精神

教材体系+不同时期的伟大精神+精神层面总结提炼

导论 ── 第一章至第二章 ── 第三章至第四章 ── 第五章至第七章 ── 第八章至第十四章

融入精神谱系中新民主主义革命时期形成的伟大精神

以井冈山精神、苏区精神、长征精神、遵义会议精神、延安精神、抗战精神、红岩精神、西柏坡精神、照金精神等作为本部分内容的总结，使学生看到每个精神背后所蕴含的鲜活的故事，从而深切体会新民主主义革命的胜利来之不易，新民主主义革命的理论来之不易

融入精神谱系中改革开放和社会主义现代化建设时期形成的伟大精神

如改革开放精神、特区精神、抗洪精神、抗击"非典"精神、抗震救灾精神、载人航天精神、劳模精神等，这一阶段为了能够富起来，在经济发展、航天科技等方面做出的突出贡献，在抗击自然灾害时团结一心的感人事迹以及在基础建设领域涌现出的一大批劳动模范，最终创造了改革开放和社会主义现代化建设的伟大成就，此时中国终于赶上了时代

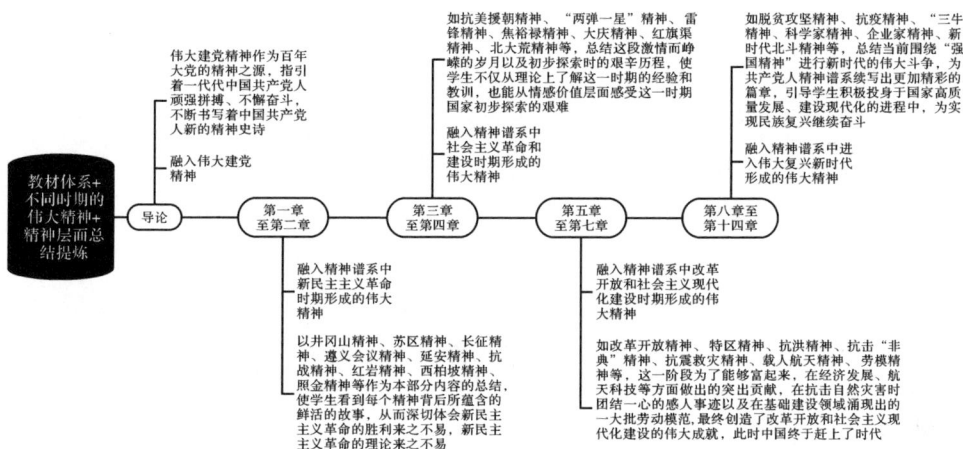

图 3　中国共产党人精神谱系融入"概论"课程教学的内容构建

(三)融入"形势与政策"教学的内容构建

"形势与政策"，主要讲授党的理论创新的最新成果，新时代坚持和发展中国特色社会主义的生动实践，马克思主义形势观政策观、党的路线方针政策、基本国情、国内外形势及其热点难点问题，帮助学生准确理解当代中国马克思主义，深刻领会党和国家取得的历史性成就、面临的历史性机遇和挑战，引导大学生正确认识世界和中国发展大势，正确认识中国特色和国际比较，正确认识时代责任和历史使命，正确认识远大抱负和脚踏实地。在精神谱系融入"形势与政策"课教学的过程中，应当从整体上把握精神谱系的内容，结合"形势与政策"课理论新、形势新、政策新等特点，将其充实到授课内容中，使学生不断习得统筹过去和未来、国内和国际、顶层设计和具体实践的能力，从而树立正确的历史观、大局观和角色观。具体内容构建如下。

首先，正确认识过去，敢于面向未来。习近平总书记指出，一切向前走，都不能忘记走过的路；走得再远、走到再光辉的未来，也不能忘记走过的过去，不能忘记为什么出发。在"形势与政策"的讲授中，不能只讲现在，不讲过去，对待我们走过的路，一定要用辩证的思维、客观的视角来看待，吸取宝贵的经验和教训。如30万林州人民苦战10个春秋，经历1800多个日日夜夜，形成的自力更生、艰苦创业、团结协作、无私奉献的红旗渠精神，是那个一穷二白的时代劳动人民最真实的写照，也为我们伟大的中华民族精神写下了浓墨重彩的一笔。回看过去，

才能使学生更加清楚地明白今天的来之不易，也才能有敢于面对未来的底气、骨气和志气。

其次，聚焦国内发展，开拓国际视野。中国的发展离不开世界，世界的发展也需要中国，当前国内外形势发生着深刻复杂的变化。在此百年未有之大变局之际，我们必须时刻准备抓住机遇、迎接挑战，在开放大门的同时始终坚持独立自主、自力更生。在精神谱系中，开拓创新、勇于担当、开放包容、兼容并蓄的改革开放精神，在新时期仍焕发着强大的精神力量，使我们更加坚定不移地继续走好改革开放之路，把新时代改革开放推向深入。自主创新、开放融合、万众一心、追求卓越的新时代北斗精神，彰显出北斗系统的发展既立足中国，又放眼世界，秉持和践行"世界北斗"的发展理念，使科技的进步造福人类。引导学生在学习伟大精神的同时，明确国家不仅在谋求自身发展，也在努力构建人类命运共同体的伟大事业，引领学生以长远的、全局的眼光去发现问题、分析问题、解决问题。

最后，把握顶层设计，指导具体实践。"形势与政策"课程一方面要讲清楚中共中央当前对社会发展的顶层设计，另一方面也要讲清楚在顶层设计指导之下，各地区各领域的具体实践情况。在精神谱系中，上下同心、尽锐出战、精准务实、开拓创新、攻坚克难、不负人民的脱贫攻坚精神，是顶层设计反映到具体实践的成功写照。习近平总书记总是亲自到国家最贫困的地方，了解这些地方的群众，解决群众最困难的问题。在多次考察调研的基础上，习近平总书记提出了适合我国国情的精准脱贫政策，这也是我们打赢脱贫攻坚战的制胜法宝。与此同时，中国坚持用发展的办法消除贫困根源，走出了一条具有中国特色的减贫之路。学生能够体会到顶层设计离不开对具体实践的调查研究，具体实践离不开顶层设计的科学指导，二者是理论与实践的互动关系，进而引导学生注重理论学习，增强理论联系实际的本领。

四、中国共产党人精神谱系融入高职思政课教学对教师教学改革要求

（一）输入阶段：充实精神谱系融入高职思政课教学的知识储备

中国共产党人精神谱系第一批伟大精神共计 46 个，是一个十分庞大的精神宝库，后续仍会不断地充实和更新。对思政课教师而言，在将精神谱系融入日常

教学之前,需要大量的时间和精力去研读精神谱系的具体内容,否则将无法从整体上把握精神谱系的实质及逻辑结构,无法把握每种精神之间的深层次关系,导致实际融入的过程中出现无体系、无逻辑、无结构的现象。因此,思政课教师首先应主动学习精神谱系的深刻内涵、各种精神的实质及现实意义,弄清楚每种精神背后的人物、时间、地点、事件、原因、结果等要素。其次,应积极开展或参与关于精神谱系融入思政课教学的集体备课、专家讲座等,在集思广益的基础上厘清"融入的原因、融入的内容、融入的方法"。最后,应深入具体实践中,通过参观、实地考察有关精神谱系内容的展览馆、纪念馆等,深入感悟伟大精神的重大价值及意义,并不断积累相关资料,以用于课堂教学。

(二)消化阶段:加强精神谱系融入高职思政课教学的内容转化

在获取关于精神谱系的基本理论知识后,应积极探究融入过程中的内容转化问题。首先,应进行充分的调查研究,包括高职院校学生对精神谱系的了解程度、本科学生与高职学生对精神谱系认知差异以及思政课教师对精神谱系融入日常教学价值的看法等,在此基础上明确融入教学的程度和可行性等。其次,应进行更加深入的学术研究,如撰写相关论文、申报相关课题等,在研究的过程中发现问题,从学术的角度去分析问题,进而才能够将理论讲解透彻,才能清楚解答学生的困惑。最后,应针对高职院校三门思政课的具体目标和要求,采取适合的融入角度,对于"德法"课教学,应根据不同章节的不同主题将精神谱系内容嵌入其中,以支撑理论的输出。对于"概论"课教学,应以发展的时期及时间脉络贯穿教学的全过程,更加注重精神谱系的逻辑梳理和整体性把握。"形势与政策"课教学,应在研究新时期、新问题、新局势的背景下,通过讲解精神谱系的相关内容,凸显其现实价值和时代价值。

(三)输出阶段:创新精神谱系融入高职思政课教学的方法

针对不同的课程、章节、目标及不同专业的学生等,教师应选择灵活多样的教学方法,以更好地提升教学成效。总的来说,精神谱系融入思政课教学的方法可分为四种。第一,以教师为主的方法。一是讲授法,即教师在授课中直接讲述伟大精神的意义和价值等,作为教学内容的总结提炼和补充;二是案例式教学,将伟大精神穿插在具体的教学环节中,通过讲述伟大精神形成的背景、过程等,使授课内容更加鲜活、生动。第二,以学生为主的方法。主要是研讨法。教师课前设计讨论关于精神谱系的主题,学生搜集资料后再在课堂上进行讨论、汇报,最后教师加以总结和引导至课堂教学的相关内容中。第三,以实践为主的方法。通过在现场教学基地进行实地考察、社会调研,以及在校内开展精神谱系讲演比赛等,调动学生的学习积极性,使学生在具体活动中体悟思政课的获得感。第四,以多媒体为主的方法。主要借助线上资源,可以由学生或教师录制关于精神谱系的短视频作为课前、课后辅助教学资料。多媒体教学资料可打破时间、地点等的限制,供师生随时随地进行观看学习。

参考文献

[1] 习近平. 在党史学习教育动员大会上的讲话[J]. 中国人大,2021(7):6-13.

[2] 江山就是人民,人民就是江山 http://www.cssn.cn/sf/202106/t20210628_5342842.shtml.

[3] 习近平. 在纪念五四运动100周年大会上的讲话[N]. 人民日报,2019-04-30(2).

[4] 中共中央宣传部、教育部关于《新时代学校思想政治理论课改革创新实施方案》[N]. 成都大学报,2020-12-31(1).

[5] 张晓松,邹伟. "办好人民满意的教育"——习近平总书记在全国政协医药卫生界教育界联组会上回应教育领域热点问题[N]. 中国教育报,2021-03-07(1).

[6] 习近平同志《论中国共产党历史》主要篇目介绍[N]. 人民日报,2021-02-22(2).

[7] 习近平. 在纪念红军长征胜利80周年大会上的讲话[N]. 人民日报,2016-10-22(2).

[8] 习近平. 思政课是落实立德树人根本任务的关键课程[J]. 求是,2020(17):1.

[9] 习近平. 论中国共产党历史[M]. 北京:人民出版社,2021.

[10] 中国共产党人精神谱系第一批伟大精神正式发布[J]. 中国民族,2021(10):5.

新时代高校清廉校园建设分析

——以公共权力为视域①

卢董董②

摘　要：清廉本质乃是公共性之维系，清廉指向乃是公共权力之制约。因此，高校清廉校园建设以内涵为要，以学校公共权力之规范导引为重，须从"精微行实"处做实。

关键词：清廉；公共性；公共权力

一、清廉校园内涵之思辨

（一）清廉本质——公共性之维系

在中国传统知行文化的语境下，"廉"作为道德的一个范畴，既是为人处世的基本规范，又是政德的必然要求[1]。因此，"清廉"有一般意义的伦理道德和政治伦理道德双重内涵。清廉之政德应是统领其意义的本体，其本质是对社会公共性之维系。

从词源学上看，"廉"字最早是指物体的"棱角"，又指堂屋之"侧边"。后来，"廉"之"棱角""侧边"又延伸为"逼仄、狭窄"，表征自然现象之"缺少、不足、浅小"

　　① 本文系 2019 年度浙江工商职业技术学院党建与思政课题项目（编号：DJ2019Y05）研究成果。

　　② 卢董董，浙江工商职业技术学院思政课教师，研究方向为马克思主义理论与思想政治教育。

等状态。以此喻指人,则形容类乎"少拿、浅取、不多得、不贪婪"的道德形象,引申为人之"约束、节制"的道德品质。[2]这是"廉"作为一般意义的伦理道德的内涵,蕴含着"己所不欲,勿施于人"之维系公共性的理念与规范。

从历史唯物主义角度看,"廉"作为道德的范畴之一经历了漫长的发展过程。原始社会末期,随着生产技术的进步和劳动工具的改进,剩余劳动产品的数量和丰富性增加,出现了私人财产和维护私人财产的价值尺度——私有制,逐渐取代了原始公有制。随着私有财产的集聚,新的社会阶级出现,并出现了维系私有制和新的社会阶级(新的生产关系)的工具——国家机关。"廉"之现象也随即出现,而"廉"作为一种自觉意识则是在此之后出现的。统治阶级内部出现腐败而导致国家衰亡的例子时常见诸史册。自奴隶社会以降,在漫长的阶级统治与社会治理的过程中,求解治国理政之"廉"道成为文化惯常。"廉"作为一种规范被运用到统治工具的维系当中,以"合法"执掌被统治阶级的"公共性"及其统治工具本身。

从哲学社会学角度看,"廉"所应对的正是被定义为文明社会标志的"公共性"。在中国传统知行文化的语境下,"公共性"的核心为"公",即"公共""共同"之义。《礼记·礼运》所言"大道之行也,天下为公"是也。"公共""共同"之谓,蕴含着朴素的公有制思想。在西方哲学话语体系中,"公共性"则源自古希腊特有的民主政治,对应市民个体和社会两个层面,强调社会层面的非个体性,并延伸为后来的政府或政治之义。[3]中西方的不同语境却共同指向了"公共性",并非巧合。

文艺复兴以降,西方学者在其特有的哲学语境中对"公共性"的内涵进行了深刻的剖析。康德认为,"公共性"体现为共同体生存权之价值,具有先验的合法性,不仅是全体公民享受被赋予的"公共权利"之本质,也是社会正义之前提。阿伦特认为,公民个人的生存权需要一个包容性极大的公共时空,在公共性的普遍原则支配下,每个个体都被赋予了可自我展现的"普遍权利"。[4]公共性正是现代文明的本源价值所在,也是清廉所要深刻思辨的重要理念。

(二)清廉指向——公共权力之制约

公共性是人之价值的原生境遇,它的含义随着阶级社会的发展而变化。由公共性而生的公共权力则是检验文明的又一重要尺度。清廉的终极指向应当是对公共权力的制约。

马克思主义认为,生产力与生产关系的矛盾运动催生了阶级社会。国家作为阶级统治的机关,为统治阶级的政治与经济大权提供"合法性"支持。一旦无产阶级实现专政,公共权力则会成为全体人民意志的体现。公共权力被人民所赋予又与人民相脱离。[5]因而其制约问题依然存在,表现为公共权力行使主体的"自利性",公共权力自身的可获利性以及制约公共权力制度的"未完成性"[6]。

公共权力及其所形成的社会关系都需要通过法律乃至其他有效手段来进行调整。公共性内涵的揭示为公共权力之制约提供了理论,即公共权力的使命和职责必须以普遍的"公共权利"为依据。

生产力的发展推动了社会的大分工。原始社会经历了"游牧部落从其余野蛮人群中分离出来"的第一次社会大分工及"手工业和农业的分离"的第二次社会大分工,出现了以直接交换为目的的商品生产。商品交换催生了贸易与货币,财产的不均衡分配直接导致新的社会阶级的产生。原始社会末期,新旧社会形态经历了漫长的血腥更替,由"原始的自然形成的民主制变成了可憎的贵族制"。在阶级对立的社会中,出现了"公共权力",以作为"统治"奴隶和"治理"公民的"合法"力量。这种"公共权力"被强大的、经济上占统治地位的阶级把持下的国家机关操控,完成对社会"政治"的统治。[7]地主阶级更替奴隶主阶级,资产阶级更替地主阶级,同样上演着相似的"更替"。

公共权力是阶级外向控制的一种力量,其本质是一种"利益关系",其所指向的乃是对谋取未来利益之资源控制[8]。任何利益行为主体都可以涉及资源控制的环节。因此,公共权力有着鲜明的"内—外"和"我—他"的"私—公"矩阵。现代文明所指的公共权力之制约一定是利益的"向外性"和"向他性"。

二、新时代高校清廉校园公共权力之分析

(一)学校公共权力之宏观执行——党政

学校是公共权力所指向的公共性教育机构。具有人民权力精神象征的国家机关之附属——教育部,其下设各种规范公共教育资源的机构——次级教育行政机关、学校机构、社会公共教育事业部等。

学校是国家教育目的的施行与实现机构,居于各种公共教育资源中心。学校根据教育的历史和规律,布置育人的目标、环境与媒介。因而,学校是一个复杂的时空环境。它因人的本质而构设学段和性别之环境、文化与社会之环境、教育之现实模拟与未来指向之环境。

学校内部设有党政和监督部门以依法应对公共权力之执行,保证教育资源依于人民的集体意志和社会主义的公平正义。学校被赋予的公共权力,其本质上是公共教育资源的支配权。公共权力在学校的延伸就体现为对教育资源的公正配置,并贯彻于育人过程的始终。公共教育资源是国家和社会未来发展的先导,其所蕴含于其中的核心乃是那个被称为"受教育"的、潜能的人。

(二)学校公共权力之微观执行——班级

对于清廉校园建设而言,不能忽视相当庞大的、非正式的、"微"公共权力之存在。这个"微"公共权力之经典案例就是规范受教育者的单位——班级。

班级作为公共性的群体存在毋庸置疑。通过民主协商,班级内学生将个体期望聚焦一点,以生成集体意志,并通过订立契约的方式将执行权赋予某一个个体,使之代表全体学生之意志行事。由集体意志所赋予的执行权具有公共权力的特性,它所维系的是班级内部所有学生的"普遍权利"。这个执行班级整体意志的个体便是初级公共权力的客体,以对初级公共权力的主体(集体意志)负责,双方遵循所订立的契约与准则。

班级之长既是应接班级集体内部公意的需要,也是学校公共权力执行部门管理受教育者的需要。班长被赋予的执行权也必然遵循公共权力领域所遵行的"授权—执行—监督"之模式。除此之外,其还有在集体会议中集中大家意见进行决策,以抉择符合公意的最佳选项之义务。另外,班长有号召、发令的权力。这即是"微"公共权力进行民主与集中、返照普遍权利的过程。

然而,班级并非真正意义上的政治组织,它不是一个有着共同目标(无论利益还是信仰)的正式公共权力机构,也不是一个职责明确、分工合理、运作有效的团队。但它却承接了"再分配"学校"公共教育资源支配权"之需要。可以说,班级首要的存在是基于学校管理以分配公共教育资源,是学校公共权力执行的"次主体"。

三、新时代高校清廉校园建设之进路

(一)清廉校园建设之重心——知行合一

清廉校园建设存在三个重心:一是公共权力执行部门即高校党政等行政主体自身清廉建设;二是公共权力执行部门与"微"公共权力执行主体的衔接,即在教育管理当中的清廉建设;三是"微"公共权力领域即受教育者主体清廉教育入心入性、知行合一的教育。

"微"公共权力兼具"学校公共权力执行之延伸"与"受教育者自治集体"两种属性。它还是兼顾"立德树人"总目标与社会主义办学方向的那个教育的"原生态"。在这个领域中,有关政治文明、德育乃至信仰等建设都要面对受教育者"知行合一"的实际困境。知之不足,行乃所困;行之不彻,知则浮焉。对于清廉本身思辨之知,对于人民普遍权利的神圣捍卫,都应深入受教育者灵魂的知行当中。

清廉之所至,其本要之处就是要防止公共权力蜕变为某些人的特权,就是要提防国家凌驾于社会之上[6]。清廉校园建设的指向是民族的未来,其所集约的是国家、公民和社会关系的清廉秩序,这正是事关中华民族伟大复兴的战略储备。

(二)清廉校园建设之进路——精微行实

"精":对人类所达及的清廉道德之阐释要结合中西哲学语境,行思辨透彻之精,解蔽认知的狭隘与固陋,切行教育以还原认知本源境遇。

"微":扭转以往只注重研究受教育者"认知世界"的定式,聚焦"微"公共权力领域及其他公共性生活部分,还原社会主义民主法治的完整空间,进行教育理论与技术研发。

"行":一改以往粗放型教育以"知"统领知、情、意、行的机械模式和主体被动的格局,执行清廉"行"践促知、情、意之新进路,并对评价机制进行相应改革。

"实":延长德育时限,行陪伴式育人,彻底扭转功利化、政绩化、片面化、表面化、肤浅化之教育导向,真正做到以真实世界洗涤人之精神、启迪人之智慧、生发人之悲悯情怀,真正回归教育之本源。

参考文献

[1] 唐贤秋.从传统廉政文化渊源谈为政之德[J].广西民族大学学报(哲学社会科学版),2007,29(2):140-145.

[2] 任继昉,刘江涛."廉"的词义、词源探索[J].语言科学,2011,10(4):539-543.

[3] 王乐夫,陈干全.公共性:公共管理研究的基础与核心[J].社会科学,2003(4):67-74.

[4] 刘圣中.从私人性到公共性——论公共权力的属性和归宿[J].东方论坛,2003(1):100-109.

[5] 武步云.行政法的理论基础——公共权力论[J].法律科学—西北政法学院学报,1994(3):15-20.

[6] 曹文泽.教之以廉:基于国内外比较的教育廉政文化研究[M].北京:北京大学出版社,2017.

[7] 卡·马克思,费·恩格斯.马克思恩格斯选集(第四卷)[M].北京:人民出版社,2012.

[8] 赵全军,陈艳艳.权力概念的多面解读[J].云南社会科学,2004(4):18-21.

社会主义劳动教育的劳动概念

——兼论马克思对实践哲学的批判^①

卢董董^②

摘　要： 马克思实践哲学是社会主义劳动教育的哲学基础，也是社会主义教育立德树人目标的价值导向。劳动教育是社会主义教育的现实基础和内在要求。有关劳动的概念，应当从马克思实践哲学的本原语境中去探寻。马克思对传统西方实践哲学进行合理扬弃，逐渐形成了唯物主义的"劳动—实践"观，实现了实践哲学史的革命。[1]由此，"劳动"实践地位的出拔与共产主义终极"价值"的回返，成为社会主义教育的内在支柱。

关键词： 劳动—实践；实践思维；人—生命；劳动价值

一、"实践"概念的本源与嬗变

在传统西方哲学的语境下，"实践"概念是实践哲学的基本概念。早在古希腊时代，"实践"就已经作为一个词汇出现于人们日常生活的交流中。哲学家亚里士多德首次将"实践"从现实生活中抽离出来，使之成为哲学的一个专门用语。在《形而上学》中，亚里士多德将人类的求知本能——"寻求现存事物，以及事物之所以成为事物的诸原理与原因"[2]进行了隐约的归纳，总结出三门相应的学

① 本文系 2021 年度浙江工商职业技术学院重点课题"在学校办学 90 周年的贺信指示精神和习近平关于职业教育重要论述研究"研究成果。

② 卢董董，浙江工商职业技术学院思政课教师，研究方向为马克思主义理论与思想政治教育。

术,即实践(实用)之学、制造(创制)之学、理论(思辨)之学。这种三分法对后世西方哲学(包括马克思主义哲学)产生了深远的影响。

亚里士多德的"实践"概念是一个反思人类行为总体的概念[3]。但此时的"实践"并不是专指"人类行为"的特有概念,它也适用于一切有生命的存在者,例如"上帝""宇宙""动物""政治共同体"。在后续的伦理学研究中,"实践"才逐渐脱离宇宙学和生物学的意义,成为特定的"人类学范畴"[4]。在《尼各马可伦理学》第一卷中,亚里士多德将"善"作为实践的最高目的,并区分了"外在目的"和"内在目的",后者因前者之故才被人发掘[5]。

狭义的"实践"是以自身为目的的,它所聚焦的是人的自身及其行为。行为必然关联着发生、对象和结果这些因素,作为主体的人要对自身行为有所决断,这一切都揭示着"实践"的伦理性或道德性成分。实践哲学的基本意义是寻求人类行为的完满,即"最高的善"。这种至善从几微的人际关系到国家政治,都有各自的体现。人类行为以自身为目的,行为的发生不是孤立的,必然对他人和社会有所影响,这是实践哲学区别于理论活动(思辨)和创制活动(生产)的根本之处。这表明,在哲学的本初,实践(哲学)即含蕴着深厚的人文情怀,含蕴着对人类终极价值(自由、正义、幸福)的追求。这是后世马克思实践哲学实现革命性超越的起点。

亚里士多德以降,尤其在经历中世纪经院哲学以后,"实践"概念呈现杂乱化与肤浅化。这主要表现为:"实践"的伦理道德内涵逐渐被"创制(生产)"的内容所取代,并沦为"理论之学"的附庸形式。同时,人类的"实践"行为由内而外发展,成为"外在式"的上帝所主导的行为。这明显偏离了亚里士多德对"实践"内涵的规定,遮蔽了实践概念中最原始、最深厚的人文价值视域。

近代以来,欧洲资本主义(体制与生产方式的变更)迅速发展。科学技术与理论的融合成为近代实践哲学的特点,并由此形成近代意义的认识论体系。"技术—实践"的链条所导致的功利性价值被发掘出来,催生了科学实验这一新型的实践类型。亚里士多德实践哲学中在中世纪被摒弃的"制造(创制)之学"逐渐成为显学,这是近代西方实践哲学的一个典型特征。

从培根、笛卡儿、洛克、莱布尼茨、斯宾诺莎,一直到黑格尔,实践哲学"制造(创制)"内涵逐渐取代了伦理与政治的内涵,急剧外向化发展,而对"实践"内涵的改造同改造实践哲学紧密联系在一起。直到伊曼努尔·康德横空出世,实践哲学才在某种程度上向着亚里士多德实践哲学进行回归。

康德认为,哲学应划分为"理论哲学"和"实践哲学",前者以"自然诸概念"为原则,后者以"自由概念"为原则。[6]康德认为,"完全建立在自由概念之上","完全排除意志由自然而来的规定根据的道德上的实践的规范",叫作实践哲学。基于某种超感的原则,与理论哲学并立。[7]

实践俨然是一种属于"规律"的自觉,同思辨理性一样,同属于理性范畴。具有客观实在性的"实践自由(自由意志)"是一种精神自由,它以处理欲求能力(意志)为重,自己实现对象(人本身),具有作用于对象的实在性。[8]在康德看来,道德的践履才是实践哲学的主要意义,人是实践哲学的最终目的。

康德对人的价值的回溯影响了马克思,但康德的实践哲学依然建构在理论(思辨)哲学之上,具有浓厚的近代实践哲学的特点。对道德实践本身的发展,只能靠主体的道德义务来完善,这启发了马克思从外在性角度来改造实践哲学,解蔽人的生命价值意义。

二、马克思对实践哲学的批判

马克思对实践哲学的批判是以对近代西方哲学认识论批判为开端的。近代以来,西方哲学认识论认为:对于知识的验证,不在于思辨与理念间的作用,而在于改造现实的效果——力量。在社会性生产与资本主义制度的有效结合下,技术理性逐渐取代实践理性,成为支配人类行为的主要准则与依据。

在资本主义社会性大生产进入高潮阶段,社会性的生产准则逐渐同化为人类的生活准则。近代西方实践哲学与古希腊时代实践哲学的另一个显著区别是:后者的实践是主观化的,以人类自身为终极目的;前者的实践是客观化的,以外在客观化和功利性为目的。

客观化的实践造成这样的结局:真理不再是主观的理念关联,而成了人们的(生产)行为对客观的符合。这个符合并非能动性的理念与世界的相互作用,而仅仅是客观实在加之于主观的理念,实践行为成为在"被改造"的主观理念所指导下的符合行为。实践之学与理论之学的关系变化为:实践过程对理论目的的检验和核查,在发现目的偏离后便即刻纠正。马克思承认认识活动也是一种实践,且认识是一种符合客观的实践——符合固有的观念或者符合客观实在。但马克思延续了将实践作为一种"人—生命"的精神活动的传统,在实践中维系人类的终极价值才是实践的终极目的。

由此，亚里士多德所划分的三门学问在马克思这里呈现融合之势。理论之学是理念的生活方式，实践之学是伦理的生活方式。近代以来的经验科学将应用和生产合二为一，将有用性定位为新的价值。有用性的本身需要实际生活的验证，这个验证的过程就成了近代意义上的实践，实践哲学中"人的价值"被完全隐没了。马克思实践哲学重新审视了这一嬗变过程，重视并称扬"人的价值"在实践中的核心地位。

三、马克思对"劳动—实践"的探索

马克思在研究近代以来西方资本主义社会的过程中，逐渐建构起唯物的、辩证的现代性实践哲学。

在《1844 年经济学哲学手稿》中，马克思对黑格尔"异化"理论进行扬弃，提出"劳动异化"的概念，指出劳动者的劳动付出与所得极不对等的资本主义社会固有矛盾[9]。

在《神圣家族》中，马克思首次辩证性地分析近代以来西方哲学"技术—实践"的特点，以唯物史观为视域，以人与世界的关系为思考起点，将"物质生产"作为劳动的主要内容，将"物质生产"劳动作为实践的基础，并鲜明地提出"物质生产劳动才是改造世界的基本方式"的思想[10]。

在《关于费尔巴哈的提纲》中，马克思否定费尔巴哈的"人之抽象类本质"，提出人类的"现实的、感性的"实践活动本质。这表明，马克思开始回归并扬弃古希腊亚里士多德实践哲学，将"实践"范围扩大至涵盖人类所从事的一切活动，囊括伦理性活动、理论性活动、生产性活动，并将"物质生产活动"视为一切活动的基础，进入完全的历史唯物主义境界。在此境界中，人的定义不再是以往抽象的、机械的、生物的乃至心理的，而成为历史的、唯物的——"人是一切关系的总和"。社会性与实践性成为人的本质，人的价值（超越性的人类解放）被重新昭示出来。

在《资本论》中，马克思深入考察了人类劳动在社会（资本）发展当中的地位，着重考察了劳动过程及其历史性，并提出阶级压迫促成了"强迫劳动"的手段性目的，隐没了劳动者的生命价值目的。劳动的成果——商品，成为隐含剩余价值的存在者。劳动社会性价值与资本私有制之间不可调和的矛盾,是资本主义内在的基本矛盾,贯穿整个资本主义的发展历程。劳动的正义性与宏大价值在《资本论》中光耀呈现,成为马克思阶级斗争学说最科学、最具革命性的部分。

马克思提升了劳动(创制)在实践中的地位,这与近代以来西方哲学的主要趋势相一致。不同之处在于,马克思从历史唯物主义角度深刻地分析了劳动(创制)的特征,摈弃了唯心主义与资本主义劳动剥削的成分,首次科学地建构了唯物的劳动观。

四、唯物主义的"劳动—实践"观及其价值

唯物主义的"劳动—实践"观是以其"实践思维"方式为认识论基础的[9]。"实践思维"要跳出对世界"终极"与"本原"的、"主观"与"客观"的、绝对线性的思维模式。马克思建构起"实践—关系""实践—系统"的新思维范式,并发扬了亚里士多德"内观式"的实践精神。

马克思认为,人是社会关系的总和,是一个子系统。这种实践思维范式强调了人不是主客对象的"是什么",也非某种终极本原的产物,人乃是居于世界中的一个生命体,人的地位、功能、价值与趋向等,取决于人与世界相互对待的关系。人处在世界之中,首先与世界产生某种联系,例如,采猎的行为、种植与筑造的行为,这些与世界的关联展现了人的存在,但这些存在并不是"人是什么"的现象,而是"人作为什么"的现象。采猎、种植、筑造等人类行为是人与世界的关联,马克思称其为人的"需求"。人的"需求"反映了人与世界的关联,也定义着人的价值。这些人与世界的关联性的存在,在唯物史观的视域中就是劳动现象。

"劳动—实践"首先是感性之人的现实的活动,是生存的基本手段,这是"劳动"的"外在式"内涵。同时,"劳动—实践"又是人自我提升、认识世界乃至实现人之自由价值的对象性活动,是人生命本质与"合目的于自身"的体现,这是"劳动"的"内在式"内涵。劳动(生产)内涵虽不等同于实践,但劳动与实践的内涵同一化,劳动过程实践化。[10]这样,马克思超越了亚里士多德以来对"实践"的片面定义,既提升了实践当中伦理道德的终极意义,又融合了近代以来片面且机械的"生产(创制)"实践观,实现了实践内涵的大融合。

五、"劳动—实践"观对当代社会主义劳动教育的启示

"劳动—实践"是一种形而上学的抽象,但"劳动"体现了马克思一贯强调的"直观","实践"体现了他作为无产阶级哲学家的理论"抽象"。"直观"是唯物主义的基本特点,也是无产阶级学说的基本特点。但"直观"是哲学式的,劳动的直观性体现在:它并非感官的感觉,而是理智的综合。劳动就是人生命活动的综合。社会主义教育的劳动概念就是这种综合,它有着深刻的马克思主义的哲学内涵。

(一)劳动教育的对象是"人—生命"

人本生命,即"人—生命"的观念是马克思实践哲学语境中人的基本概念。"人—生命"是人在与世界的关联中展示出来的生命现象。这种生命现象从生到死就是物质性的、生产性的、理论性的劳动实践。这种生命现象背后的生命是一个有着理智与情感、富于创造与诗情、饱含反思与进步的生命。所以,"人—生命"绝不是一个冰冷的对象、课题、陌生人。

"劳动—实践"蕴含着丰富的人本生命的价值,包括自由、目的、正义、超越、真理等。人的生命是人一切存在现象的原点,生命活动就是人与自然的相互对待关系中所体现的现象,劳动及其生命需求价值是生命活动最本原的动力。因而,"劳动—实践"不是实体性的、抽象的、主客对立的活动,而是人类的感性现实活动。生命是有温度的,劳动是有热血的。在唯物史观以及"实践思维"的语境下,只有拥有生命本质的人才会有这样的活动,离开人,也就无所谓实践了。这就是唯物史观"人民至上"教育理念的本原。

(二)劳动实践是社会主义劳动教育的核心内容

"劳动—实践"是人类的根本生存方式,既包含物质性的方式,也包含技术性的方式,更包含人类情感、理智等人的本真存在。人的理智与情感是人生存的支柱,是生命的核心给养。教育为了什么?教育就是首先提供与人这种理智与情感的给养,而后才是书本、技术、课业等。那么,在人类文明的传承中,"劳动—实践"的传承便是文明传承的核心命题。"劳动—实践"也是衡量一种教育是否本

末倒置的唯一标准。这应是当下社会主义教育最本原的内涵。

唯物主义的"劳动—实践"内涵建构在"劳动生产"之上,成为人类社会发展与进步的主要推动力。劳动生产在社会主义条件下,已经由"异化"劳动变为"自为"劳动。因此,在狭义的劳动教育、广义的职业教育中,劳动教育下的劳动生产首先应当着重去塑造一个自为存在的劳动者——社会主义教育不是培养受剥削、"异化"的劳动者。这是社会主义教育的本质要求。

(三)劳动实践的对象是人类社会生活的整体

社会主义教育应当以"劳动—实践"为基础,以新科技革命及其所引领的新工业革命为索引,以物质生产关系作为人类社会关系的基础地位,实现中国特色社会主义与教育发展的"同向同行",稳固和加强中国特色社会主义事业,推动共产主义价值观念的普及,使之成为人类的普世价值。

参考文献

[1] 丁立群.论人类学实践哲学——马克思实践哲学的性质[J].学术交流,2005
(7):1-6.

[2] 亚里士多德.形而上学[M].吴寿彭,译.北京:商务印书馆,1959.

[3] 张汝伦.历史与实践[M].上海:上海人民出版社,1995.

[4] 亚里士多德.尼各马可伦理学[M].廖申白,译注.北京:商务印书馆,2003.

[5] 康德.判断力批判[M].邓晓芒,译.杨祖陶,校.北京:人民出版社,2002.

[6] 康德.实践理性批判[M].邓晓芒,译.杨祖陶,校.北京:人民出版社,2002.

[7] 马克思.1844年经济学哲学手稿[M].北京:人民出版社,2000.

[8] 马克思,恩格斯.马克思恩格斯文集(第1卷)[M].北京:人民出版社,2009.

[9] 马俊峰.马克思主义价值理论研究[M].北京:北京师范大学出版社,2012.

[10] 刘森林.实践的逻辑[M].北京:社会科学文献出版社,2009.

以"八个相统一"主导高职院校思想政治理论课教学改革研究①

乔文奇②　蔡亚芬③

摘　要:当下高职院校思想政治理论课因面临着诸多亟待解决的教学困境而逐步成为学界关注的热点问题之一。本文从落实习近平总书记提出的"八个相统一"要求入手,从改革必要性、具体要求、改革路径等三个方面提出几点思考。

关键词:八个相统一;教学改革;路径研究

2019 年 3 月 18 日,习近平总书记在学校思想政治理论课教师座谈会上,开宗明义地指出"思想政治理论课是落实立德树人根本任务的关键课程"[1],强调了推动思想政治理论课(以下简称"思政课")改革创新的重要性,提出了"八个相统一"的要求,这对不断深化思政课教学改革有重要意义。

一、"八个相统一"主导思想政治理论课教学改革的必要性

第一,明确使命。习近平总书记指出,办好思政课的关键是教师,将"八个相统一"融入思政课教学改革,督促教师进一步明确职责,真正肩负起为社会主义

---

①　本文系浙江省高职院校党建研究会 2019 年课题"以'八个相统一'主导高职院校思想政治理论课教学改革研究"(编号:2019B39)的阶段性成果。
②　乔文奇,浙江工商职业技术学院思政课教师,研究方向为思想政治理论课教学。
③　蔡亚芬,浙江工商职业技术学院思政课副教授,研究方向为思想政治理论课教学。

建设事业培养接班人的历史使命,帮助学生更好地实现自我认知、自我提升、自我发展。

第二,明晰方向。如何用"有意思"的方式,将"有意义"的课上好,让学生更加容易理解和接受,就需要不断地进行改革创新。只有落实好"八个相统一"的具体要求,才能确保思政课教学改革始终坚持正确方向,始终永葆旺盛生命力。

第三,增强实效性。学生走入社会后能否真正成为国家建设发展的中流砥柱,是否有较高的政治素养和思想道德水平,是思政课是否有效的重要评判标准。因此,通过落实"八个相统一"要求来促进思政课教学质量的不断提升,使学生通过课程学习能够提升自身政治素养、优化自身品行行为,真正成为国家和社会所需的人才。

二、以"八个相统一"主导思想政治理论课教学改革的具体要求

"坚持政治性和学理性相统一""坚持价值性和知识性相统一"以及"坚持建设性和批判性相统一"为思政课教学内容提出了新要求。首先,思政课教学内容要饱含深厚的学理知识,以科学、严谨的思想理论去说服学生。其次,在追求真理的同时,也要帮助学生开阔视野,丰富知识涵养。再次,要注重知识授予和人生观、世界观、价值观引导的密切融合。最后,要敢于直面错误的思潮,旗帜鲜明地批判错误观念,帮助大学生答疑解惑。

"坚持理论性和实践性相统一"明确了实践教学的重要性。要将思政课堂与社会"课堂"相对接,将有研究学习价值的社会案例融入理论教学;要充分发挥实践教学基地的作用,通过参观实践来丰富教学内容,使之更"接地气"。

"坚持统一性和多样性相统一"为教学活动的组织提供了更多可能性。在使用全国统编教材开展教学的前提下,可以结合省情、市情、校情等因地制宜、因时而异,同时根据教师特长、学生特点等因材施教。

"坚持主导性和主体性相统一""坚持灌输性和启发性相统一""坚持显性教育和隐性教育相统一"为课堂教学过程的设计和教学策略的选取提供了新思路。在讲好理论知识的同时,要充分考虑学情,充分调动学生积极性;要注重启发性教育,引导学生利用已有知识来分析解决问题;要通过寻找思政课教学新载体、发掘专业课程中所蕴含的思政教育内容等,让学生在潜移默化中提升思想政治素养。

三、以"八个相统一"主导思想政治理论课教学改革的路径

明确第一要义。习近平总书记强调,要理直气壮地开好思政课,用新时代中国特色社会主义思想铸魂育人,落实立德树人根本任务,引导学生增强"四个自信",厚植爱国主义情怀,为坚持和发展中国特色社会主义事业、建设社会主义现代化强国、实现中华民族伟大复兴而努力奋斗。[2]因此,思政课教学改革要围绕"铸魂育人"这一核心要义,以理论性、思想性为基础,不断增强其穿透力、震撼力和感染力;在增强学生道德修炼、砥砺品质上下功夫,引导学生成长为社会主义建设事业合格的建设者和接班人。

抓住两个重点。一是情理相融。思政课教学应饱含感染力和说服力,让学生在学习理论知识的过程中主动明悟道理,真正爱上"真理的味道"。通过深厚情怀激发学生的爱国情、报国志。二是学以致用。在深耕理论知识的同时,要重视鼓励学生去思考国家和社会的新问题、新要求、新形势、新理念,引导其用所学理论知识进行分析、思考和判断,让"基本理论"变成"可行办法"。

学会应对三个挑战。习近平总书记强调,办好思想政治理论课关键在教师。这对思政课教师的能力和素养提出了新挑战。

应对好对理论功底发起的更高挑战。教师要秉持"要想给学生一碗水,老师须有一桶水"的精神,及时学习最新理论成果,善于从政治上看问题,关注国家社会发展,不断增强理论水平和思想引领能力。

应对好对教学能力提出的更高需求。教师要不断汲取教育教学知识,创新教学组织形式,丰富教学手段和教学方法,以更高的课堂组织和驾驭能力来提升思政课教学的效果,让学生在有限的时间内,获得更为深刻的学习体验。

应对好对教师综合素质提出的更高标准。习近平总书记对思政教师提出了政治要强、情怀要深、思维要新、视野要广、自律要严、人格要正等六个要求。[3]为此,教师要加强政治理论学习,要葆有家国情怀,要积极思考、改革创新,要端正人格、砥砺品格,充分发挥表率作用。

着重完善思政课教学四个方面的内容。第一,在课堂教学组织方面,要做到以下三点。一是在课程内容的设计上,不仅要重视理论知识的传授,还要不断激发学生积极主动地去获取理论知识的兴趣。二是在教学案例的选择上,要注重

主流意识形态的传导,同时结合当前国家大政方针政策、社会时事热点等,将被热议的案例融入课堂教学当中,增强思政课的时代感和吸引力。三是在教学方法手段上,要善用启发法、研讨法等能够发挥学生主体地位的方式方法,通过创设问题情境,优化启发环节,增强学生的参与度,提升其获得感和满足感,充分发挥思政课的魅力。比如在学习《新民主主义革命理论》《社会主义改造理论》等相关章节时,组织读书分享会等活动,让学生自主阅读毛泽东同志的《实践论》《矛盾论》等著作,并在课堂上分享自己的读书心得,让学生在自主学习和生生互评中加深对理论知识的掌握和理解。第二,在丰富实践教学方面,注重课堂理论知识与实践的结合。比如在学习"概论"课的《中国特色社会主义进入新时代》等章节时,组织学生进行"从家乡变化谈社会发展"的主题调研。学生通过对改革开放 40 多年以来家乡的发展变化的亲身经历,去理解新时代的丰富内涵和实现中华民族伟大复兴中国梦的深刻含义。又如在学习《"五位一体"总体布局》等相关章节时,组织学生在奉化滕头村进行实地考察、学习,让学生能够身临其境地体会理论成果的生动实践,通过社会大课堂和思政课堂的紧密结合,寓理于情,将课堂所学的知识真正用于认识世界和指导实践。第三,在学生主体定位方面,要做到以下两点。一要准确把握高职学生的思想状态、心理特征、知识储备等情况,因材施教。比如,在按照教学大纲和教学计划完成授课的同时,组织对时事热点问题感兴趣的同学成立学习兴趣小组,定期进行研讨,帮助学生开拓视野,拓展思维,提升政治素养。又如,鼓励班级里面的入党积极分子自主阅读党史、国史等相关书籍、论文,通过自主学习进一步坚定入党信念,纯化入党动机,推动思政课育人功能的不断深化和拓展。二要积极尝试思政课教学与专业课教学的融合,进一步实现思政课教学的思想和价值引领作用,推动思政课育人大格局的形成。比如,在讲授《"四个全面"战略布局》章节时,针对电商专业的学生,设计了"我为四川'悬崖村'脱贫攻坚出谋划策"活动,请学生结合既定材料为该村如何通过发展电子商务脱贫致富建言献策,巧妙地实现实践与专业知识的融合。第四,在教学氛围的营造方面,要做到以下两点。授课教师一方面要坚定政治信念,理直气壮讲好思政课,营造讲政治、讲大局、传播主旋律的良好氛围,用精神品格塑造良好的课堂文化;另一方面,要善用朋辈团体的影响力。比如,在讲授《实现中华民族伟大复兴的中国梦》等相关章节时,举办主题分享会,邀请高年级学生针对"中华民族伟大复兴"这一主题谈谈学习收获和心得体会。又如,在讲授《全面推进国防和军队现代化》等相关章节时,邀请班级内的退伍士兵进行授课。退伍士兵通过展现自己的精神风貌和学习素养,营造要学习、爱学习、勇争先的学习氛围。

参考文献

[1] 学习强国. 习近平 2019 年 3 月 18 日主持召开学校思想政治理论课教师座谈会并发表重要讲话[EB/OL]. https://www.xuexi.cn/dcd04a790d372b7-a7094e5662a4c45fc/e43e220633a65f9b6d8b53712cba9caa.html. 2019-3-19.

[2] 新华网. 习近平:用新时代中国特色社会主义思想铸魂育人贯彻党的教育方针落实立德树人根本[EB/OL]. http://www.xinhuanet.com/politics/2019-03/18/c_1124250386.htm. 2019-3-18.

[3] 中华人民共和国教育部. 思政课教师政治要强、情怀要深、思维要新、视野要广、自律要严、人格要正——着力提升思想政治理论课实[EB/OL]. http://www.moe.gov.cn/s78/A13/moe_773/201904/t20190404_376649.html. 2019-04-01.

高职院校学生思政课堂学业情绪调查研究①

邓　会②

摘　要:本研究以 Pekrun 的学业情绪理论为基础,结合高职院校思政课堂特点对问卷项目进行修改,形成具有较好的信效度调查问卷。选用 553 名高职学生为被试,调查结果发现:(1)在思政课堂环境下,高职学生感受到的学业情绪可分为积极高唤醒情绪、积极低唤醒情绪、消极高唤醒情绪与消极低唤醒情绪等四个维度。(2)高职学生思政课堂学业情绪存在性别、专业类型和生源类别的差异。(3)影响高职学生思政课堂学业情绪的主要因素涵盖教师因素、学生因素、教学内容、教学情境、人际关系等五个方面,并与积极学业情绪有显著正相关关系。

关键词:学业情绪;课堂环境;差异;相关

一、引　言

2002 年,德国心理学家 Pekrun 与同事首次明确提出了"学业情绪"的概念,将与学业学习、课堂教学和学业成就有直接关系(如学习时的愉快感、成功的骄傲、考试焦虑)的情绪统称为学业情绪。近年来,研究者开始关注不同层段学校、不同学科、不同年级、不同性别的学生的学业情绪。董妍、俞国良(2007)研究发现,初中学生的积极情绪显著高于高中学生,而高中学生的消极情绪显著高于初

①　本文系宁波市高校思想政治教育研究会 2017 年度重点项目"基于控制—价值理论高职学生思政课堂学业情绪研究"(编号:SGXSZ17009)研究成果。本文刊载于《教育现代化》2019 年第 12 期。

②　邓会,浙江工商职业技术学院思政课教师,主要从事学生思想政治教育研究与实践。

中学生。郭龙健、申继亮、姚海娟(2011)使用修订的中学生物理学业情绪问卷,选用初二到高三学生为被试,结果发现:不同性别、学校类型学生的物理学业情绪存在差异。李恒庆、于贤书(2011)对"90 后"大学生学业情绪的调查,支持学业情绪在不同层次的本科院校中存在极其显著的差异。

"思想政治理论课是落实立德树人根本任务的关键课程。"要提升思政理论课的有效教学,就必须充分重视对学生学业情绪的研究。因此,本研究聚焦高职院校大学生群体,采取定量研究范式,探讨回答以下问题:(1)高职院校学生在思政课堂上体现的学业情绪形成哪些维度?(2)影响高职学生思政课堂学业情绪的因素有哪些?(3)思政课堂环境因素与学业情绪的各维度是否存在相关关系?(4)学业情绪对建设有效思政课堂有哪些启示和验证性支持?

二、问卷编制

(一)问卷项目的搜集与编订

问卷设计构想主要基于 Pekrun 的学业情绪理论,具体编制程序如下:(1)问卷项目的搜集。主要通过两种途径进行:一是检索国内外成熟的测量工具,主要参考董研和俞国良(2007)的青少年学业情绪问卷、方梓嘉和夏洋(2015)的英语专业学生课堂学业情绪及其影响因素调查问卷。二是 30 名学生在访谈和开放式问卷中报告与课程关系密切的情绪。(2)请心理学专家审定题项,使问卷符合专业性要求。

通过不断修正和总结,最终的初问卷项目为 89 个。问卷采用 Likert 五级计分法,从"完全不符合"到"完全符合",依次记 1—5 分。

(二)初测与结果

为了考察问卷结构的合理性和项目的适宜性,本研究进行了问卷的小样本调查。取样人群为浙江某高职院校一年级学生 134 人,包括电气自动化技术、广告设计、旅游管理和电子商务等四个专业。其中,男生为 72 人,女生为 62 人。对回收的问卷进行分析,剔除无效问卷,最后得到有效问卷共 128 份,有效率为95.52%。所有数据运用 SPSS AU 统计软件进行处理。

1.项目分析

以各个分问卷总分最高的 27％和最低的 27％作为高分组与低分组界限,求出两组被试在每题得分的平均数差异,删除没有达到显著水平的题目。计算每个题目与总分之间的相关性,剔除相关性较低($r<0.3$)的题目。项目分析后保留 86 个题目,其中,"学生主要课堂学业情绪分问卷"有 37 个,"影响课堂学业情绪的因素分问卷"有 35 个,"主观控制——价值评价分问卷"有 14 个。

2.探索性因子分析

通过 SPSS AU 输出的 KMO 和 Bartlett 的球体检验数据,我们发现三个分问卷的 KMO 值分别为 0.828、0.876 和 0.923,且 Bartlett 的球体检验均达到了显著性水平($p<0.01$)。根据 Kaiser 给出的比较常用的判断是否适合因素分析的 KMO 度量标准,以上结果说明各分问卷数据适合进行因子分析。

在因子分析过程中,本研究采用主成分分析法提取特征根大于 1、因子负荷大于 0.50 的因子。根据项目对某一因子具有较高负荷同时必须具有较高共同度的筛选原则,删除了一些双重负荷太高、负荷值差异不大或因子变量共同度低于 0.50 的项目。具体分析结果如下:(1)研究者对主要课堂学业情绪分问卷剩余的 28 个项目再次进行因子分析,发现特征值大于 1 的因子有四个,可累计解释的方差为 65.46％,方差极大旋转后各因子的项目负荷在 0.502—0.720 之间。参考 Pekrun 对学业情绪的分类,分别对各维度进行命名。第一个因子包含放松、平静,命名为"积极低唤醒情绪";第二个因子包含无助、厌烦,命名为"消极低唤醒情绪";第三个因子包含羞愧、焦虑,命名为"消极高唤醒情绪";第四个因子包含希望、满意,命名为"积极高唤醒情绪"。(2)对影响课堂学业情绪的因素分问卷剩余的 22 个项目再次进行因子分析,发现特征值大于 1 的因子有五个,可累计解释的方差为 67.284％,方差极大旋转后各因子的项目负荷在 0.507—0.857 之间。根据探索性因子分析结果,影响思政课课堂学业情绪的因素包含五个方面:教师(教学水平、教师特点、教学态度)、学生(课程评价、课堂收获)、教学内容(难度、趣味性、实用性、新颖性、熟悉性)、教学情境(教学互动、课堂氛围)、人际关系(学生间关系、师生关系)。(3)对主观控制—价值评价分问卷剩余的 12 个项目再次进行因子分析,研究者发现特征值大于 1 的因子有两个,可累计解释的方差为 67.143％,方差极大旋转后各因子的项目负荷在 0.675—0.856

之间。根据探索性因子分析结果,共形成两个因子,分别命名为"主观价值评价"和"主观控制评价"。

经过对预测问卷的统计分析,最终确定的正式问卷由四个部分、六个题项构成:第一部分为受访者的自然情况调查,包括受访者性别、专业类型、生源类别等信息,其余三个部分分别为该问卷的三个分问卷。

三、正式施测

(一)研究工具

采用修订后的《高职学生思政课堂学业情绪及其影响因素调查问卷》为研究工具(对正式施测问卷的项目重新进行了编号),仍采用 Likert 五级计分法。

(二)研究对象

采用整班随机抽样的方法,从浙江宁波地区高职院校中抽取 561 名学生为被试。本次调查共发放问卷 561 份,收回有效问卷 553 份,有效率为 98.57%。样本分布如表 1 所示。

表 1　正式施测样本分布(n＝553)

性别	专业类型	生源类别
男:300(54.25%)	文科类:218(39.42%)	普高:236(42.68%)
女:253(45.75%)	理工类:271(49.01%)	职高:290(52.44%)
	艺术类:64(11.57%)	中职:27(4.88%)

注:括号内为百分比。

(三)研究方法

正式施测过程严格按照心理测量学程序,采用无记名调查的方式,以班级为单位集中发放问卷,以指导语指导被试填答,被试在规定时间内统一作答并收回。

(四)问卷信效度检验

信度测量有多种方法,本研究采用 Cronbach' α 系数、分半法对问卷的信度进行检验。结果显示,正式问卷总的内部一致性信度为 0.873,分半信度为 0.780。各分量表内部一致性信度和分半信度见表 2。

表 2　问卷各量表的信度结果

问卷名称	项目数	Cronbach'α 系数	分半信度
分问卷一	26	0.836	0.738
分问卷二	22	0.915	0.790
分问卷三	14	0.958	0.888

本研究采用验证性因素分析对结构效度进行评价。验证性因素分析结果表明,$X^2/df(2.771)$、RMSEA(0.098)、相对拟合指数(CFI)(0.942)、标准拟合指数(NFI)(0.932)、增量拟合指数(IFI)(0.942)等常用模型拟合指标都达到了可以接受的统计学标准,表明正式问卷具有较好的结构效度。

(五)高职学生思政课堂学业情绪状况

1.高职学生思政课堂学业情绪总体状况

参与正式问卷调查的被试共计 553 名,获得的主要学业情绪和学业情绪各维度的描述性统计数据详见表 3。

表 3　高职学生思政课堂学业情绪总体状况(n=553)

因子	最小值	最大值	均值	标准差
愉快	1.000	5.000	3.700	0.772
放松	1.000	5.000	3.758	0.668
希望	1.000	5.000	4.003	0.741
高兴	1.000	5.000	3.795	0.816
愧疚	1.000	5.000	3.105	0.796
焦虑	1.000	5.000	2.880	0.783

续　表

因子	最小值	最大值	均值	标准差
难过	1.000	5.000	2.814	0.982
厌烦	1.000	5.000	2.487	1.024

　　总的来说,课堂环境下学生对积极情绪的感知程度数据均值高于消极情绪,其中,积极情绪(高兴、希望、放松、平静)的均值均高于3,消极情绪(焦虑、愧疚等)的均值稍高于或低于3。从数据的标准差来看,多数学业情绪的标准差集中在0.668—0.982之间,整体差异不明显。仅有厌烦情绪的标准差(1.024)与其他学业情绪比较而言差异明显。

　　2.不同背景因素的学生思政课堂学业情绪状况

　　(1)不同性别学生学业情绪的差异显著性检验

　　表4展示了不同性别学生思政课堂学业的情绪状况。

表4　不同性别学生思政课堂学业情绪状况

性别	消极低唤醒	积极低唤醒	积极高唤醒	消极高唤醒
男(N=300)	2.62±0.81	3.79±0.71	3.86±0.77	2.94±0.78
女(N=253)	2.69±0.72	3.66±0.62	3.94±0.59	3.06±0.66
t 值	−1.072	2.319	−1.478	−1.971

　　由表4的检验结果可知:男女学生对于消极低唤醒、积极高唤醒不会表现出显著性差异,对于积极低唤醒、消极高唤醒呈现出0.05水平显著性差异。可见,性别是影响学业情绪的因素之一。

　　(2)不同专业类型学生学业情绪的方差分析

　　由表5的检验结果可知:不同专业类型样本对于消极高唤醒没有差异性,对于消极低唤醒、积极低唤醒、积极高唤醒等三项存在显著差异性。

表5　不同专业类型学生思政课堂学业情绪状况

专业类型	消极低唤醒	积极低唤醒	积极高唤醒	消极高唤醒
文科类	2.71±0.81	3.70±0.73	3.92±0.71	3.05±0.79
理工类	2.57±0.77	3.80±0.64	3.94±0.68	2.98±0.68

专业类型	消极低唤醒	积极低唤醒	积极高唤醒	消极高唤醒
艺术类	2.79±0.61	3.53±0.60	3.66±0.63	2.84±0.68
F 值	3.095	4.485	4.431	1.950
p	0.046*	0.012*	0.012*	0.143

注:* 表示 $p < 0.05$。

(3)不同生源类别学生学业情绪的方差分析

表 6 的单因素方差分析结果显示:不同生源类别对于消极低唤醒、积极低唤醒、消极高唤醒不会表现出显著性差异,而对于积极高唤醒呈现出显著性差异。

表 6 不同生源类别学生思政课堂学业情绪状况

生源类别	消极低唤醒	积极低唤醒	积极高唤醒	消极高唤醒
普高(N=236)	2.67±0.79	3.78±0.65	3.97±0.68	3.07±0.71
中职(N=27)	2.63±0.82	3.65±0.74	3.58±0.70	2.96±0.68
职高(N=290)	2.64±0.75	3.70±0.69	3.87±0.69	2.93±0.74
F 值	0.100	1.137	4.707	2.433
p	0.905	0.322	0.009**	0.089

注:** 表示 $p < 0.01$。

3.思政课堂主要学业情绪影响因素分析

从表 7 分析结果可以得出以下结论:(1)积极高唤醒情绪和积极低唤醒情绪与教师、教学内容等 5 个因素均呈现显著正相关关系;(2)消极高唤醒情绪与教师因素、人际关系呈现显著正相关关系,与教学内容、教学情境及学习者自身没有相关关系;(3)消极低唤醒情绪与教学内容、教学情境、学习者表现出显著负相关关系,与教师、人际关系没有相关关系。

表 7 高职学生思政课堂学业情绪影响因素 Pearson 相关分析结果

维度		教师因素	教学内容	教学情境	学生因素	人际关系
积极高唤醒	相关性	0.536**	0.636**	0.571**	0.591**	0.419**
	显著性	0.000	0.000	0.000	0.000	0.000
积极低唤醒	相关性	0.563**	0.706**	0.591**	0.679**	0.447**
	显著性	0.000	0.000	0.000	0.000	0.000

续　表

维度		教师因素	教学内容	教学情境	学生因素	人际关系
消极高唤醒	相关性	0.220**	0.074	−0.054	0.018	0.250**
	显著性	0.000	0.084	0.202	0.669	0.000
消极低唤醒	相关性	−0.016	−0.195**	−0.261**	−0.197**	0.036
	显著性	0.712	0.000	0.000	0.000	0.400

注：** 表示 $p < 0.01$。

四、结　论

第一,高职学生思政课堂学业情绪及其影响因素调查问卷具有较好的信效度指标。

第二,在思政课堂环境下,高职学生感受到的学业情绪可分为四个维度:积极高唤醒情绪、积极低唤醒情绪、消极高唤醒情绪、消极低唤醒情绪。正式问卷调查结果表明:学生对积极情绪的感知程度高于消极情绪,对希望的感知程度最高,感知程度最低的是厌烦。高职学生思政课堂学业情绪存在差异:男生积极低唤醒学业情绪多于女生,女生表现出更多消极高唤醒学业的情绪;理工类学生积极学业情绪多于文科类和艺术类学生,艺术类学生感受更多的消极低唤醒学业情绪;不同生源类别对积极高唤醒学业情绪存在显著性差异,在其他维度上没有显著性差异。

第三,教师因素、学生因素、教学内容、教学情境、人际关系等五个方面是影响高职学生思政课堂学业情绪的主要因素。它们与积极学业情绪有显著正相关关系。为了培养和维持学生的积极课堂学业情绪,教育者可以从以下几个方面着手:(1)强化学生学业控制感和价值感的培养,注重回答和解决大学生普遍关注的迫切需要解答的深层次的思想理论问题,增强学生的"获得感";(2)注重教学内容的思想性、现实性、针对性、说服力,把增强教学内容的亲和力作为强化学生积极学业情绪的重要着力点;(3)处于课堂教学过程中主导地位的教师,不仅需要具备扎实的专业理论功底,还要在遵循学生成长规律和教学规律的基础上,探索出符合新时代大学生特点的教学模式;(4)提供交互性、实践性的学习环境是发展学生积极学业情绪的有效方法。要改变过去单纯依靠理论灌输的学习环境,尊重学生的主体性,借助超星学习通、蓝墨云班课等互联网交流平台,利用"大班授课、小班讨论"等教学模式增强学生对自身和环境的控制感和参与感。充分发挥实践性教学效能,与课堂学习形成双向互动、相得益彰的格局,达到提升思想政治理论课教学实效性的目的。

新时代高职院校扩招后学生的
思想政治调查与对策建议[①]

薛素君[②]

摘　要：当前我国处于决胜全面建成小康社会的关键时刻。为了更好地应对我国从高速增长到高质量增长的社会转型，我国急需大量有知识、有经验的技能人才[1]。因此，我国 2019 年《政府工作报告》明确提出，"改革完善高职院校考试招生办法，鼓励更多应届高中毕业生和退役军人、下岗职工、农民工等报考，今年大规模扩招 100 万人"。[2]作为能"担当民族复兴大任的时代新人"，不仅需要有良好的职业技能，还必须具有正确的世界观、人生观、价值观。因此，高职院校应立足于"解决好培养什么人、怎样培养人、为谁培养人"这一教育根本问题，落实好"培育社会主义事业建设者和接班人"的根本任务，加强对扩招学生的思想道德培育。

关键词：扩招；思想政治教育；改革；因材施教

一、扩招学生的基本情况调查与分析

为了更好地了解扩招学生的情况，本文分别对浙江省四所高职院校的学生和思政教师展开了相关问卷调查。面向学生共发放 400 份调查问卷，回收 292 份。问卷主要内容为学生基本信息、工作信息、学习兴趣、学习状态、知识基础等。

---

①　本文系浙江工商职业技术学院 2019 年度校级科研专项课题"党建与思政专项"（编号：DJ2019Y01）阶段性研究成果。
②　薛素君，浙江工商职业技术学院思政课讲师，研究方向为思想政治研究。

（一）扩招学生的生源较复杂

根据调查,20岁以下的扩招学生仅为6.51%,20—25岁的占比为45.21%,26岁及以上的占比高达48.28%;退伍军人占22.6%,下岗工人占3.77%,农民工占47.7%,高中毕业生占24.32%。因此,学生年龄普遍较大,来源跨度较大。退伍军人因为兵役期间长期接受文化素质培养,具备一定的政治素养,但下岗工人、农民工都不能较为透彻地理解政治教育的意义。

（二）扩招学生的思政学习基础较差

根据调查,当前扩招学生中职业高中学生比例为52.05%,普通高中比例为26.03%,其他同等学力比例为21.92%。其中,同等学力的学生为具有一定经验、拥有国家颁布的相关职业证书的学生。因此可以判断,此类学生一般初中毕业且已经从业数年。另据调查,扩招的学生中,仅有10.96%的学生了解中国近代史。可见,扩招学生思政学习的知识和情感基础皆较差。

（三）扩招学生的思政学习热情较低

根据调查,当前扩招学生中,77.74%有固定的工作;0.21%认为,重返学校的目的仅为技能的拓展;23.29%的学生表示,思想政治学习可有可无。因此,可以判断大部分学生因为工作较为繁忙等,把扩招等同于技能的提高,而不是一次全面的提升,故思想政治学习热情较低[3]。

综上,扩招后的高职学生成分趋向复杂化,年龄趋向高龄化,教育程度较低,思想政治基础较弱,因此对此类学生的思想政治教育难度大于普通高职类学生。

二、扩招学生的思想政治教育现状调查和分析

为了更好地了解当前高职院校此类学生的思想政治教育现状,本研究面向浙江省8所高职院校教师展开了问卷调查。问卷调查主要内容为当前扩招学生的基本情况、班级情况、课程设置、教学计划、教学方式、教学效果等。

（一）扩招学生的授课计划有待调整

浙江省共面向社会扩招两次。第一次扩招工作于 2019 年 7 月进行,扩招学校仅 15 所,学生人数较少,专业分布广泛。此批扩招学生大部分被分流进入普通高职班级,接受同等思想政治教育。任课教师均反映,此部分学生课堂上较为沉默,存在感较弱,需要老师单独引导。第二次扩招的学生数量基本达到单班开设课程的需要,但开设课程与普通的高职学生没有区别,授课的课时量、作业形式、考试形式等也没有区别。鉴于学生的生源、学习基础、学习目的、学习能力等区别,扩招类学生的课程压力和难度高于普通高职类学生。任课教师普遍反映,"毛泽东思想和中国特色社会主义理论体系概论"为扩招学生学习最困难的课程,很多学生对中国的革命、建设和改革历史的认识存在漏洞,需要大量时间用以党史内容的普及。

更有学校为了保证学生平时工作的顺利进行,忽略了思政课程本身的性质,将课程调整为某一时间内集中授课。过度集中的授课会导致学生失去学习思政的兴趣,甚至出现厌学的情况。

（二）扩招学生的授课方式亟待解决

根据调查,当前大部分高职院校扩招学生思政课程为线下教学,教学过程、手段与普通高职学生无异。扩招学生不具备普通高职学生的基础知识,因此,在同样的授课方式下,扩招学生的学习效果远不能达到普通高职学生的学习效果。通过调查发现,大部分扩招学生跟不上教师教学进度,有 30% 左右的学生存在听不懂的现象。

（三）扩招学生的考核方式有待改变

根据调查,当前大部分高职院校思政课程的考核方式为书面考核。扩招类学生普遍存在基础较差,书面表达能力较弱,学习时间、精力有限等特点,因此,虽然书面考核标准低于普通高职学生,但是考核成绩依旧不尽如人意,大部分呈不及格水平。故书面考核成绩不能够准确检验学生具体的学习效果。

综上,当前高职院校扩招学生的思想政治教育途径、计划、考核方式等基本等同于传统的高职学生,思政教育收效甚微。因此,当前高职院校扩招学生的思政教育亟待改革。

三、扩招学生的思想政治教育对策研究

教育部印发的《关于做好扩招后高职教育教学管理工作的指导意见》提出:"针对高职扩招生源,坚持标准不降、模式多元、学制灵活,坚持因材施教、按需施教,坚持宽进严出。"因此,扩招学生的思想政治教育,应当在充分考虑思想政治教育的目的、课程本身的性质、学生特点等的基础上,制订出合理的教学计划。

(一)充分认识对扩招学生进行思想政治教育的目的

当前我国扩招学生的目的在于培养技术人才,优化人才机构,为我国从高速发展向高质量发展奠定人才基础。真正有利于社会主义建设的人才应当集专业技能和优良思想道德于一身。扩招是社会人员难得的一次保证师资力量、教育学时的学习机会,也是对社会人员进行思想政治教育的最佳时机。

(二)充分认识扩招学生的特点

根据以上调查,扩招学生的基本情况较为复杂,学习基础、学习能力、学习愿望等皆存在差异。因此,各高职院校应当在充分了解学生的前提下,灵活选择教学时间和方式,以保证思政教学的效果[4]。

《高职扩招专项工作实施方案》明确指出:"对扩招学生的教育应当做好分类教育管理工作。按照'标准不降、模式多元、学制灵活'的原则,提高人才培养的针对性、适应性和实效性。"

(三)制订合理的授课计划

扩招学生普遍存在学习基础较差,但社会经验较丰富的情况。综合当前高职思政三门课程本身的特点,可以适当增加"形式政策"课程比例,运用事例倒推的方式讲解思政课程中的知识点。另外,可适当运用线上线下教学结合的方式,缓解学生工作与学习时间冲突的问题。

(四)采用丰富多彩的教学形式

通过统计可知,扩招类学生的基础条件相对较弱,在学习时间和精力上很难得到保证,但具有相对丰富的社会经验。因此,可采用讨论、启发、辩论、案例分析等较为灵活的方式,引导学生从自己的经验出发,在活动参与中完成思政课程任务。这样既活跃了课堂气氛,激发了学生的学习热情,也能产生比传统传授方式更好的教学效果。

(五)实施合理的考核方式

对扩招学生的思想政治学习考核,应当先考虑学生哪里学得不好,学到了什么,再考虑学生的考核问题。对于扩招类学生的考核,更应当侧重思想政治意识的培养。如在教授法律基础的时候,应当侧重培养学生遵法守法的意识,培养学生遇事主动寻求法律帮助的观念。对于具体法律对应哪些部门等略做了解即可。因此,扩招学生的考核可以采用过程性考核、表现性考核、行动导向性考核等方式灵活进行。

做好新时代高职院校扩招后学生的思想政治工作研究,有利于引导学生树立正确的历史观、民族观、国家观和文化观,也有利于将社会主义核心价值观融入社会的各个方面;有利于高职院校的长远发展,也有利于实现中华民族伟大复兴的中国梦,更有利于我国社会主义现代化建设。因此,对扩招学生的思政教育工作不容忽视,各高职院校应当积极推进并做好扩招学生的思政教育工作。

参考文献

[1] 张克.扩招百万背景下应对高职思政教育发展的机遇挑战[J].中国农村教育,2019(8):38-40.

[2] 2019年政府工作报告[EB/OL].(2019-03-16)[2020-05-18].http://www.gov.cn/premier/2019-03/16/content_5374314.htm.

[3] 张建玲.扩招后我国大学生学习动机的因素结构研究[D].长沙:湖南师范大学,2004.

[4] 董凤,雷晓兵.高职扩招百万形势下加强学生思想政治教育的思考[J].淮北职业技术学院学报,2020(2):17-20.

扩招背景下学生思想政治教育现状及对策研究[①]

薛素君[②]

摘 要:百万扩招有利于提升技能人才质量,优化就业、产业结构,为我国社会持续健康发展提供更好的人力人才资源保证。但是真正有意义的"人才"必须是集良好技能和正确的世界观、人生观和价值观的"人才"。加之退伍军人、退休人员、农民工等基础条件不同于传统高职学生,入学以后的管理模式和教育机制等都应该予以区别。目前此类学生存在极大的思想政治教育需求、改革需求,但是当前的思政教育形式并不能满足此需求,因此探索针对此类学生的思想政治教育具有重大的实践意义。

关键词:百万扩招;思想政治教育

百万扩招有利于提升我国人才质量,优化人才结构,加快建设现代化经济体系,应对经济转型的严峻挑战。伴随着我国社会主义进入新的时代,我国经济已逐渐开启了由快速增长向高质量发展的阶段,亟须转变发展方式、优化经济结构、转换经济增长动力,以建立现代化的经济体系。建设现代化的经济体制必须深入实施科教兴国战略和创新驱动发展战略。高职院校所培育出的是兼具实际操作技能和文化素质的实用性技术技能人才,为我国经济社会发展的创新发展奠定人才基础[1]。

---

① 本文系浙江工商职业技术学院 2019 年度校级科研专项课题"党建与思政专项"(编号:DJ2019Y01)研究成果。

② 薛素君,浙江工商职业技术学院思政课讲师,研究方向为思想政治研究。

一、对百万扩招学生进行思想政治教育的意义

(一)有利于学生建立正确的世界观、人生观和价值观

通过对我省各高校已入学的 1285 名学生调查得知:20—25 岁以下的学生占比为 45.26％,同等学力的学生占比为 22.11％,农民工和新型职业农民占比分别为 18.25％和 29.47％,2000 元以下月收入学生占比为 10.18％,存在工作问题的学生占比为 18.6％。具体数据如图 1 所示。综上可以看出,大约 20％的学生具备年龄较轻、知识水平有限、收入较低等特征,不容易建立正确的世界观、人生观和价值观,且很容易发生价值观的迁移。对此类学生加强思政教育有利于学生建立并巩固正确的世界观、人生观和价值观。

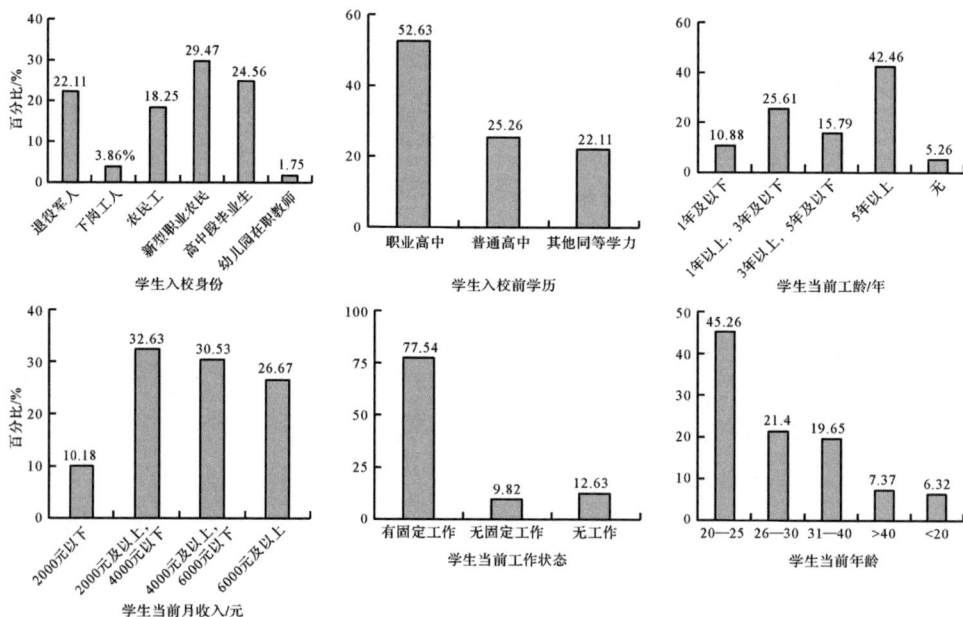

图 1　2020 年 4 月百万扩招学生基本情况调查

(二)有利于培育和践行社会主义核心价值观

通过对我省各高校已入学的 1285 名学生调查得知(见图 2):36.14％的学生没有意识到思想政治教育的意义;80％左右的学生对中国近代史不甚了解;

4.21%的学生不关心时事政治。社会主义核心价值观建立和巩固的基础是人们对本民族的文化、历史、社会制度等的认同。对此类学生加强思政教育就是一次对历史知识、社会主义体制等方面知识最直接有效的普及,有利于培育和践行社会主义核心价值观。

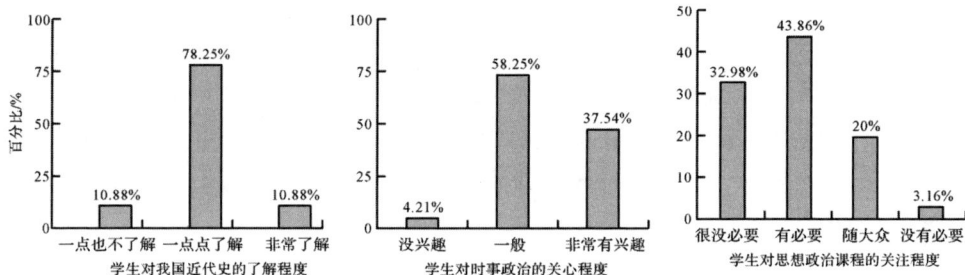

图 2　2020 年 4 月百万扩招学生基本情况调查

二、百万扩招学生思想政治教育现状及问题

(一)百万扩招学生思想政治教育的现状

1. 良好的顶层设计

为了贯彻落实百万扩招的有关要求,保证制度的制定、招生、教育平稳有序地进行,自 2019 年我国《政府工作报告》发布以来,我国各部门颁布并实施了各项方案,致力于推进扩招工作的进程。

2019 年 4 月 30 日,国务院常务会议上讨论并通过了《高职扩招专项工作实施方案》。2019 年 5 月 6 日,教育部等六部门正式印发了《高职扩招专项工作实施方案》(以下简称《实施方案》)。《实施方案》就扩招工作的指导思想、工作原则特别是统筹做好计划安排、考试组织、招生录取、教育教学、就业服务及政策保证工作等做了详细说明。2019 年 5 月 8 日,教育部召开新闻发布会介绍了高职扩招专项工作情况,解读了《实施方案》的主要内容。2019 年 10 月 19 日,农业农村部办公厅和教育部办公厅联合发布了就做好扩招培养高素质农民的通知,启动实施"百万高素质农民学历提升行动计划"。2019 年 12 月 28 日,教育部办公厅印发《关于做好扩招后高职教育教学管理工作的指导意见》。该意见为了切实保障质量型扩招,确保"教好""学好""管好",对教育教学管理工作提出了新挑战、新要求。该意见特别将"持续强化学生思想政治工作"单独列出,并提出了相关要求。

2.灵活的思政教学实践

根据《关于做好扩招后高职教育教学管理工作的指导意见》(以下简称《指导意见》),高职院校要加强思想政治教育和价值引领,按照要求开齐开足思想政治理论课。目前,高职院校均已在人才培养方案里加入"思想道德修养和法律基础""毛泽东思想和中国特色理论体系概论""形势政策"三门课程,并在课程比例和学时方面做了灵活调整,如考虑到扩招学生的特点,适当增加形势政策课比例。

根据《指导意见》中相关规定,高职院校需要综合考虑学生的差异性,"坚持标准不降、模式多元、学制灵活,坚持因材施教、按需施教"。据调查,2019 年秋季第一批扩招学生因为人数较少,大多高职院校按照专业一致、班级规模、师资等因素将学生直接拆分,使之融入普通高职学生班级共同接受思想政治教育。2020 年春季开班的第二批学生人数较多,差异性更大,因此,采取单班制教学且学生可自愿选择"线上教学+线下教学"相结合,或者同传统高职学生无差别的全线下教学。

(二)百万扩招学生思想政治教育的问题

1.顶层设计精神和实践教学的脱节

我国颁布的各项关于百万扩招的方案里对因材施教、宽进严出、灵活教学、按需施教,特别是加强思想政治教育方面做了明确的指导,各高职院校也根据自身情况做了相关的调整。为了保证思政教育的顺利进行,这种灵活调整必须在一定的允许范围内,但是目前没有相关政策指导意见或审核机制。根据调查,部分高校存在直接将思政教育托付给成人教育学院、过分集中教学、完全依赖线上教学等现象,有的学校甚至到目前为止没有开启思政教育。

2.社会氛围不够浓厚

当前的社会氛围不利于学生主动地进行思政学习。首先,社会本身特性不利于学生主动进行思政学习。扩招学生来自社会且依旧拥有工作,受社会不良风气的干扰机会较多,思想稳定性不强。其次,扩招学生入学更多考虑技能需求[2]。但当前社会,对于扩招再入校的学生并没有在工作量、资金等方面有明确的政策倾斜。根据相关问卷分析结果,当前百万扩招的学生中,80%左右拥有固定工作,70%有课业方面的压力。因此,扩招学生入学后会更加"现实"地将注意力集中在专业技能的提升上。

3.高职院校教学经验的欠缺

高职院校对于扩招学生的思政教学管理欠缺经验。首先,大部分高职院校本身无成人教育、管理经验。其次,大部分高职院校的扩招集中完成于2019年第二批次,原计划2020年春季开始教学,但由于新冠肺炎疫情的影响,以线下为主的教学单位尚未开学。最后,由于学生规模有限,部分高校没有予以足够的重视,直接将教学任务下发给思政教师个人,没有成立专业的课程组,无单独的授课计划,无单独的考核机制,甚至有的学校连学时等都交由教师自己决定。

4.思政教师教育经验的欠缺

百万扩招实际上可解读成为社会人员提供普通高职的教学,教学任务承担主体为普通高职院校教师而非成教学院教师。我国大部分高职院校并没有设立成人教育,因此当前高职专任思政教师缺乏对成人进行思政教育的经验。另外,扩招学生的原始学历、学习能力、学习意愿、学习时间都区别于普通高职学生,加上扩招学生受社会干扰性较大,教学难度高于普通高职学生[3]。所以,扩招学生的思想政治教育方式等应该区别于普通高职学生,而当前高职专任思政教师在这方面的技能比较薄弱,经验较为欠缺。

5.学生主体的差异性

扩招学生的教学难度远高于普通高职学生。首先,由于工作和家庭等问题,扩招学生的学习愿意较低,且线下教学的时间有限,甚至整体学时都不能和普通高职生相比。其次,扩招学生存在部分学历较低,学习能力较差,对中国近代史、时事政治不关心等特性。最后,扩招学生已进入社会多年甚至一直处于社会干扰期间,接触社会不良现象的概率更大,这也加大了思政教育的难度[4]。

三、对百万扩招学生进行思想政治教育的有效途径

(一)国家:增强顶层设计和实践教学之间的联系

在国家宏观把握百万扩招学生思政教育指导意见的基础上,各级教育部门应着力将该意见的精神和方针落实到位,如统筹制定合理的思政教育管理机制、教育标准、考核标准、反馈机制等[5]。

(二)社会:树立参与意识,强化教育责任

社会应当充分认识国家百万扩招的深层次内涵在于提升人才质量,优化人才结构,为社会从高速度增长向高质量增长提供支撑。因此,应适当给予再入学人员在时间和资金等方面的支持,并注重构建良好的社会风气,引导学生向上向善发展[6]。

(三)高职院校:加强校际联系,搭建思政教育平台

各自承担教育任务的高职院校应当充分认识到自身教育和管理能力的欠缺,积极地与拥有良好教育和管理能力的单位、组织甚至个人建立起经验分享和交流,成立专业的课程组,制定专业的课程计划、考核标准等,致力于因材施教以学生为主体等思政教学平台的搭建。

(四)思政教师:虚心学习,探求更加合适的教学方式

各思政教师应当积极地向有成人教育经验的思政教师和已进行过此类学生教育的思政教师学习授课经验,并结合学科特点、学校特点、专业特点、思政学科特点和学生特点等,探究更加适合百万扩招学生的思想政治教学方式和方法[7]。

(五)学生:树立思政意识,强化自我管理

学生应当充分认识到,国家重视思想政治教育的实质是为了提升公民的思想道德水平,引领社会的和谐发展,维护人民的根本利益,进而提升人民的幸福

感。因此,每个公民都有必要加强自身的思想道德建设,使自己成为具有高尚的世界观、人生观和价值观的人。

百万扩招计划自实施以来,得到了社会的良好反应和支持。这一政策的颁布是我国发展转型的需要,是国民提升技能和思想道德水平不可多得的一次机会。只有真正做好扩招学生的思想政治教育工作,才能实现为国家培养兼具实际操作技能和文化素质的实用性技术技能人才,夯实我国经济社会发展的根基。

参考文献

[1] 习近平.在全国高校思想政治工作会议上的讲话[N].人民日报,2016-12-09(1).

[2] 董凤,雷晓兵.高职扩招百万形势下加强学生思想政治教育的思考[J].淮北职业技术学院学报,2020,19(2):17-20.

[3] 刘江月.高职院校思想政治教育亲和力提升及其实现路径研究[D].西安:西安科技大学,2019.

[4] 喻建.新时代高职院校思想政治教育工作模式创新性研究[J].漯河职业技术学院学报,2019,18(6):47-50.

[5] 张宏亮.百万扩招背景下高职生源结构变动与职业教育调适策略[J].中国职业技术教育,2020(7):54-60.

[6] 陈明霞,吴一鸣.百万扩招后高职院校治理的问题与对策[J].教育与职业,2020(10):13-18.

[7] 赵耀.我国高校扩招背景下的思想政治理论课教育现状探析[J].改革与开放,2012(10):170-171.

用新媒体激活高校思想政治教育密码

——以浙江工商职业技术学院为例

浙江工商职业技术学院　胡晓虹[①]

摘　要:随着新媒体时代的到来,高校的思政教育面临着许多机遇,以及躲避不开的问题。基于这样的背景,寻找新媒体与思政教育的共通性势在必行。我们应该紧跟形势,把网络思政作为重要的研究方向,着力打造互动融合的网络思政平台,用新媒体激活思政教育,努力提升高校思政教育工作的影响力。

关键词:新媒体;思政教育;网络思政

现在的新媒体已经进入"互动时代","指尖文化"在大学里无处不在。中国互联网络信息中心于 2021 年 12 月发布的《中国互联网络发展状况统计报告》显示,我国网民规模多达 10.32 亿人,互联网普及率达 73%。青年网民数量众多,其中,学生是最大群体,"青年人在哪里,思想引领就在哪里"。因此,探究新媒体这种新型社交工具,努力找出其与高校思想政治教育的融合点,对高校的学生思想政治教育工作具有非同寻常的价值。学校的思想政治工作可以通过多渠道主动占领网络主阵地,加快"传统阵地"向"网络阵地"的转变。

一、新媒体应用到高校思政教育中存在的问题

习近平总书记强调:"要运用新媒体新技术使工作活起来,推动思想政治工作传统优势同信息技术高度融合,增强时代感和吸引力。"[1]因此,怎么有效发挥新媒体功能,进一步推动思想政治课革新,成了学校构建思政教育工作新格局要

---

① 　胡晓虹,浙江工商职业技术学院党委宣传部宣传管理,主要研究方向为高校新媒体。

面临的重大课题。目前,将新媒体应用到高校思政教育过程中主要存在以下几个问题。

(一)信息传播内容繁杂

新媒体时代,信息传播速度快、范围广、作用强,学生的学习渠道得到了前所未有的拓宽,获取各种知识非常快捷。但是新媒体在信息传播的过程中,积极与消极的信息并存,有时会掺杂不健康的内容,特别是暴力色情的低俗内容会影响学生的价值观,使其产生错误的道德认知。

(二)虚拟性增加形成错误思想的概率

新媒体的快捷、互动及虚拟性为大学生思政教育提供了重要的保障,但也正是这种虚拟性进一步彰显了大学生的个性。个别大学生在这样的背景下毫无顾忌地凭借互联网的强大优势打破道德伦理的约束,导致不正的思想作风肆无忌惮地传播。个别学生沉迷网络,在虚拟环境中胡乱发泄情绪,久而久之就会导致其与他人之间的交流出现障碍。他们通过网络来满足自己的精神需求,脱离现实环境,在网络里"交心""结婚"等[2],而网络中存在的诸多不健康信息容易扭曲大学生的思想。因此,如果不规范大学生的行为,会极大地增加他们形成错误思想的概率,不利于高校思政教育的开展。

(三)降低思政教师的权威性

新媒体在带给思政教育便捷的同时,也使得学生受教育的方式不再局限于课堂里面对面授课的形式,思政教师的权威性也大大降低,如果不加干涉,那么思政教育将会变得混乱,不利于教师教学工作的开展。在互联网这个虚拟的环境,学生始终处在一个不真实的状况中,教师很难把握学生的思想动态,因而减弱了教师对学生思政方面的引导效果。

二、新媒体环境下高校思政教学面临的机遇

在当今新媒体时代,高校的思想政治教育工作面临复杂的环境。单纯依靠传统的思政课和德育课已经无法满足学生的发展需求,跟"立德树人"目标的实

现也是相去甚远。[3] 习近平总书记在全国高校思想政治工作会议上强调,要运用新媒体新技术推动思政工作。因此,基于新媒体环境的特点来研究高校思政教育面临的机遇与挑战是大势所趋。

(一)新媒体拓宽了高校思政教育的发展空间

新媒体让思政工作变得更加灵活,让教师更容易进行思政教育。教师可以利用网络了解更多、更新的思政教育信息,把权威的思政动态传达给学生。从这个角度来看,新媒体瞬间让高校思政教学中复杂、抽象的理论变得直观起来。

相较于传统媒体的面对面交流,新媒体可以让思政教师实现远程教育。新媒体还增强了思政教育的趣味性,微课、微讲堂、短视频等方式为大学生提供了多样化的学习途径。思政课教师可以通过"学习通""QQ 群"等渠道进行远程视频教学,实现网上开展思政教育工作。利用新媒体平台,形成图文并茂的思政教育资料,真正使得高校思想政治教育工作"活起来"。通过新媒体,学生不仅可以愉快地学习,更可以轻松、高效地学习,这是传统单一的课堂教学所无法比拟的。

(二)新媒体增强高校思政教育的时效性

新媒体不仅在思政教学中发挥作用,同时也能让师生快速地了解国内外时事热点,包括政治、经济、社会等各种信息,并第一时间进行思想交流,拉进师生间的距离。新媒体海量、迅捷传播的特点,可以促使高校学生主动改变思维方式,教师通过互联网能及时把握学生的情感特征、思想变化和行为认知,并有针对性地进行引导、教育,从而及时占领思想政治教育的制高点,进一步提高思想政治教育工作的质量和效率。

新媒体服务于高校思想政治教育,要始终坚持以育"时代新人"为根本指向,要契合新媒体传播的规律和特点[4],坚持系统化的思政育人原则,积极打造线上线下双向育人的"智慧课堂",充分发挥新媒体对高校思想政治教育工作的促进作用。

(三)新媒体丰富了思政教育话语体系

新媒体时代的话语体系主要分为政治话语、学术话语、大众话语和网络话语,为思政教育话语体系提供了丰富的素材和资源。政治话语和学术话语相辅相成,大众话语和网络话语则是最具生活性的话语体系。思政教育是对人的思想进行教育引导,当然也离不开表达的生活化。因此,思政教育话语体系不仅要突出政治性和严谨性,也要适当体现生活性,才能满足时代发展的需要。

新媒体打破了传统媒体话语体系中的资源垄断,不仅信息数量多,而且传播速度非常快。教师在思政课教学过程中可以利用新媒体为思政教育话语交往提供前所未有的便捷,使交往主体的互动性更强。

三、用"四全"媒体打造思政新格局

新媒体吸收传统媒体的能量,同时实现全程媒体、全息媒体、全员媒体和全效媒体。高校思政教育可以帮助高校学子树立良好认知,保证高校学子政治观正确、三观正确及道德观正确。新媒体作为现阶段联系全球的最大的生态媒介,将其与国家愈加重视的思政教育相结合,是顺应时代发展的潮流,更是因地制宜。

(一)全程、全员媒体与思想政治培养相辅相成

自 2020 年暴发的全球新冠肺炎疫情,严重影响了人们的正常生活,人们的工作、学习都遭受了巨大的挑战。在这样严峻的时刻,新媒体发挥了其得天独厚的优势,全国各处依靠着新媒体精准及时的传播,得悉疫情发展走势及各项安全事项。这场战"疫"中,国家快速发布各项指令,挽救了很多生命,同时无数扎根在我们身边的英雄"破土而起",顽强向上,展现了我国沉积千年的民族气概,谱写了令人肃然起敬的赞歌。高校思政教育借助新媒体载体,将国家各项应对措施传达给广大学子,在高校学子中培育起良好的思政态度,灌溉思想中的美德精神。

(二)全息、全效媒体与思政教育平衡打磨

思政教育应乘搭新媒体的列车,撒播在高校学子生活的每一寸土地。从前的思政教育只是印刷在书本上,而如今的思政教育活跃于学生的四周。思政不能局限于书本和说教,要让它变得灵动、广泛、有趣起来。要想做好高校学生的思政教育,就要了解他们的特点,"对症下药"。新媒体作为一把双刃剑,每天都有无数消极、错误的信息输入学生的大脑,大部分高校学生对社会仍然是困惑迷

茫的,其思想极易被荼毒。思政教师应该深入新媒体,挖掘其中有益、有趣的信息,并将其融入自己的课堂教育中。同时,利用好新媒体媒介,在新媒体空间里巩固思政教育的地位,传播思政知识。[5]

(三)"一网一报两微三号"构建网络思政工作新格局

浙江工商职业技术学院以"一网一报两微三号"(校园网、校报、微信、微博、天目号、视频号、抖音号)为核心,串联下属 24 个子微信公众号等二级新媒体平台,形成自上而下、纵向联动的矩阵化组织体系,在真正做到传递校园好声音的同时,潜移默化地网络育人;组建"学生网评员"和"教师宣传员"队伍,形成"3+1"新媒体组织体系,有目的、有计划地生产符合大学生思政教育的"宣传产品",把大道理转化为小故事,形成拉近与大学生距离的故事化创作体系。

四、深化媒体融合,搭建网络思政工作平台

浙江工商职业技术学院成立学校网络思政工作中心,探索新时代网络思想政治教育的客观规律,统筹推进学校网络思政工作,以提高大学生网络思政教育的科学性和实效性。

以"一网一报两微三号"为载体,以网络思政为重要方向,进一步探索思政与新媒体的深度融合,提升学校思政教育工作的引导力。构建从线下到线上、从平面到立体的网络思政教育新模式。

(一)注重挖掘新媒体优势和平台功能

在提升思想引领效果的最大化和最优化上下功夫,打造向党中央看齐的"扬声器"。[6]依托微信公众号、微博、短视频等各大平台,及时宣传党的理论知识和党的发展历程,通过图文并茂的形式,既保留了原汁原味,又增加了趣味性,让读者看得津津有味。充分运用新媒体力量,合理系统地安排新媒体体系,搭建新媒体矩阵。选择高效的新媒体平台,打造新媒体思政第二课堂,让高校学子有意识地去获取思政知识,将被动心态改为主动心态,真正享受有料又有用的"思想盛宴"。

(二)新媒体包容力下的"思政化雨"

传统灌输式的思政教育传播容易使学生产生排斥心理,教育的效果微乎其微。新媒体生态已经做到了可与世界万物相容,此时应该将思政幻化成雨滴,渗透、融入新媒体生态,做到学生在哪里、思政阵地就延伸到哪里,潜移默化地传播思政元素,扩宽思政教育的覆盖面。

2019年是中华人民共和国成立70周年,浙江工商职业技术学院拍摄原创MV《我和我的祖国》、组织开展"灯光秀""礼赞中华人民共和国,建功新时代"军歌大赛,用青年声音抒发爱国情;凭借短视频——《我生在中国》荣获全球短视频大赛优秀奖;在官方平台上发布一系列贯穿爱国主义的党的十九届四中全会精神;对校内各项大型活动在不同平台上进行直播,如高雅艺术进校园、运动会、展销会等既丰富了校园文化生活,又依靠提升的热度宣传了积极的思想。六个分院、100个团支部立志激发基层组织活力,陆续开展各项正能量直播,深受学生的喜爱和好评;根据每一次时事新闻主动设置议题,号召各团支部参与议论,推送爱国教育、时事评论等原创热帖。

每一次报道都采用文字、现场照片、视频等多种形式,第一时间传播权威信息,极大地发挥了学校新媒体工作育人的示范作用。在各分院构建全校思政工作"一张网",开设"思政微课大赛""红色之旅""青马先锋营"等不同主题的活动,建设兼具思想性、教育性的一体化新媒体思政平台。

学生在哪儿,思想教育就在哪儿。思政教师要充分了解新媒体生态,创新授课模式,熟练运用新媒体技术来增强思政话语体系的解释能力。思政教育要"动之以情、晓之以理",做到"润物细无声"。此外,新媒体要始终坚持唱响主旋律,弘扬正能量,正如思政课一般,将"中国温度、中国速度、中国气度"表现出来。

(三)双线联动,打造"见屏如面"思政战场

单纯依靠线上教育或线下教育的思政教育收效甚微。应将思政教育线上、线下相结合,增加思政教育现身率,将其生活化,使得学生时时刻刻能接收到积极有效的思想政治教育内容,做到线下多培养、线上多传输。浙江工商职业技术学院坚持每学期开展"我与校长面对面"直播活动,广大同学通过网络报名,校党

委书记和校长面对面地听取学生意见。该直播覆盖全校学生,可第一时间掌握学生思想动态并做出现场回复,让学生诉求得到及时回应,有助于学校安全稳定和意识形态工作的开展,将学校的思政教育落地到新媒体生态中。这种活动搭建起学校与学生沟通的桥梁,解决了学生在学习和生活中遇到的问题,进一步落实了思政教育育人的方针。

(四)强化新媒体意识,打造沉浸式育人载体

近年来,人民抗疫的伟大实践层出不穷,国家各大媒体平台也每日不间断地推送防疫指南。置顶微信"看一看",及时传播疫情信息,充分展示了新媒体传播的强大效果。同时,高校新媒体平台紧跟热点,向学生推送抗疫的感人故事,"火神山""雷神山""千里驰援武汉""一省包一市"等"中国奇迹"在网络不断地进行正能量的发酵传播,在高校师生心中留下了浓墨重彩的一笔,更是最鲜活的爱国主义教材。

为切实将习近平总书记关于"四史"学习的重要讲话精神深入贯彻落实,大力弘扬和传播正能量、好声音,营造共庆中国共产党百年华诞浓厚氛围,浙江工商职业技术学院在全校学生中开展"以青春之色,礼赞建党百年"为主题的学党史专题活动,用青年学生喜闻乐见的方式传播党的光辉历史、弘扬红色精神。抓住新媒体发布迅捷的特点,依托学校新媒体矩阵,创新推出了一系列特色鲜明、内容守正、形式多样、鲜活生动的宣传作品,以"礼赞建党百年"为主线,分为"溯炽红初心,咏流传经典""坚不渝党志,奋砥砺华章""响征新时代,激耀扬青春"三个篇章,紧扣"学党史、悟思想、办实事、开新局"要求,通过"画""拍""说""唱""访""听"六种形式,进一步宣扬红色革命精神,高标准、高质量地推进党史学习教育全面铺开,为庆祝建党百年积极造势,真正做到让"红色课堂"围绕身边、融入生活。

(五)拓宽思政工作渠道,筑牢学生思政教育主阵地

新冠肺炎疫情暴发后,浙江工商职业技术学院学工战线立即转入"战时状态",全体学工人员迅速投入战"疫"。他们多途径、点对点地联系每个学生,拓宽工作思路,确保学生"停课不停学,隔离不隔精气神"。学校官方微信、微博及时设置《防疫知识网上问答》等栏目,各学院通过致学生一封信、推送防疫漫画等方

式,精准推送防疫知识,提升学生防护意识。在网上组织开展主题团日活动,推出积极的教育宣传内容,形成线上主题班会、线下生动实践的良好机制,让学生随时随地接受教育。用好新媒体形式,进一步深化"互联网＋思政",通过微信、微博、短视频等新媒体矩阵,鼓励学生在思政教育中担任主角,实现自我教育,不断加强学生爱国主义教育和中华美德教育。

2020 年 4 月,全国各高校通过新媒体平台"@大接龙"方式掀起了全国范围内的学习热潮。浙江工商职业技术学院在新冠肺炎疫情期间结合已经部署开展的"战'疫'有我,疫起前行"主题宣传教育活动,依托学校官方"两微三号"等新媒体平台开展了一系列宣传教育活动。战"疫"进行时,学子勇担当,浙江工商职业技术学院接棒,全体师生以实际行动践行着习近平总书记的嘱托,秉承"工商精神","十八般武艺"全上线,传递着工商人的战"疫"温度。

五、活化主流思想,树立新媒体"微思政"风向标

无论是线下的课堂,还是线上的新媒体,都无法离开育人者的引导,故"互联网＋思政"应运而生。高校思政工作者不能仅仅站在三尺讲台上讲解课本,还承担着顺应时代融合新媒体教学的使命责任,更是思政课堂的风向标。思政教育工作者应在网上从潜水到发声,融入学生的朋友圈,开设网络思政专栏,促成面对面地传授知识;在教学理念上实现从"文本本位"到"问题本位"、从"单向灌输"向"平等对话"的转变。[7]

浙江工商职业技术学院的思政教师始终活跃在浙江省高职院校教师教学能力比赛、浙江省思政微课大赛中,并且屡创佳绩。在思政课教师队伍培养上,浙江工商职业技术学院特别注重青年教师群体培育,全面深入贯彻"八个相统一",并以此为标准构建课堂教学与网络引导相互支撑的双线互动的学生思政工作机制。

新冠肺炎疫情期间,教师也当起了"主播"。万余名学生通过"云端"

听课学习。为开好在线课堂,经济管理学院的邢伟老师早在二月初就开始挨个尝试使用多个平台功能,经过多次摸索,推出"你我玩转直播课"网络直播,还对经济管理学院的 98 位专、兼职教师进行了专题培训。教师教学发展中心王璞老师本就是一位网络授课的"资深主播",通 UMU 教学互动平台,先后两次组

织直播培训,带领158位教师多次进行交互体验。校图书馆的工作人员也在第一时间为教师们收集电子教材,推出《校外访问指南》《数字资源使用攻略》等。

六、全方位构建新媒体育人"温情网络"

高校肩负着培养社会主义接班人的使命。在互联网成为学生生活"主阵地"的形势下,新媒体理应成为思政工作的重点。高校要利用新媒体技术开展思政教育,构建起重情怀、重沟通的"温情网络"平台,将思政教育做到学生心里,助力学生成长成才。

(一)借助新媒体工具,打造全新思政教育

根据新媒体传播迅速、短小精确的特点,将微信等新媒体载体运用到思政课堂中,使新媒体技术与思政课堂教学相结合,以更加贴近学生的学习和生活。高校可以开发一款无须下载和安装的APP,师生只需在微信公众号中注册就可以免费使用。借助新媒体技术的思政课堂教学,实现了师生之间更多元化的空间互动,能对课堂的考勤、互动、作业和考试进行监测,使教师对学生的评价更客观。

(二)坚守基本理论,创新展现形式

运用新媒体技术对思政课的表现形式进行适当的优化。坚守是基础,创新是目的。不断优化思政教育的表现形式,从而提高教学的科学性、有效性。比如,可以通过多媒体手段美化PPT,在公众号进行内容设计和推送,利用小程序进行问卷调查,以丰富的影音素材让思政课"活"起来,有效地扩大思政教育的辐射面和增强其感染力。

参考文献

[1] 刘杰. 大数据时代高校思想政治教育创新研究[D]. 长沙:长沙理工大学,2018.

[2] 刘畅. 探讨新媒体与思政教育方法创新[D]. 南京:南京工业职业技术大学,2018.

［3］陈卓国.论新媒体背景下高校课程思政教学改革［J］.学校党建与思想教育，2019(18):44-46.

［4］张策,张耀元.新时代背景下新媒体融入高校思想政治教育的价值、原则及路径［J］.国家教育行政学院学报,2020(8):60-65.

［5］李论.新媒体时代高职思政工作的发展对策［J］.才智,2018(28):112-113.

［6］王皓怡.新媒体时代增强青年思政工作吸引力之路［J］.现代经济信息,2019(8):424,477.

［7］杨林香.思想政治理论课对话式教学改革探索［J］.思想教育研究,2014(11):51-54.

新时代"劳动观"视域下高职院校劳动教育创新路径研究①

忻　颖② 余璐璐③

摘　要: 劳动教育是国民教育体系的重要内容,是大学生成长成才的必要途径,具有树德、增智、强体、育美相统一的综合育人价值。在新时代"劳动观"的指引下,劳动教育的作用日益显著,它对于大学生厚植爱国情怀、树立劳动意识、增强创新能力、强化实践能力等有着重要意义。本文从体系机制创新、教师队伍建设、劳动氛围营造等方面着手,以"魂、根、要、能、基"五位一体为抓手,以"五育并举"为目标,深入探索高职院校劳动教育创新路径,从而进一步加强高职院校劳动育人实效,为劳动育人工作创新提供参考路径。

关键词: 劳动观;劳动教育;创新路径

习近平总书记强调,要在学生中弘扬劳动精神,教育引导学生崇尚劳动、尊重劳动,懂得劳动最光荣、劳动最崇高、劳动最伟大、劳动最美丽的道理,长大后能够辛勤劳动、诚实劳动、创造劳动。[1]劳动教育是高职院校人才培养的重要环节,是培养全面发展的时代新人的关键所在,是实现立德树人根本任务的主要途径。在新时代"劳动观"的指引下,高职院校要坚持"为党育才、为国育人"的初心使命,把劳动教育纳入人才培养全过程,以"魂、根、要、能、基"五位一体为抓手,

①　本文系浙江省高职院校党建研究会 2020 年课题"习近平'劳动观'指导下新时代高校劳动教育实施路径研究"(编号:2020A21)、浙江工商职业技术学院 2020 年党建与思政专项课题"习近平'劳动观'指导下新时代高校劳动教育实施路径研究"(编号:DJ2020205)的研究成果。
②　忻颖,浙江工商职业技术学院辅导员、讲师,研究方向为高校思政教育研究。
③　余璐璐,浙江工商职业技术学院辅导员、讲师,研究方向为高校思政教育研究。

加强劳动教育与德育、智育、体育、美育相融合,实现知行合一,促进学生形成正确的价值观。

一、新时代"劳动观"视域下高职院校劳动教育创新的重要意义

劳动教育事关高职院校人才培养实效,与培养大学生新时代"劳动观"和社会主义核心价值观有着不可割裂的密切联系。大学生是劳动教育的主体和核心,他们承担着传承新时代"劳动观"、弘扬社会主义核心价值观的重任。高职院校要通过劳动教育,引导大学生树立新时代"劳动观",发扬积极向上的劳动精神,保持认真负责的劳动态度,加深对新时代"劳动观"的认识与理解,养成爱劳动、勤劳动、能劳动的良好习惯。

(一)有利于培养大学生劳动意识,实现立德树人的根本任务

习近平总书记关于劳动和劳动精神的重要指示和重要讲话精神是正确理解劳动教育重要意义的主要依据,也是开展劳动教育的基本准则和重要参考。大学阶段是扣好人生第一颗扣子的"窗口"期,也是世界观、人生观和价值观形成的关键期。高职院校则承担着"为党育人、为国育才"的重要使命,可以通过志愿服务活动、社会实践、专业实践和校内劳动教育宣讲等多样化的方式来培养大学生的劳动意识,以劳树德、以劳育人,把劳动教育融入立德树人的各个环节,使大学生深刻感受新时代"劳动观"的丰富内涵和实践伟力,从而进一步筑牢信仰之基,补足精神之"钙",把稳思想之"舵"。

(二)有利于促进大学生成长成才,培养全面发展的高素质人才

苏霍姆林斯基指出:"劳动能教育人们成为真正有思想的人,赋予个人和集体丰富的精神生活,给予他们思维的欢乐。"[2]高职院校把劳动教育、课程教育、思想政治教育、实践教育等融会贯通,在劳动教育过程中主动向学生传授马克思主义劳动价值、社会主义劳动观、劳动精神、工匠精神等内容,使学生增加知识储备、激发创新潜能、培养思考能力,以劳增智、以劳励志,塑造其乐观向上、尊重劳动、热爱劳动的内在品质,从而培养德、智、体、美、劳全面发展的高素质人才,进一步激发学生成长成才的潜力和动力。

(三)有利于弘扬社会主义核心价值观,激发大学生艰苦奋斗的精神

新时代"劳动观"与社会主义核心价值观在育人功能上高度契合,支撑起中华民族的价值追求,唤醒了社会大众的实干精神。高职院校通过开展"三下乡""双百双进""岗位建功"等活动,引导大学生从校园走向社会、从寝室走入田间,深入挖掘劳动教育的实践价值,将劳动知识转化为劳动技能和实践经验,以劳强体、以劳促行,在亲身体验劳动乐趣的过程中传承弘扬社会主义核心价值观,充分感受"笃行致远、知行合一"的魅力,在潜移默化中培养大学生艰苦奋斗精神,从而达到"润物细无声"的目的。

(四)有利于增强大学生责任感、使命感,帮助大学生认知社会、服务社会

大学生是实现中华民族伟大复兴中国梦的中坚力量,也是社会主义建设者和接班人,这势必要求大学生具有高度的责任感和使命感。高职院校可以通过服务劳动、生产劳动、生活劳动等形式帮助大学生了解劳动、走进劳动,深入认知社情国情,强化主人翁意识,以劳育美、以劳明德,引导大学生在社会劳动中不断开阔全局视野,厚植爱国主义情怀,把对祖国的热爱转化为砥砺前行的动力,主动扛起属于新时代大学生的责任和担当,进一步推动劳动教育高质量发展,为祖国建设添砖加瓦。

二、新时代"劳动观"视域下高职院校劳动教育创新存在的问题

党的十八大以来,国家越来越重视劳动教育,把劳动精神和劳动技能的培养摆在重要位置。随着劳动教育的要义不断丰富,部分高职院校已经先试先行,将劳动观培育、劳动技能培养纳入日常课程中。就目前来看,高职院校劳动教育创新和发展仍存在诸多问题,如大学生认知不足、机制不完善等,给高职院校劳动教育工作带来机遇的同时也带来了巨大的挑战。

(一)大学生对新时代"劳动观"的认知和认同不足,阻碍了劳动教育发展

新时代劳动教育的实质就是要帮助大学生形成马克思主义劳动价值观,树立新时代"劳动观",培养劳动精神和劳动习惯,成为全面发展的新时代青年。在新时代"劳动观"视域下,一方面是随着人民生活水平的提高,当代大学生大多"养尊处优""备受呵护",家庭教育严重忽视了劳动教育的重要性,多数大学生从未或极少参与家庭劳动,特别是劳动技能的训练和劳动习惯的培养极度匮乏。据车丽娜调查,大学生主动参与家庭劳动的只占总数 3.23%,基本不参与家庭劳动的占 52.15%,超过调研人数的一半。[3]另一方面,高职院校未能准确把握劳动教育的意义,未能开展有效的宣传教育活动,致使学生对新时代"劳动观"的认识不足,简单地将劳动教育与体力劳动等同起来,将劳动放在育人的对立面,顾此失彼,弱化了劳动教育的育人功能。

(二)大学生劳动意识淡薄、价值取向功利,导致劳动动机不纯

正确的劳动观能对个人择业取向产生正向影响,但是随着大量西方思潮的不断涌入和侵蚀,在当前社会经济和高职院校教育发展的背景下,高职院校大学生存在"好吃懒做""拜金主义""五谷不分、四体不勤"的现象,并且主要体现在劳动意识淡薄和价值取向功利两个方面。一是过度关注物质需求,重"利"轻"义",以追求个人利益的最大化为主要出发点,往往选择回报高、付出少的劳动,不愿到基层或艰苦、偏远地区奉献自我,有偿劳动成为不二选择,而劳动的真正价值被忽视。二是存在"享乐主义"倾向,大学生思维活跃、思想脆弱、易受影响,尤其是"00 后",被视为"掌上明珠",容易消极拜金、享乐至上,在劳动教育中也容易"走过场""做样子",缺乏积极主动性,缺少埋头苦干、脚踏实地的劳动精神。

(三)劳动教育形式片面单一影响了育人实效

大多数高职院校对于劳动教育的理解缺位、片面,未能与教育教学、思想政治教育等有效结合,导致劳动教育流于形式。一方面,高职院校对劳动形式认知较为单一,在一定程度上将劳动教育"窄化"为体力劳动,教育手段也较为单调,

如打扫校园、兼职实习、整理寝室等,仅仅停留在学生活动层面,与专业知识、劳动技能脱钩,导致劳动育人功能未能得以有效发挥。另一方面,高职院校对劳动教育目标认知不深,单纯认为劳动教育就是培养学生吃苦耐劳的精神,在课程安排、教学设计、师资力量上更倾向智育,把教学的重心放在传授专业知识、提升理论修养上,忽视了劳动教育的精神内涵,最终导致大学生不爱劳动、不会劳动。

(四)劳动教育协同育人机制匮乏

在新时代"劳动观"深入人心的当下,高职院校劳动教育体制机制建设仍未得到高度重视,这也是限制劳动教育高质量发展的关键所在。一是劳动教育协同育人机制不完善。高职院校劳动教育各部门、各主体间的关系尚未理顺,学校、家庭、社会三方联动机制尚未形成,社会资源和师资力量匮乏,专业课程与劳动教育缺乏有效互动等,都在一定程度上制约了劳动教育协同育人机制的创新和发展,致使劳动教育无法成为一个有机整体。二是缺乏合理的保障和评估机制。高职院校劳动教育是一项高投入、高回报、多方参与的系统性工程,但每个学校在经费保障、技术支持、人才培养、课程体系、队伍建设等方面的投入不尽相同,同时评估目标模糊、评估手段单一、评估过程流于形式等,导致劳动教育无法形成长效机制,缺乏科学性与合理性。

三、新时代"劳动观"视域下高职院校劳动教育创新发展的实现路径

在新时代"劳动观"的大背景下,高职院校必须加强劳动观教育,坚持开放包容、科学发展的教育原则,形成循序渐进、协调发展的劳动观教育格局,为培养新时代大学生正确的劳动观发挥好主导作用。[4]在挑战与机遇并存的情况下,高职院校要实现劳动教育的创新发展,就要努力构建"一体两翼"工作格局,即以新机制、新课程、新队伍、新实践、新阵地为主体,以德智体美劳融合发展和探索具有社会主义特色的劳动教育工作模式为两翼,促进学生成长成才,进一步提升劳动育人实效。

（一）机制是魂：构建有效互动、多方联动的劳动教育机制

高职院校既要深入挖掘地方政府、行业企业等劳动育人资源，建立长效合作机制，也要加强学校内部各行政部门、教学单位间的合作交流，形成协同发展合力，从而构建有效互动、多方联动的劳动教育机制。如：教务处负责课程体系建设，明确劳动教育要求，制订劳动教育实施方案，修订学分互换认定制度；学生处负责设立学校卫生大扫除制度，组织学生参加各类校内外劳动活动等。学校各部门各司其职、互相配合，形成学校内部多部门联动的劳动育人新机制。

推动劳动教育创新发展，要从专业评价、教师评价、学生自评等三个维度构建合理的劳动教育评价机制。在专业评价中，要统筹安排完成质量和评价要求，对学生的完成质量进行指标细化。在教师评价中，授课教师根据劳动教育要求与既定任务，在平时考核和期末考核中给出相应的评价分值；班主任根据学生日常学习生活的劳动表现与劳动效果给予评价分值；辅导员则根据学生参加班级、团学组织的劳动活动的表现进行评价。在学生自评中，学生提交劳动活动小结，提供参加劳动教育和劳动活动的相关佐证材料，并对自己的劳动教育情况给出自评分。

（二）课程是根：打造劳动教育与专业教育、学生素质拓展相融合的劳动课程体系

新时代劳动教育课程体系构建要充分体现课内课外结合、校内校外结合和学期内学期外结合，实现劳动教育与专业教育、学生素质拓展的有机融合。一是整体优化学校课程设置，设立劳动教育必修课程和劳动周，其他课程有机融入劳动教育内容和要求，并在专业人才培养方案中明确劳动教育学时学分，完善劳动教育体系。二是推进课程思政改革，强化第一课堂主体地位，将工匠精神、劳模精神融入专业、必修课程，实施劳动教育锤炼行动，培养学生劳动精神，促进学生树立劳动思想、强化劳动锻炼、提升劳动技能。

（三）队伍是要：建设具有新时代"劳动观"的"双师型""专家型"教师队伍

在新时代"劳动观"指引下，要高质量地开展劳动教育，就势必要建立一支高素养的教师队伍。一是以人事、教务、二级教学单位等为主体，充分挖掘校内优

势资源,把劳动教育纳入教师培训体系,开展教师劳动教育专项培训,打造具有新时代劳动观的"双师型""专家型"教师队伍。二是要坚持"走出去""引进来",充分挖掘校外社会资源,聘请劳动教育专家、劳动模范、先进典型等为德育导师,建立劳动教育讲师团,通过开展"大国工匠进校园""技能大师技艺传承"等活动,培养学生精益求精和追求卓越的良好品质。

(四)实践是能:完善基于服务学习的社会实践体系

学生参与社会实践是劳动教育的基础和根本动力。高职院校要进一步加强校地合作,推进产教融合,与当地政府、行业企业共创共建共享,发挥人才优势,对接地方所需,以思政理论课基地、志愿服务基地、就业创业基地、创新实践基地、顶岗实习基地等为中心,组织学生深入周边社区、村镇、企业开展专业实践、顶岗锻炼、志愿服务、创新创业等劳动教育活动,不断扩大服务阵地,健全学校、政府、企业协同育人机制,完善基于服务学习的社会实践体系。

要注重把劳动教育与校园实践品牌项目建设融合起来,结合专业特色和实践教学工作,着力打造技能运动会、商品展销会、大学生科技创新计划等校园精品实践项目,形成品牌特色,丰富劳动教育载体和内涵,使新时代"劳动观"真正走进学生思想,引导学生在砥砺中树立劳动意识。

(五)阵地是基:探索"线上＋线下"劳动教育模式,营造良好的校园劳动氛围

探索"线上＋线下"联动的劳动教育工作模式,充分运用微博、微信、抖音等新媒体平台发布劳动技能、劳动技巧、劳模典范、优秀劳动案例成果分享等内容,培养学生劳动的习惯。通过开展"厚德讲坛""身边的榜样、先进事迹分享会"等活动,邀请劳动模范、工匠、优秀校友进学校,开展德育和劳动教育。结合勤工助学、勤工俭学等日常工作,合理增设工作岗位,引导学生学习开展无薪酬劳动服务,营造良好的校园劳动氛围。

四、结　语

在新时代"劳动观"的指引下,劳动教育是培养德智体美劳全面发展的时代新人的重要途径,它的创新发展对于高职院校实现立德树人根本任务的作用显

而易见。高职院校开展劳动教育工作势必要充分理解新时代"劳动观"的重要内涵,以机制、课程、队伍、实践、阵地为主要路径,加强劳动教育,增强劳动意识,引导大学生内化于心、外化于行,强化大学生对新时代"劳动观"的认知和认同,提升全员、全过程、全方位劳动育人实效,为培养大学生正确的劳动价值观和良好的劳动品质提供助力。

参考文献

[1] 中华人民共和国中央人民政府. 习近平出席全国教育大会并发表重要讲话[EB/OL]. http://www. gov. cn/xinwen/2018-09/10/content＿5320835. htm? tdsourcetag＝s_pctim_aiomsg.

[2] 蔡汀,王义高,祖晶.苏霍姆林斯基选集5卷本. 第1卷[M].北京:教育科学出版社,2001.

[3] 车丽娜,邓海云.论当代大学生劳动观念的偏颇及其教育改进[J].沈阳示范大学学报(社会科学版),2020,44(5):102-108.

[4] 蒋晨曦.新时代大学生劳动观教育探析[J].金华职业技术学院学报,2020(20):54-58.

新媒体环境下高职生心理健康教育途径研究①

黄瑞初②

摘　要：高职院校心理健康教育是一项关乎高职生个人健康成长成才与社会和谐发展必不可少的工作。在互联网高速发展、新媒体平台不断涌现的今天，新媒体对高职生的价值观念、思维模式等产生了巨大的影响，我国高职生心理健康现状不太理想，受关注度逐年提高[1]。本文以高职生心理健康现状为出发点，对高职生心理特征进行分析，结合新媒体对高职生心理健康教育的双重影响，探索高职生心理健康教育新模式，促使高职院校更好、更有效地开展心理健康教育工作，助力高职生心理健康成长。

关键词：新媒体；高职生；心理健康

一、新媒体环境下高职生的心理特征分析

（一）新媒体的定义及其特征

联合国教科文组织曾定义："新媒体就是网络媒体。"清华大学新闻与传播学院熊澄宇教授认为："所谓新媒体，或称数字媒体、网络媒体，是建立在计算机信

---

　　① 浙江工商职业技术学院辅导员专项课题"新媒体环境下高职学生成长因素分析及对策研究"（编号：0020600710），浙江省教育厅大学生思想政治教育专项课题"基于新媒体矩阵的高职学生主题教育创新研究"（编号：Y201942840）阶段性研究成果。

　　② 黄瑞初，浙江工商职业技术学院助教，主要从事高职学生思想政治教育、素质教育及管理等方面研究。

息处理技术和互联网基础之上,发挥传播功能的媒介总和。它除具有报纸、电视、电台等传统媒体的功能之外,还具有交互、及时、延展和融合的新特征。"由此可见,新媒体可以定义为:以网络技术、数字技术及互联网为基础,以智能手机、电脑、数字电视、车载电视、交互式网络电视等为终端设备,能满足用户信息交互传播、及时传播、融合传播的新型媒体形态。

新媒体具有以下主要特征[2]:首先,数字化是多媒体最显著的特征,主要表现在传输手段、接收终端及表达形式上;其次,交互性是新媒体的重要特征,主要表现在传播的双向性和互动性上;最后,即时性和迅捷性是新媒体的明显特征,它为信息的海量增长和即时共享提供了可能性。新媒体的这些特征契合追求个性的高职生的需求,对高职生各方面的影响较为明显。

(二)高职生的心理特征分析

与本科生相比,高职生的心理有其特殊性[3][4]:自控能力较差,自主学习能力弱,依赖性强[5],自卑心理较为普遍,学习适应存在障碍,人际交往困难,等等。高职生比较明显的心理问题表现为以下几个方面。

第一,自卑心理较为普遍。由于高考成绩不佳,高职生在学习方面极其容易产生自卑心理,自我认可和自我定位偏低,还习惯掩饰内心真实的想法,容易产生封闭心理。另外,一些家庭经济情况不好的学生,在面对同学中存在的攀比现象时,容易产生自卑心理,导致自我评价降低,形成自我认知上的偏差。个人理想和现实之间的差距也会加剧高职生的自卑心理。

第二,学习适应障碍较为突出。高职生由于文化基础普遍薄弱、自我约束力差等问题,在实际学习中会遇到诸多困难,难以跟上学习进度,这让他们无所适从,容易产生厌烦、抵触和畏难情绪,产生学习适应障碍,不能很好地适应开放、自主、灵活的大学学习模式。而高职教学的侧重点在专业性、技能性上,更重视实践操作和动手能力的培养。这给自主学习能力较弱的高职生带来不小的学习压力,进而削弱其学习的兴趣和热情,影响其整体学业成绩。对学习越抵触就越容易产生逃避心理,也就越无法形成良性的学习认知,进而产生恶性循环。有些家境优越的学生由于从小就养成了逃避困难和安于享乐的习惯,不能忍受学习的艰辛,也容易产生厌学心理。

第三,独立判断能力较为缺乏。美国学者西奥多·罗斯扎克认为,信息太多,反而会排挤人的思想,使人在杂乱零散的一堆事实面前眼花缭乱、无所适从。由于使用网络平台用户可以不用真实姓名注册,加之监管不及时,一些虚假信息和低俗内容大肆传播。高职生正处于对新事物感兴趣的年龄,容易对网络上的各种热门信息及刻意营造的热点信息产生浓厚兴趣,而心智尚未成熟、缺乏理性判断能力的他们还难以清晰辨别事物的善恶和真伪,特别容易受到不当言论的诱导。网络平台上的观点和评论也会将他们的想法冲淡,从而使他们养成心理上的依赖感,难以保持自身独立的判断能力。

二、新媒体环境下高职生的心理问题分析

随着科技的发展与网络的普及,新媒体逐步深入人们的工作、学习及生活中,并且发挥着越来越重要的作用。作为社会新生力量的代表,高职生自然而然成为新媒体的主要使用人群之一。面对新媒体的快速发展,高职生的心理和行为也出现了一些新的特点[6]。

(一)思维多元化和认知能力弱化并存

网络技术的发展使得信息采集和传播的速度与规模达到空前的水平,实现了全球信息共享与交互,导致信息量呈"爆炸"趋势出现。开放、虚拟的网络使得不同国家、不同民族的知识和价值观念得以并存,使得高职生接触到以前无法想象的浩瀚、多元的文化内容。多元化视角一方面有助于学生对事物和信息的正确认识和处理,为多元化知识和思维的形成提供客观条件。另一方面,长时间地接触网络、全盘地吸收网络信息会弱化高职生的认知能力,使其丧失判断能力。

(二)情绪宣泄自由与情感迷失并存

高职教育阶段的学生处于青春期向成年期的过渡阶段,心理上经历急剧的变化,情绪反应强烈,情感表达需求强烈,但在现实的日常交往过程中,受世俗束缚、角色身份要求等影响,他们的部分情绪情感被抑制,不能得以充分表达和释放。网络的虚拟性、隐蔽性、开放性和即时性,为高职生提供了情绪宣泄和情感表达的充足空间。在网络上,高职生可以隐匿真实身份,敞开心扉,做自己想做的事,和自己愿意交往的人互动,在虚拟的世界里体验不同的角色和身份,恣意

抒发自己的情绪,这对他们情绪的发展和完善有着积极意义。与此同时,习惯了在网络里宣泄情绪的高职生在现实中却存在人际交往能力弱化的可能。在对高职生进行访谈的过程中发现,一部分学生缺乏自控力,把大量的时间和精力用于上网,出现了情感社会化方面的不足。

(三)个性张扬与自控能力不足并存

一方面,多元化的网络世界,为高职生提供了表达观点、见解、看法和充分展示个性、自我的空间。网络社会是一个崇尚个性的社会,网络的平等性、零门槛使得高职生的主体性和创造性得到充分张扬。有些高职生的原创作品、技术发明,以及就社会热点发表的独特个人见解等,通过网络可以得到其他用户的转载和意见反馈,吸引更多的受众,这极大地满足了他们自我展示的心理需要,提升了他们的自我价值感,实现了他们"不走寻常路"的个性化追求。另一方面,网络上各式各样的诱惑,无时无刻不在考验着高职生。据了解,相当一部分高职生机不离手,离开网络就会感到烦躁、焦虑,离开手机就会精神萎靡。过多的信息干扰使高职生难以集中精力学习,不能有效地进行自我控制和自我管理。网络信息的碎片化、瞬时性也使他们对事物难以保持长久的热情,缺乏毅力和耐心。

三、新媒体对高职生心理健康教育的双重影响

在新媒体时代,作为社会中的活跃群体,高职生的价值取向与心理状态必然受到一定影响,与之相应的心理健康教育也会受到深刻的影响[7][8]。

(一)新媒体对高职生心理健康教育的积极影响

首先,新媒体丰富了学生心理健康的教育手段,改变了心理健康教育手段单一的状况,使得教育者能够通过多种形式对学生进行心理健康教育。如:网上即时通信工具在拉近师生距离的同时,也为教师进行心理健康教育提供了平台,使得教师能够随时随地为学生解决心理困惑及问题。其次,新媒体使心理健康教育的时间变得更灵活;借助新媒体使用方便、沟通即时的特点,心理健康教育更加具有时效性。

在新媒体时代,各类网络信息平台动态地发布多元化的内容,它们以巨量的信息资源、快速的传播速度、自由的信息获取为主要特征。新媒体的这些特征正好契合了当代高职生对新鲜事物的好奇心理,其日益成为拓宽高职生视野和提升高职生思维能力的媒介,激发了高职生的想象力与创造力,为高职生更好地认识世界和改造世界提供了重要条件。新媒体丰富了高职生的文化内涵,在客观上推动了高职生对多元文化的思考,从而促进了他们的全面发展。

在互联网的领域中,网络信息的传播是面向所有人的,每一个人既是信息的接收者,也是信息的制造者与传播者。这就意味着,网络上的每个参与者是自主和平等的。作为应用互联网的主要群体之一,当代高职生已经将平等与自主的价值观融入日常生活中,即在浩瀚的网络信息海洋中自主地进行信息选择、信息表达与传播。他们利用社交媒体平等地与熟悉或不熟悉的人展开交流,摆脱了空间、民族和文化的差异带来的束缚感,有效地拓宽了其社交的范围,从而满足了被理解、被关心、被尊重的情感需求。同时,在与他人的交往和交流过程中,高职生的不良情绪也在彼此倾诉、倾听中得到化解和释放,进而有利于高职生心理的健康发展。

(二)新媒体对高职生心理健康教育的消极影响

高职生正处于价值观念形成期,身体、心理等各方面发展还不成熟,容易受到网络上一些不良信息的影响,造成其价值观念与心理的扭曲;网络游戏的引诱对高职生正常的生活、学习与人际交往产生了严重的负面影响,容易引起性格孤僻、心理健康程度低、人际关系较差等诸多问题。这些消极因素已经成为高职院校心理健康教育工作者需要客观面对的问题——新媒体在一定程度上弱化了心理健康教育者对高职生的教育功能及影响力。在新媒体时代,心理健康教育工作者的知识更新赶不上网络的知识更新速度,难以满足学生对新知识的需求。出于这样的原因,学生更钟爱网络等新媒体,并根据自身需求探索出适合自己的学习方式,选择适当的学习进度。这意味着,高职生对高职院校心理健康教育者的依赖已经被弱化。部分高职生认为,仅通过鼠标与键盘就能得到自己想要的信息,因此通过公开课、讲座等形式获得关于心理健康的知识已属多余。这在一定程度上反映了高职生在心理健康学习方面存在惰性,间接表明了他们对高职院校心理健康教育的排斥。

以上传递出的信息证实,新媒体时代已经出现了高职院校心理健康教育者与高职生关系疏离的现象。如果高职院校心理健康工作者不及时更新自身的知识库,在课堂教学活动中仍然采用传统的教学模式,那么他们的课堂就不会激发学生的兴趣,难以起到应有的作用。这样的新挑战表明,在新媒体时代,探究高职生心理健康教育的新路径成为当代心理健康教育者面临的新问题。

(三)新媒体对高职生心理健康影响的因素分析

新媒体对高职院校学生心理健康的影响无疑是巨大的:它会影响学生的观念、状态甚至行为,既可能使人变得积极,也可能使人变得消极。

第一,新媒体改变了高职生的交流、交往方式,容易使高职生产生自闭、孤僻的心理状态。网络的虚拟性和交互性可以跨越时间和空间的界限,这使高职生的交流方式被大幅度地虚拟化,他们的人际交往更多停留在网络上。现实中的人际交往,往往在潜移默化中被忽视,这容易导致高职生产生孤僻、自闭等情感障碍。长此以往,可能还会引发更严重的心理问题。

第二,新媒体所展示出来的多元的价值体系,容易引发高职生的一系列心理问题。在高职院校的时间是高职生形成系统价值观的关键时期。由于我国的网络监管体系的健全程度与新媒体的发展速度不匹配等客观因素的存在,网络上多元化的价值体系极易对高职生群体产生冲击,从而引发一系列如自信心缺乏、压力过大、焦虑、慌乱等心理问题。

第三,新媒体的大众性,容易诱发高职生产生暴戾怨恨心理。新媒体平台的广阔性和包容性导致每个人都能成为参与者。将不良的情绪宣泄到新媒体的平台上是目前在高职生中较为常见的情况,而这样的释放在一定程度上会使学生在与他人相处时缺乏耐心,甚至暴躁易怒,以自我为中心,不愿倾听他人的声音。

四、新媒体环境下"三部曲"高职生心理健康教育探索

结合新媒体的特征和高职生的特点,探索"三部曲:课程、主题、服务"高职生心理健康教育新模式,助推高职生心理健康发展。

(一)优化课程,改进高职生心理健康教育策略

随着网络时代的不断推进,高职生的心理发展面临着巨大冲击,出现了新特点、新变化。"心理健康教育"作为一门提高学生心理素质、促进学生全面发展、集知识性和体验性于一体的课程,应当关注这些新特点、新变化,结合时代特征和学生实际进行课程改革与实践[6]。

1.明确课程定位,优化课程内容

与侧重对学生思想品质进行熏陶和塑造的德育相比,心理健康教育属于行为科学范畴,以心理学、教育学和行为学为理论依据,侧重学生心理素质的培养,这是"心理健康教育"课程的基本出发点。高职生心理健康教育担负着培养学生科学的心理健康观、优化学生心理品质、提高学生自我意识水平、增强学生心理调适能力和社会生活适应能力的任务。

2.借助网络提升课堂的互动性与开放性

心理健康教育教师在开展课堂教学时,应创新教学活动方式。利用网络社交工具,组建上课班级群,随时发布与课堂相关的知识点、视频、案例等学习材料,组织学生在群里学习、讨论和交流,及时了解学生的思想动态和关注的焦点热点,有针对性地解决学生的困惑和问题;借助超星、慕课等在线教育平台实现线上高效互动学习,学生可以在平台上签到、抢答、完成心理测试和浏览课上课下作业等,充分调动学生学习的兴趣和参与度;将一两百人的大课堂分成若干小组,依据心理动力学理论进行结构化团队建设:成立初期的破冰,建立关系—工作阶段创设情境,解决问题—结束阶段分享总结,让每个小组成员在团队建设、完成任务和交流共享的过程中,体会合作、支持、包容和归属感;开展线上线下相结合的活动,借助网络将心理健康课程的课堂活动与心理健康教育中心的校园活动连接起来,使教师通过网络媒介和课堂发布来宣传校园心理健康活动,学生借助课堂所学的知识消除对心理健康活动的偏见和误会,实现心理健康教育的双向互动。

(二)设计主题,探索课外心理健康教育新途径

高职院校开设"心理健康教育课程"是很好的,但远远不够,还必须设计若干心理健康教育主题活动,探索高职院校课外心理健康教育有效途径[9]。

1. 完善网络心理健康教育体系

高职生网络心理健康教育,是指高职院校心理健康教育工作者借助网络技术,以多种途径帮助高职生解决心理困惑,提高其心理素质水平,保证其心理健康的过程。新媒体不仅是获取信息、发布信息和交流信息的平台,也是开展网络心理健康教育工作的工具。通过完善的网络心理健康教育体系,学生可以系统地学习心理健康理论知识,并实时互动,有效运用。借助网络媒体,教育者对高职生进行网上心理测试、网上心理诊断、网上心理辅导及网上心理治疗等,预防和解决高职生在网络思想的冲击下产生的心理健康问题。网络具有的时效性、虚拟性、开放性、互动性、平等性、海量信息等特点,使得网络心理健康教育较之传统的心理咨询有着更为创新的内容、方法和手段。因此,网络心理健康教育不仅是工具和技术层面的新提升,更是理念上的创新运用。所有的网民都可以是网络心理健康教育的对象,同时,无论是网民还是心理健康教育工作者,都可以通过网络获取资源、挖掘资源、开发资源,还可以提供资源、传播信息。利用网络平台建立高职生心理健康教育网,把学生的心理健康教育和日常事务工作结合在一起,使得学生在网站上不仅可以获得所需要的帮助,也能了解到与自身发展密切相关的信息,以及应对当前热点问题的正确心态,实现学生心理上的满足和健康成长。

2. 构建和完善高职生心理问题高危人群预警机制

高职院校要通过心理健康测试、心理诊断、观察了解等多种手段,认真开展高职生的心理健康摸排工作,构建和完善高职生心理问题高危人群预警机制。特别要注意,防止因严重心理障碍引发自杀或伤害他人的事件发生,做到心理问题及早发现、及时预防、有效干预。当前,很多高职院校的心理问题预警机制不够完善。因为高职院校心理咨询师的配备比例太低,所以心理咨询师只能依赖传统的测试工具,机械地进行测试后再筛选,对筛选中有心理健康问题倾向的学生给予重点关注和及时干预。而在测试中没表现出突出问题的学生,其心理变化和发展往往被忽略了。有的学生在遭遇到重大挫折或重大变故后,情绪低落,由于在第一时间内未能获得帮助,出现临界点情绪下的行为冲动。因此,高职院校辅导员和心理健康教育工作者应关注学生在新媒体平台的言论,通过分析其个人言论和表达,掌握其思想动态,及时进行干预。同时,应努力构建和不断完善高职生心理问题高危人群预警机制,建立一支由寝室长、学生骨干、班主任、辅导员到院系、部门、学校层面的阶梯制快速危机反应队伍,及时获取学生异常情况,并且设立一条从院校心理咨询部门到专业精神卫生机构的快速心理危机干预通道。

3.引导学生积极使用新媒体,提高自我心理健康教育的能力

在网络教育过程中,真正的主体是信息制造者、信息传播者及监督网络传播过程和内容的人,他们扮演着思想引导者的角色。而且,网络世界中教育者和教育对象是灵活、平等的。高职生除了在传统课堂上学习心理学课程,还可以充分利用主体性特点,通过自学自修的方式,系统深入地学习、运用心理健康知识。学生可借助新媒体,主动使用网上心理测试系统进行网络心理调查,也可根据个人需求主动收听网络心理健康知识讲座,并及时提出自己的疑问和困惑。从作为学习活动的主体角度来看,学生要在网络媒体中实现教育和自我教育,心理健康教育工作者扮演着引导者、监控者的角色。与传统的心理健康教育相比,借助新媒体开展的心理健康教育更开放、更平等、更生动、更有吸引力,更容易调动学生参与的积极性。但是,也必须正视的是,网络自身的发展还有局限性。新媒体背景下的网络心理健康教育,很难对咨询者进行准确的评估和判断,干预力度和成效也是有限的。

总的来说,网络心理健康教育的途径很多,优势也很多。但网络本身的局限性决定了其目前不能完全取代传统面对面的心理咨询。网络世界里高职生的迷茫、侥幸心理,道德失范、过度"言论自由"等表现,表明他们仍有必要接受传统的心理健康教育和指导。

(三)构建网络,推进心理健康教育创新

为了更好地培养新时代德智体美劳全面发展的社会主义建设者和接班人,解决高职生心理健康教育创新的现实难题,需要深入推进构建中国特色的高职生心理健康教育服务体系,形成"三全育人"指导下的教育教学、实践活动、咨询服务、预防干预、平台保障"五位一体"的心理健康教育工作新格局[10]。

1.以课程建设为基础,构建"三位一体"教学模式

为了更好地提升心理健康教育教学效果,考虑以课程建设为基础,构建慕课、翻转课堂和体验式"三位一体"的教学模式。第一,传统的知识性学习可以通

过短小精悍、生动形象的慕课,创新性地将碎片化的知识传授给学生。第二,课堂教学可以采用翻转课堂模式,让学生自己"学",然后由授课教师来发挥"导"的作用,在课堂上更多地与学生进行互动或者答疑解惑。如:让学生上台讲"心理小课堂",先由学生讲述自己对生命的理解、人际交往的心得等,然后教师进行总结点评。第三,课堂教学还可以采用以"情境创设+反思体验+行为训练"为特征的体验式教学模式,运用线下线上、案例教学、主题活动、行为训练、心理情景剧等多种形式,引导学生积极参与体验,实现"知""情""行"的有机统一。

2.以疏导帮辅为重点,健全心理咨询服务体系

为了更好地提升心理健康咨询服务实效,考虑以疏导帮辅为重点,通过线上线下心理咨询服务的联动机制,促进校内校外"医教结合"与分工合作,同时充分调动校内各部门多方协同,不断健全"三全育人"视角下的心理咨询服务体系。第一,丰富并活用心理咨询服务方式,如考虑创建心理解忧信箱、24小时电话咨询热线等心理咨询新渠道。在心理咨询方法上,可以考虑融合合理情绪疗法、行为矫正疗法、精神分析疗法、格式塔疗法等多种疗法。第二,构建家庭、个体、学校和医院四维心理疗愈模式,组建一个包括家长、辅导员和心理医生在内的心理咨询顾问团,合力为学生提供心理咨询服务。第三,配备和培养专业化、职业化的心理咨询工作队伍,要求这支队伍既要遵循以发展咨询为核心的"大"咨询理念,又要具备丰富的咨询实践经验,并以"队伍建设、制度建设、场地建设"为保障,构建学生心理防护四级网络,从而有效提升心理咨询服务实效。

3.以积极预防为关键,完善心理预防干预体系

为了更好地预防高职生出现心理问题和干预高职生心理危机事件发生,考虑以积极预防为关键,强化学生积极心理品质的培养和积极情绪的体验,健全心理异常动态筛查监察机制,畅通心理危机快速反应信息渠道,建立学生积极的社会支持系统,不断完善"三全育人"视角下的高职生心理预防干预体系。第一,全员树立"防治重于医治"的共识,将积极心理学、正向心理学等科学理念融合并推广到日常教育教学中,提升学生了解挖掘自身积极心理品质的能力和识别处理一般心理问题的能力。第二,全方位筛查监察学生心理异常情况,依托学校、学院、班级、寝室四级联动心理预警网络开展心理普测定期筛查、心理异常及时上报、心理问题初诊识别等工作,同时完善学生心理档案,摸清学生心理成长历史、原生家庭环境等情况。第三,全过程多维度地建立起由家人、室友、同学(朋友)、辅导员、专任教师、心理咨询师等构成的社会支持系统,让学生在需要的时候能找到可倾诉、可解惑的对象,又可为心理康复期的学生提供有效的心理支持和实时的心理监察,从而有效避免再次发生心理危机。

参考文献

[1] 赵平.创新高职生心理健康教育路径的实践与探索[J].教育与职业,2019 (20):109-112.

[2] 殷成洁,樊巧云.新媒体背景下大学生心理健康教育的创新[J].教育与职业,2014(26):86-88.

[3] 李颂平.基于策略最优化原理的高职大学生心理健康教育研究[J].中国职业技术教育,2018(4):89-92.

[4] 付国华.网络思想政治教育视阈下高职生心理健康问题及应对措施[J].职业技术教育,2019,40(23):66-68.

[5] 杜卉.高职院校心理健康教育工作实践创新[J].教育与职业,2018(1):103-106.

[6] 程小红.网络时代背景下高职院校心理健康教育课程的改革与实践[J].教育与职业,2020(16):86-88.

[7] 王征,陈晓萍.新媒体对大学生心理健康教育的影响探究[J].中学政治教学参考,2020(8):85.

[8] 杨鹏聪.新媒体时代大学生心理健康教育路径探讨[J].铜仁学院学报,2016,18(6):186-188.

[9] 杨海,王晓晓.新媒体时代大学生心理健康教育工作探究[J].学校党建与思想教育,2015(6):82-83.

[10] 郝颖.新时代高职生心理健康教育创新的现实难题与对策[J].教育与职业,2020(9):107-111.

红色基因融入大学生日常思想政治教育工作对策研究①

马淑君②

摘　要:红色基因传承是实现高校培养目标的精神密码,更是实现第二个百年奋斗目标和党千秋伟业的精神保障。红色基因的传承与高校大学生日常思想政治教育内容是融会贯通、紧密结合的。本文从调查问卷角度分析红色基因传承的有利条件和不利条件,提出红色基因融入大学生日常思想政治教育工作的对策,通过提高认识、健全机制、爱护师资、震撼灵魂、实践习惯等促进红色基因的传承和发展,从而有效提升日常思想政治教育工作的实效性和针对性。

关键词:红色基因;大学生;日常思想政治教育

习近平总书记在 2014 年首次提出"红色基因"这一概念,并指出"把红色基因一代代传下去"[1]。2020 年 9 月,习近平总书记在湖南调研时指出:"要用好这样的红色资源,讲好红色故事,搞好红色教育,让红色基因代代相传。"[2]红色基因传承不仅是实现高校培养目标的精神密码,更是实现第二个百年奋斗目标和党千秋伟业的精神保障。抓住红色基因传承就抓住了强化内因、杜绝堡垒从内部攻破的"牛鼻子"。日常思想政治教育是"通过课堂以外的教育活动对大学生进行思想政治教育,是思想政治教育在日常载体上的具体应用"[3]。红色基因

———————————

①　本文系 2021 年度浙江工商职业技术学院辅导员专项课堂"红色基因融入大学生日常思想政治教育工作对策研究"(编号:0020600724)的研究成果。本文被评为 2021 年度宁波市高等职业教育思政德育类优秀论文二等奖。

②　马淑君,浙江工商职业技术学院经济管理学院辅导员、讲师,研究方向为思想政治教育。

所承载的精神内涵和价值追求与高校日常思想政治教育工作的耦合,对大学生坚定为人民谋幸福、为中华民族谋复兴的信念具有正本清源、固根守魂的作用。

一、红色基因传承的伟大意义

(一)红色基因传承是实现高校培养目标的精神密码

红色基因包含初心使命,代表根本立场和方向。大学生只有传承红色基因,才能下定为祖国、为人民服务的决心,从而真正成为有理想、有道德、有文化、有纪律的社会主义事业建设者和接班人。

(二)红色基因是实现第二个百年奋斗目标和党千秋伟业的精神保障

红色基因不仅包含为人民谋幸福、为中华民族谋复兴的信念,还包含对共产主义真理的坚定信仰及艰苦奋斗、不怕牺牲的革命精神。党的奋斗目标是以百年、千年计算的,但完成目标的人是平均每 20 年就更新一代的,因此不论哪一代人,红色基因都不会自发产生。若不传承红色基因,理想、目标和艰苦奋斗精神就会失去,第二个百年奋斗目标和党的千秋伟业也会变成泡影。只有传承红色基因,才能以理想信念凝聚起战无不胜的民族力量,才能振奋全国人民的革命精神,第二个百年奋斗目标和党千秋伟业的实现才有精神保障。

(三)抓住红色基因传承就抓住了强化内因、杜绝堡垒从内部攻破的"牛鼻子"

习近平总书记走遍全国红色基地,发出传承红色基因的号召。红色基因就像纲领一样,很快彰显了初心使命。井冈山精神、长征精神、遵义会议精神、延安精神、西柏坡精神等一系列革命精神,使全党精神振奋,风气迅速好转,战斗力大大增强。[4]和世界万物一样,人的思想也是一分为二的,趋利避害的本能与顾大局、顾整体的理性思想的矛盾总是以国与家、公与私、人民与个人等各种形式在头脑中不断出现并不断斗争。只要抓住红色基因传承,就能运用红色基因的崇高党性和革命精神克服私心,使"一切为党、全心全意为人民服务"的理性思想占据主导地位。唯物辩证法告诉我们,外因是变化的条件,内因是变化的根据,外因是通过内因而起作用的。因此,红色基因传承是强化内因、杜绝堡垒从内部攻破的"牛鼻子"。

二、红色基因融入大学生日常思想政治教育的现状

针对红色基因融入大学生日常思想政治教育工作,本研究组于 2021 年 6 月对某市各高职院校大一大二年级 2450 名(以 2450 份有效问卷为准)大学生进行了问卷调查,调查结果如图 1、图 2、图 3、图 4 所示。

(一)大学生对红色基因的兴趣发生了根本变化

十八大以来高校积极响应习近平总书记发出的传承红色基因的号召,大力弘扬革命精神。[5]如图 1 所示,在问卷调查"您是否对中国共产党的光辉历史感到自豪?"一项中,选择"很自豪"的所占比例达到 83.67%,这反映出当代大学生对红色基因的绝对认同;在"您是否对红色基因感兴趣?"一项中,选"感兴趣"的所占比例达到占 45.31%,选"一般"的所占比例达到 43.67%。这里所谓的"一般",是指"只要老师教,我就会学"的中间派态度,这部分人虽然没有"感兴趣"的积极性高,却是大学生中的基本群众,这部分人与"感兴趣"的加在一起所占比例达到 88.98%。兴趣是行动的内在动力,这表明大学生学习红色基因的积极性达到蓄势待发跃跃欲试的程度。更为可喜的是,在"您认为学习红色基因文化对自己将来的发展是否有意义?"一项中,选"有意义"的,占 75.92%,这表明大部分大学生认为学习红色基因文化对自己未来发展是有意义、有价值的。这是进一步搞好红色基因传承极为有利的根据。

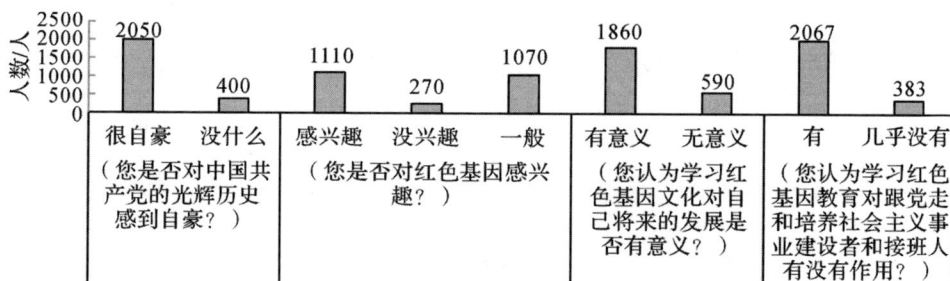

图 1　红色基因传承情况问卷调查结果

（二）大学生对红色基因作用的认识显著提高

如图2所示，在"您认为学习红色基因文化对自己将来的发展是否有意义？"一项中，选"很有意义"和"有一定意义"的占96.73%；在"您觉得红色基因文化对你的学习和生活有没有起到积极作用？"一项中，选"有"或"偶尔有"的占93.47%；在"您认为红色基因教育对培养社会主义事业建设者和接班有没有作用"一项中，选"有很大作用"或"有一些作用"的达到97.55%。这表明，大学生对红色基因作用的认识，比过去也大大加深了。这既是传承红色基因获得的成效，也是把红色基因传承搞得更好的基础。

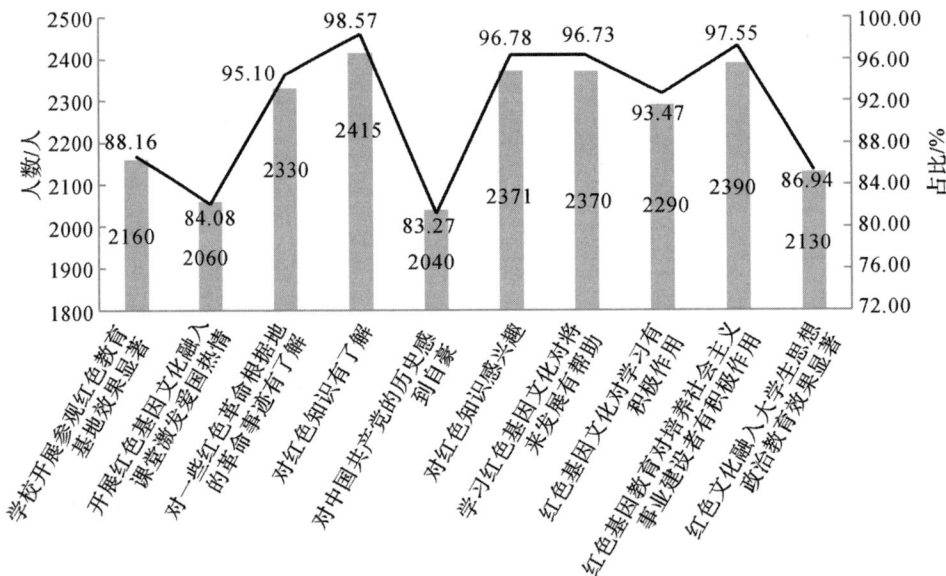

图2　红色基因融入大学生思想政治教育工作研究调查

（三）各种传承渠道不同程度地发挥作用并取得可喜成效

如图3所示，在"您通过哪些途径了解红色基因文化？"一项中，选"网络"的占85.31%，选"课堂"的占85.71%，选"红色基地活动"的占68.98%，选"媒体宣传"的占55.51%，选"自己看书"的占37.14%。这表明，红色基因的各种传承渠道都在发挥作用，其中红色资源开发利用也取得了可喜成效。在"您的思政课教师在课堂教学中是否结合红色基因文化开展教学？"一项中，选"经常"和"有时"的占 93.88％,这说明作为传承红色基因主渠道的思政教育行动是迅速的,态度是积极的。在"您学习红色基因文化的原因"一项中,选"思政课教学要求"的占 64.49％,选"第二课堂(党团活动)"的占 22.04％,选"专业教学要求"的占 6.12％;在"您对红色基因文化了解情况"一项中,选"了解""非常了解"和"了解一些"的加起来占到 95.58％;在"您认为将红色基因文化融入大学生思想政治教育的效果如何"一项中,选"非常显著"和"比较显著"的两项加起来达 86.94％。这些情况表明,红色基因传承已经取得可喜成效。

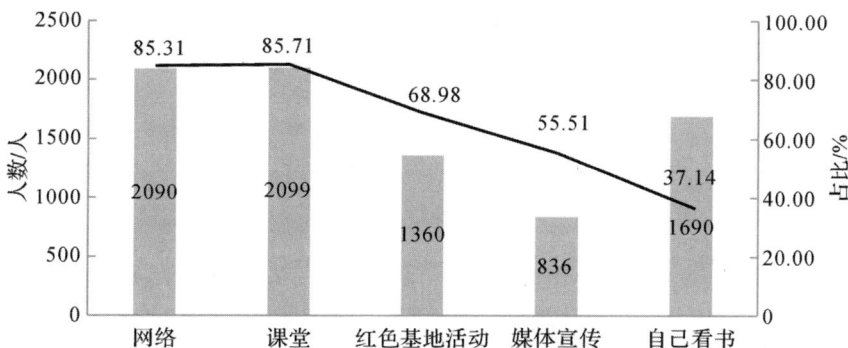

图 3　了解红色基因的途径

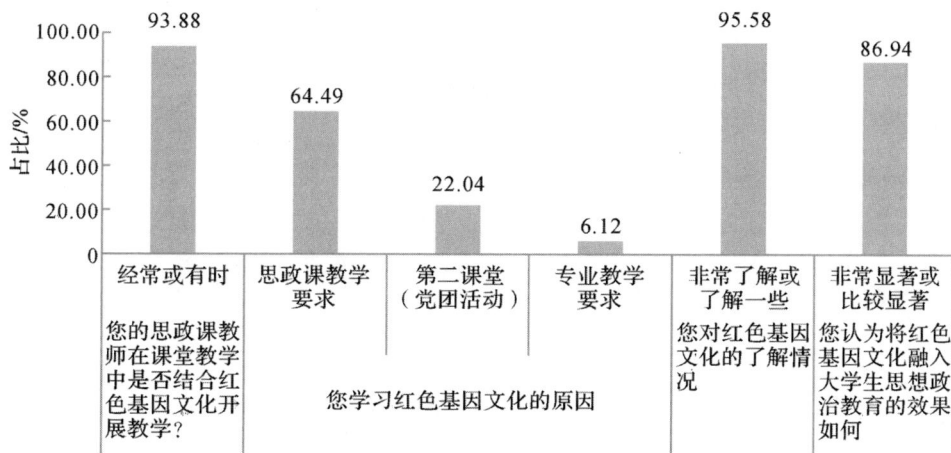

图 4　红色基因文化的教育效果

(四)国内外大环境呈现有利的局面

目前,国内外大环境呈现的有利条件包括:各级党委政府对红色基因传承普遍重视;红色资源得到深入挖掘,红色基地数量增多,质量提高;我国新冠肺炎疫情得到有效的控制;全部脱贫目标如期实现,经济高速发展,科技发展速度飙升,军事实力提高显著,综合国力进一步增强,第一个百年奋斗目标圆满实现,庆祝中国共产党成立100周年大会胜利召开,百年成果客观展现;中国对世界贡献增大,在百年未有之大变局中,中国共产党走向世界舞台中央。霸权主义在颜色革命、输出价值观,以及经济、政治、军事、疫情控制、种族歧视、人权状况、社会秩序等方面的屡屡挫败,尽管他们肯定还会反扑,但上述事实都证明霸权主义衰落与中国和平崛起是任何势力都阻挡不了的。越来越接近根本翻转的百年大变局是进一步搞好红色基因传承的大环境。

(五)成效与不足总是此消彼长、相伴而行的

要想把红色基因传承搞得更好,在看到成效和有利条件的同时,还要看到存在的不足和不利条件。具体情况如图5所示。

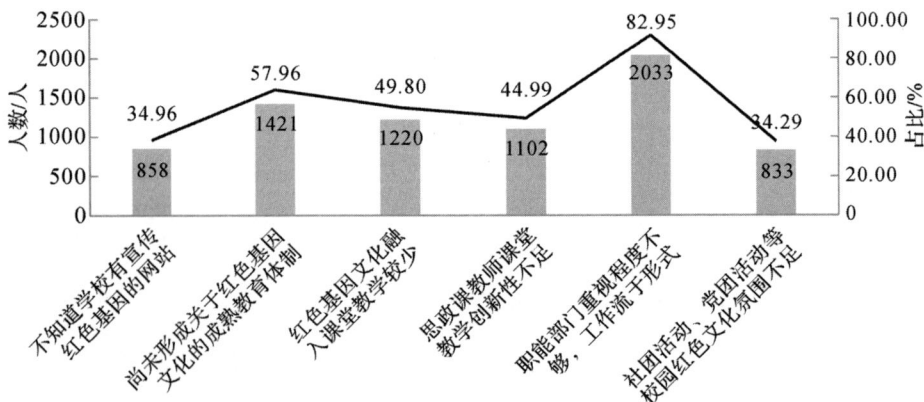

图5 红色基因传承存在的不足和不利条件

1.对传承红色基因的意义有的认识不足

有的高校只重视与就业率有关的专业课和硬件建设,对传承红色基因的意义认识不足,效果不够明显;也有的只重视专业建设,偏离教育方针,对红色基因政治定向作用缺乏认识。

2.传承渠道作用发挥不平衡、不充分

例如,党团作为政治组织,本应在红色基因传承上起战斗堡垒的作用,但在"您学习红色基因文化的原因"一项中,选"第二课堂(党团活动)"的只占22.04%(见图4)。这说明,党团组织在利用"三会一课"①传承红色基因上做得是不够的。虽然思政课和网站传承红色基因的作用发挥较好,但在"您的思政课教师在课堂教学中有结合红色基因文化开展教学的情况吗?"一项中,选"思政课教师课堂教学较少"的占比为49.80%(见图5),证明有近一半的思政课教师传承红色基因的作用发挥不够。有34.96%的大学生"不知道学校有宣传红色基因的网站"(见图5),说明网站作用的宣传作用有待改进。

3.负面思想的冲击销蚀

在"您支持把红色基因知识列入考试范围吗?"一项中,选"支持"的占77.55%。这一方面反映了红色基因在这部分学生的心目中占据着重要的地位,另一方面说出有人存有实用主义的思想。如果红色基因不被列入考试范围,不与毕业、就业等眼前利益挂上钩,有的人也许会放弃红色基因的学习传承。少数学生企图以网络信息摆脱浮躁心理,沉醉于低俗、媚俗文化与零碎信息的刺激中,这些都是对红色基因传承的销蚀。

4.激励机制不健全

有的高校仍停留在重视专业课和硬件建设等与就业率有关的项目上,对红色基因传承要求不具体、责任不明确,缺乏反馈机制和对教师及学生的考核激励机制。[6]教师传承与否,传承得多与少、好与坏,学生是否学、学得怎么样,等等,虽然难以量化衡量,却是影响师生红色基因传承积极性的重要因素。有关部门对高校考核时看重的仍然是就业率,对红色基因传承与贯彻党的教育方针情况缺乏考核衡量机制,对红色基因传承的专题培训力度有所欠缺。

---

① "三会一课"是指定期召开部党员大会、支部委员会、党小组会,按时上好党课。"三会一课"是健全党的组织生活,严格党员管理,加强党员教育的重要制度。

5.对实践促使习惯形成的作用认识不足

要提高学雷锋志愿者实践活动的实效,需运用生理学、心理学等不同学科的知识对社会实践如何促使神经回路形成进行科学研究与论证。

三、红色基因融入大学生日常思想政治教育工作的对策

红色基因的传承与高校大学生日常思想政治教育内容是融会贯通、紧密结合的。高校利用各种途径挖掘红色基因,通过提高认识、健全机制、爱护师资、震撼灵魂、强化实践等促进红色基因的传承和发展,从而有效提升日常思想政治教育工作的实效性和针对性。

(一)提高认识,增强自觉

认识是行动的先导。要充分认识红色基因传承是初心使命及革命精神等目的纲领,若不传承,目就不张,更不能成为大学生政治素质的"钙";红色基因是培养什么人的政治基础,具有定向的根本作用,若不传承,高校培养目标就不能实现;红色基因是强化内因的"牛鼻子",只有深刻认识传承红色基因的伟大意义,才能产生传承的自觉性和主动性。

(二)明确方向,健全机制

习近平总书记在红色基因传承的系列讲话中,尤其是在中国共产党成立100周年庆祝大会上的讲话,全面、深刻地阐述了传承红色基因的目的、意义、内容、方式方法与具体要求。认真学习习近平总书记的讲话是明确传承根本指针事半功倍的措施。同时,要建立健全教师传承与学生对红色基因学习的考核激励机制,及时考核,兑现奖惩,以调动广大师生传承红色基因的积极性。院系科室要建立集体备课相互听课评课机制,促使思政课教师取长补短、相互启发,不断提高红色基因传承水平。

(三)体贴爱护师资,以史体现真理

为进一步发挥思政课作为传承红基因主渠道的作用,应从加强师资力量的角度出发,按中央规定配齐、配强思政课教师队伍,给思政课教师合理负担,并按

思想政治理论课创新改革实施方案的要求开足、开好思政课程。引导思政课教师尤其是担任党史等必选课程的教师,以习近平总书记讲话为纲,按马克思关于只有彻底的理论才能说服人的要求,在红色基因选材、教案编写、PPT制作等方面下功夫,用丰富确凿的史实呈现客观真理,只有真理才能使学生信服。同时,还要引导思政课教师做到创新性与规范性相结合、以理服人与以情感人相结合,努力提高课堂教学的吸引力、感染力和抬头率,使学生喜闻乐见、入脑入心、心悦诚服,促使红色基因转化为学生自身的素质。

(四)调动感官,震撼灵魂

习近平总书记指出,革命博物馆、纪念馆、党史馆、烈士陵园等是党和国家的红色基因库。[7]让学生亲临革命圣地,亲眼观看先烈遗物、英雄遗像,亲耳聆听党的故事、革命故事、根据地故事、英雄和烈士故事,能调动学生多种感官,使其灵魂受到震撼,使理论得到验证,使真理、信仰的力量得以彰显。要到红色基地实践,资金保障是前提,而精心组织才能出效果。学校要按中央规定拨足实践经费;思政教育部门要努力抓好每一位思政教师组织学生到红色基地参观实践的计划制定,包括出发前的动员,参观后的收获体会、小组讨论和课堂交流。学校要与红色基地签订合同,挂牌定点,密切配合,共同提高教育效果。

(五)强化实践,形成习惯

不仅实践能用普遍性品格和直接现实性品格检验真理、发展真理,而且只有实践才能使理论转化为行动。实践行动在变革外界事物的同时,也促使大脑形成神经回路,实践的重复使神经回路不断加粗,从而使表现在外的行为成为习惯,实践的次数越多,习惯就越牢固。研究学习的心理学家认为,掌握理论不算学会,只有脑子形成神经回路,并且人们在神经回路的指挥下能做出符合预期效果的动作才算学会。因此,学校各级党团组织,宣传、教务、校团委、学生会等职能部门,以及辅导员、班主任等各类人员都要密切配合,齐心协力,精心组织好学生参加学雷锋志愿者的活动,通过实践让学生体验党的初心使命,在实践中树立为人民服务的价值观,通过战胜各种困难形成艰苦奋斗的神经回路,养成行为习惯。总而言之,实践改变头脑结构的作用是其他任何事物都不能取代的,实践是传承红色基因不可或缺的环节。只有把红色基因传承与实践活动紧密结合起来,才能获得理想效果。

(六)齐抓共管,形成合力

红色基因的传承,除了要紧紧抓住意义、机制、主渠道、关键环节等,营造潜移默化的红色校园文化氛围也不能忽视。疾能漂石者,势也。为营造红色风暴以形成"疾能漂石"之势,学校各级党组织要切实加强领导;党团组织要把红色基因传承作为"三会一课"的重要内容,制定活动计划,认真抓好落实;党团员走在前面,在传承红色基因方面充分发挥先锋模范的作用;学生党员积极分子要建立红色社团,通过社团活动带动群众开展弘扬红色基因的活动。[8]尤为重要的是,各有关部门和辅导员、班主任都要齐心协力,充分发挥各班党团支部、班委会及学生干部的作用,经常组织传承红色基因的主题班会、党团支部大会、民主生活会、知识竞赛、演讲比赛、辩论赛、红歌比赛、讲革命故事比赛、红色基因文化月等活动,借助网络宣传、文艺演出、墙报、壁报、黑板报、宣传栏、手抄报等方式,使红色基因传承在校园每年掀几次高潮,促进大学生头脑中神经回路及气血脉冲势能的形成,并使这种校园文化活动不间断,充分发挥校园文化在传承红色基因方面造势的强大作用。

参考文献

[1] 习近平.贯彻全军政治工作会议精神扎实推进依法治军从严治军[N].人民日报,2014-12-16(1).

[2] 岳月伟,李学仁.习近平在湖南考察时强调在推动高质量发展上闯出新路子谱写新时代中国特色社会主义湖南新篇章[N].人民日报,2020-9-19(1).

[3] 金昕.大学生日常思想政治教育理论研究的科学化[J].思想教育研究,2017(1):19-23.

[4] 习近平.在党史学习教育动员大会上的讲话[J].求是,2021(7):4-17.

[5] 习近平.在庆祝中国共产党成立100周年大会上的讲话[M].北京:人民出版社,2021.

[6] 王莎.关于高校传承红色基因教育现状的几点思考[J].知识文库,2020(1):38-39.

[7] 习近平.用好红色资源　传承好红色基因　把红色江山世世代代传下去[J].求是,2021(10):4-18.

[8] 习近平.决胜全面建成小康社会　夺取新时代中国特色社会主义伟大胜利——在中国共产党第十九次全国代表大会上的报告[M].北京:人民出版社,2017.

新时代高职学生劳动素养培育路径探索

王凡菲①

摘　要:本文以新时代高职学生劳动素养培育路径为目标,从当前高职学生劳动价值观存在偏差、劳动技能欠缺等现状入手,深入剖析高职学生劳动素养存在问题的原因,提出从构建劳动教育综合体系、制定评价标准、建立激励机制等方面提升新时代高职学生劳动素养,帮助学生树立正确的劳动观念,建立积极的劳动态度,养成良好的劳动习惯,培养必要的劳动能力,塑造优秀的劳动品质,从而发挥劳动教育的综合育人功效。

关键词:劳动素养;劳动价值观;劳动技能;提升路径

自2020年3月起,国家先后印发《中共中央国务院关于全面加强新时代大中小学劳动教育的意见》(以下简称《意见》)和《大中小学劳动教育指导纲要(试行)》(以下简称《纲要》),强调"劳动教育是中国特色社会主义教育制度的重要内容"。这些文件要求将劳动价值取向及劳动技能等劳动素养的考核纳入学生的综合素质评价体系中,这标志着劳动教育在我国教育体系的地位和作用得到进一步巩固和加强[1][2]。浙江省教育厅于2021年9月1日发布《关于全面加强新时代大中小学劳动教育的实施意见》,强调职业院校在人才培养过程中,注重结合生产劳动和服务性劳动,提升新时代高职学生的劳动素养,培养学生精益求精的工匠精神和爱岗敬业的劳动态度。由此可见,构建新时代高职学生劳动素养培育体系,促进高职学生全面发展,培养学校高素质人才意义重大。

---

① 王凡菲,浙江工商职业技术学院国际交流学院教学秘书。

一、新时代高职学生劳动素养内涵和培育意义

(一)新时代高职学生劳动素养的内涵

新时代高职学生劳动素养涉及学生在劳动教育过程中的劳动能力、劳动态度、劳动习惯和劳动价值观等。作为新时期劳动教育的核心,劳动素养不仅是学生全面发展的根本要求,也是学生必须具备的关键能力[3]。

(二)新时代高职学生劳动素养培育的意义

1.有助于"五育融合",提升学校人才培养的质量

劳动教育是德智体美劳"五育融合"的重要组成部分。新时代高职学生劳动素养培育主要通过劳动教育实践路径,将劳育与德育、智育、体育、美育相互融合,帮助学生在劳动教育的学习和实践过程中树立正确的劳动价值观,提升劳动技能,引导学生自主学习,逐步提高学业成绩,促进学生全面发展,推动"五育"全面培养教育体系的发展。

2.有助于产教融合、互融互通

产教融合将劳动理论教育和专业课程技能充分融合,使学生不仅能得到校内专业教师的指导,还能让企业里的教师参与到学生培养过程中,从而提升劳动教育的实效性,形成校内外协同发展机制及一体化劳动教育发展模式。教育与产业两大主体的深度互动模式,有助于提高人才培养质量,促进行业发展、区域建设。

二、新时代高职学生劳动素养培育存在的问题

(一)劳动价值观存在偏差

在现有职业教育人才培养方案下,学校在开展相关课程的教学过程中涉及劳动教育时注重形式而忽略其内涵,导致在学生对劳动的思想认知和根本看法

产生偏差。加之"网络红人""直播网红"等低付出高回报的现象层出不穷,使得部分学生"投机取巧"的思想膨胀,从而影响了学生的劳动价值观和劳动素养。

(二)劳动技能欠缺

劳动是促进学生全面发展的重要因素之一,目前教育中劳动教育的部分被弱化。在家庭教育中,部分家长认为,学生应以学业成绩为重,日常重心均围绕课本知识学习,弱化了学生的劳动能力。在学校教育中,教师作为劳动教育的引导者,在课程中缺少引导学生树立正确的劳动价值观和培养良好的劳动习惯,难以提高学生劳动技能,激发其职业发展潜能。

(三)劳动教育评价弱化

高职院校对劳动素养的评价体系不健全、不完善,而制定劳动素养评价体系是判断学生劳动素养的主要依据。现阶段,高职院校缺少针对劳动素养的评价体系,难以判断学生劳动教育的成效,导致学生无法认识自身在学习过程中出现的问题,无法进行调整,从而无法提高学生全面发展的质量。

三、新时代高职学生劳动素养培育策略

基于上述问题,新时代高职学生劳动素养提升关乎劳动教育的实施成效。改善高职院校劳动素养是需要社会、学校和家庭共同努力的[4]。只有不断完善高职学生劳动素养培育体系,才能真正培养出社会发展所需的技术人才。

(一)健全保障机制,优化产教模式

1.健全社会劳动教育保障机制

社会环境对学生的劳动素养产生直接影响,需要从法律和政策的高度保障基层劳动者和受教育者不受不公平待遇,借助新闻报道、表彰活动等大力宣传正确劳动价值观,弘扬劳动创造伟大的主旋律。建立由政府、社会、相关部门等共同参与的劳动教育安全管控机制,为学生创造一个良好的外部环境。

2.优化产教融合人才培养模式

在引导企事业单位加强校企合作的过程中,政府要发挥职能作用,对企业给予一定的优惠政策,使更多优秀的企业参与进来。利用校企合作点对点的形式,把校园教育工作与企业进行深度的融合,对学生的专业劳动能力进行培养和打造,使学生更好地参与到企业实际生产过程中。利用融合教学、科研和技术应用于一身的平台,让学生学习到更多的专业知识,实现校企协同育人,从而全面提升高职学生人才培养的质量,为企业输送更多专业人才。

(二)提升教师自身素养

1.全面夯实教师发展之基

教师作为学生在劳动教育过程中的组织者、引导者,在学生劳动教育过程中发挥重要作用,是劳动教育的重要组成部分。以教育为抓手确保劳动教育师资队伍建设,鼓励教师参加劳动教育研究或让教师通过企业挂职、访工等形式深入了解企业基层,在劳动教育的目标、内容、形式等方面提高教师的劳动教育能力。学校可设立教师劳模工作室、技能大师工作室等,激励教师组织有关培育学生劳动素养的活动,让学生不断开拓思路、拓宽视野[5]。

2.加强教师师德师风建设

教师素质的高低,直接关系到对学生的教育效果。基于此,首先,高职院校应建立个人师德师风档案,完善和规范教师师德师风考评机制,防止高职院校教师档案管理和运行"流于形式"。其次,提高教师教书育人的意识,加强自身职业道德、职业素养、职业行为习惯的培养,建立良好的师生关系,关爱学生健康成长,为社会培养德、智、体、美、劳全面发展的高质量人才。

(三)完善劳动教育课程体系

1.优化人才培养方案,推进劳动教育规范化

(1)《纲要》明确提出:"将劳动教育纳入人才培养全过程,丰富、拓展劳动教育实施途径。"新时期高职院校劳动教育课程建设要准确把握生源特性和育人需

求,实现从惯性思维到规划思维的转变,树立系统性思维。开设劳动教育必修课程,聘请劳动基地教师进行专业指导,大一新生开展以体力劳动为主的生活劳动教育、生产劳动教育,大二、大三学生开展以专业为主的专业实践劳动。让学生体验从简单劳动向复杂、创造性劳动的发展过程,掌握劳动技能,感受劳动的光荣和伟大,培养学生正确的劳动价值观,发挥劳动教育树德、增智、强体、育美的综合育人价值。另外,在劳动教育课程中把项目化教学、情景化教学、模块化教学等融入一起,让学生通过角色扮演、案例分析等形式掌握专业知识要领,有针对性地解决当前大学生在劳动价值观、劳动心态和劳动技能等各方面遇到的问题。

(2)劳动教育应用到日常生活中,搭建"日常＋生产＋服务"三位一体的劳动教育内容供应链,把课堂教学和课外活动有机结合,围绕学生衣食住用行等方面推出必要劳动清单,实行家校一起对学生进行劳动评价,有利于学生更好地树立正确的劳动价值观,培养良好的劳动习惯。

2.强化课程思政教育,推进课程思政建设

建立"劳动教育＋"的专业课程,将劳动教育与思想政治教育相结合、与专业教育相结合、与实习实训相结合、与社会实践和志愿服务相结合、与产教融合相结合、与职业生涯规划及就业指导相结合,立足专业特色,建立各学科相互融合的育人体系,体现德智体美劳"五育融合"教育,激发学生的主观能动性,调动学生的积极性,从而达到良好的教育效果,促进大学生在校期间全面发展,提高学校人才培养的质量。

(四)制定劳动素养评价体系

新时代背景下的劳动素养体现在:学生在劳动过程中以劳动态度和观念为核心,为适应新时代发展特点和需求培养劳动技能和劳动习惯。因此,将劳动教育纳入课程,制定评价标准,有助于提高学生参与劳动的自觉性,从而提升育人实效。

劳动素养评价体系由对劳动能力、劳动态度、劳动习惯、劳动观念的评价组成,如图1所示。其中,对劳动能力是通过组织活动结合学生技能成果展示、学生劳动竞赛对学生劳动知识和劳动技能的掌握进行评价,从而引导学生自觉增强劳动知识和劳动技能;对劳动态度和劳动习惯的评价则是通过全面记录学生

在理论课程和实践课程的学习过程来完成的;对劳动态度和劳动习惯的评价包括对学生在劳动教育过程中是否自觉劳动、平等劳动、美好劳动、诚实劳动、创新劳动等方面进行评价,让学生树立正确的劳动态度和养成良好的劳动习惯;对劳动观念的评价则是通过加强劳动素养考核结合实际劳动技能和价值体认,让学生在各级劳动教育中体验和探索劳动的价值,并将其内化为价值观。

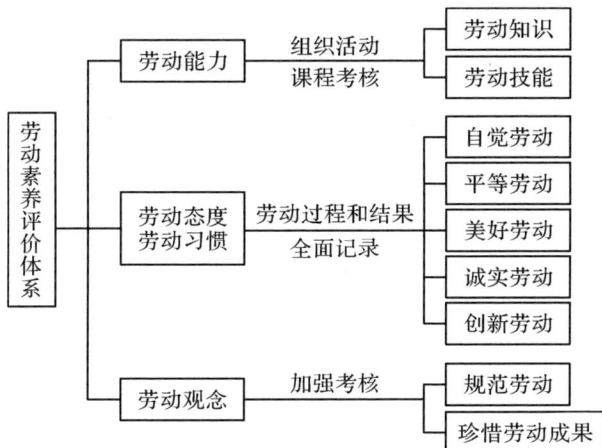

图1 劳动素养评价体系

(五)建立劳动教育激励机制

1.树立榜样引领

学校要注重选拔、树立各类模范,发挥模范带头作用。在选拔、树立各类模范时,不仅要有劳动模范,还要有劳动表现优异的普通学生。同时,要注重培养学生劳动教育先进个人,让学生从模范事迹中领悟劳动体认,在日常劳动教育实践中努力向榜样看齐。

2.建立奖励机制

学校对学生劳动教育先进个人等应该突出精神奖励,如给予劳动模范更好的专业实践平台或在学业进展上可以顶替学分等一系列措施。具体而言,在劳动素养评价体系中,表现优异的学生可顶替"三创分"或第二课堂分加分等。在激励学生的同时,可制定劳动课教师在专业技术职称评聘、年度工作量计算、评优等方面的一系列标准,作为激励教师在劳动教育上的动力。如:在教师专业技术职称评聘时,将劳动教育履职情况纳入其中;教师在劳动教育过程中所引导的学生在劳动素养评价体系中表现优异的可额外折算工作量,在评优考核时可予以分;等等。

(六)更新家庭劳动教育观念

在家庭教育中实施劳动教育,家长不仅要转变以往的教育观念,还要在日常生活中有意识、有计划地进行改变。在生活中,父母是孩子的第一位老师。家长要言传身教,发挥父母的榜样作用,鼓励孩子自觉参与、自己动手,随时随地进行劳动,在劳动过程中引导孩子树立正确的劳动态度和劳动价值观、养成良好的劳动习惯、提升劳动技能。

四、结　语

新时代高职学生劳动素养培育是一项长期性、系统性的育人工作。通过提升教师劳动素养、完善课程设置、制定测评标准、建立激励机制,加强高职学生劳动素养培育工作,提高学生的劳动素养,促进学生德智体美劳全面发展,促进高质量应用型人才的培养。

参考文献

[1] 中共中央国务院关于全面加强新时代大中小学劳动教育的意见[EB/OL].[2020-03-26]http://www.gov.cn/zhengce/2020-03/26/content_5495977.htm

[2] 教育部关于印发《大中小学劳动教育指导纲要(试行)》的通知[EB/OL].[2020-07-09]http://www.moe.gov.cn/srcsite/A26/jcj_kcjcgh/202007/t20200715_472808.html

[3] 刘小惠.新时代劳动素养评价体系建构与课程实践路径选择[J].创新人才教育,2021(2):31-37.

[4] 徐洁,楼幸琳.培育劳动素养:新时代劳动教育的核心指向[J].教育科学论坛,2020(7):5-10.

[5] 王飞.新时代劳动教育的示范、评价和激励机制构建[J].教学月刊,2021(9):27-30.

弘扬伟大建党精神对青年学生的思想引领

——从抗疫精神视角出发

李文晴①

摘　要：高校作为思想政治教育的主阵地，应把弘扬伟大建党精神贯穿思想政治教育中。在新时代，在疫情防控常态化的背景下，面对新情况、新挑战，我们思政课教师需要从伟大抗疫精神与伟大建党精神密切联系的视角，来深刻理解伟大建党精神的实质、内涵及价值，进而通过弘扬伟大建党精神对学生进行思想引领。

关键词：伟大建党精神；伟大抗疫精神；思想政治教育

习近平总书记在庆祝中国共产党成立 100 周年大会上的重要讲话中指出："一百年前，中国共产党的先驱们创建了中国共产党，形成了坚持真理、坚守理想，践行初心、担当使命，不怕牺牲、英勇斗争，对党忠诚、不负人民的伟大建党精神，这是中国共产党的精神之源。"[1]伟大建党精神来源于中国共产党建党的伟大实践，是我们党 100 多年以来奋斗发展的伟大精神写照。在建党百年之际，高校作为开展思想政治教育的主要阵地，要把弘扬伟大建党精神贯穿思想政治教育的全过程。

新冠肺炎疫情是 21 世纪以来发生的最严重的、涉及全球的疫情。新冠肺炎疫情也是自新中国成立以来我国发生的传播速度最快、范围最广的重大突发公共卫生事件。面对突如其来的严重疫情，在以习近平同志为核心的党中央领导下，全国各族人民团结协作、无私奉献、不怕牺牲、敢于逆行，同新冠病毒做斗争，

---

①　李文晴，浙江工商职业技术学院思政课教师，研究方向为思想政治理论课教学。

铸就了"生命至上、举国同心、舍生忘死、尊重科学、命运与共"的伟大抗疫精神。[2]充分发挥学校思政课的作用,把伟大抗疫精神充分运用到思政课教学的过程中,是弘扬伟大抗疫精神和伟大建党精神的必然要求,也是学校思政课教师的责任担当。

在疫情防控常态化的背景下,要把弘扬伟大抗疫精神灵活运用到思政教育中,面临着新的挑战。在中国共产党成立100多年的新时代,面对新情况、新挑战,我们思政课教师需要站在新的时代高度,从伟大抗疫精神与伟大建党精神深层次联系的角度,逐步深刻理解伟大建党精神的思想实质、内涵特点及历史价值,进而通过弘扬伟大建党精神来对全体学生进行思想教育和引领,充分努力落实践行好立德树人的根本任务,发挥好伟大建党精神的育人功能,引导学生在大学期间学会坚持求真问知、勇于担当时代使命、努力锤炼坚强意志、大力厚植家国情怀,从而激励学生不断砥砺前行。

一、坚持真理、坚守理想

伟大建党精神来源于中国共产党建党的伟大实践,是对建党实践中中国共产党人所体现出的精神品质的高度概括,它集中反映了中国共产党的性质和宗旨。其中,坚持真理、坚守理想,属于理想信仰层面的内容,是伟大建党精神的"魂"。坚持真理就是指坚持马克思主义真理,坚守理想就是指坚守共产主义理想,都是对中国共产党先驱们的理想信念、价值追求的集中表达。革命理想高于天。在党的百年光辉奋斗历程中,把一个个"不可能"变成了"可能"。在新冠肺炎疫情刚暴发时,面对每天不断增长的确诊患者人数,面对被病毒夺走的年轻生命,面对那些在惶惶不安中的人们,中国共产党一直坚信,只要我们在党和政府的领导和关怀下,全国各族人民团结起来,一定可以战胜一切困难,可以战胜病毒,可以研制出有效的疫苗来预防新冠病毒。

伟大抗疫精神中的"尊重科学",就集中体现了伟大建党精神中"坚持真理、求真务实、开拓创新"的实践精神。在这场抗疫的攻坚战工作中,我们始终秉持尊重科学的精神和态度,把自觉遵循科学发展规律始终贯穿在防疫抗疫工作的各方面、全过程。在临床未能发现特效药的情况下,我国在遵循科学发展规律的基础上创造性地将中医与西医相结合进行治疗,并先后多次制定新的诊疗方案。

我国创造的这种中西医结合治疗的方法被应用于临床不仅有效且非常安全,被多个国家或地区借鉴学习和推广使用。从抢建方舱医院,到积极探索研发新诊疗方案;从组织大规模的核酸检测、大数据追踪溯源,到差异化风险防控、有序规范地推进各行各业复工复产,都体现了对科学精神的尊重和弘扬,都是我们党始终坚持马克思主义指导思想、牢固树立共产主义远大理想和中国特色社会主义共同理想的重要体现,无疑为战胜疫情提供了强大的科技支撑动力。

二、践行初心、担当使命

践行初心、担当使命,属于行为遵循层面的内容,是伟大建党精神的根本。抗疫期间,有无数先锋模范舍小家为大家,忘我奉献,勇担使命。武汉金银潭医院院长张定宇是渐冻症患者。为了医院可以正常地接收和治疗新冠肺炎病人,他每天依然坚守在岗位上,默默忍受病痛,无私奉献。广大基层医务工作者凭借着保护全国人民生命健康安全的赤诚之心和对生命的敬畏,争分夺秒,昼夜艰苦地作战。在最炎热、最难熬的夏季,他们全身里里外外紧实地裹上很多层医用防护服,他们的脸上已被厚厚的医用口罩勒出很多伤痕甚至皮肤溃烂,他们的双手也因受到汗水长时间浸泡而发白,很多年轻的女性医护工作者为了工作时能更敏捷,毅然决然地剪掉了自己美丽的长发,更有年轻的基层医务工作者献出了自己宝贵的生命。广大基层医务人员用钢铁般的血肉之躯共同筑起了一道阻击病毒的长城,挽救了一个又一个生命。[3]他们不止是出于自己的职业操守,更是践行初心、担当使命。

伟大抗疫精神中的"命运与共",则集中反映了中国人民为中华民族谋复兴而勇担起和衷共济、爱好和平的道义担当,也体现了伟大建党精神中的"践行初心、担当使命"。在这场抗疫攻坚战中,我们始终秉承以人为本的理念,不仅对中国人民的生命健康安全负责,也对各国人民的生命健康负责,同时还对全球公共卫生事业尽责。我们本着信息公开透明、负责任的科学态度,积极地履行好国际义务,第一时间向世界卫生组织主动通报发布疫情信息,第一时间及时公布新的诊疗方案和防控方案。我国向超过 150 个国家(地区)和相关国际组织提供紧急医疗救援,先后派出 36 个医疗专家组,并积极参与国际疫苗研发合作。我们以实际行动有力地彰显了中国推动构建人类命运共同体的真诚愿望!

三、不怕牺牲、英勇斗争

不怕牺牲、英勇斗争,属于精神风貌层面的内容,是伟大建党精神的核心要义。不怕牺牲,是指为了正义事业,勇于舍生取义、杀身成仁的献身精神;英勇斗争,是指为了救国救民,不畏强暴、不避艰险,敢于斗争、敢于胜利的英雄气概。在革命年代,有写下感人肺腑、饱含家国情怀的《与妻书》的林觉民,做好了为革命而牺牲自己、牺牲小家的准备。他纵使依依不舍自己的妻儿,却毅然决然地与妻儿诀别。战乱时期,我们还有很多像林觉民这样的革命烈士为国捐躯。在和平时期,有王伟那样的"海空卫士"为守护我们国家的疆土而奉献了自己年轻的生命。在新时代,有像黄文秀那样的1800多名将生命永远定格在脱贫攻坚战的扶贫干部无私奉献、不怕牺牲。在疫情期间,为了抗疫工作,很多医护工作者、警察、军人勇敢地站在抗疫前线,不怕病毒,时刻做好了为抗疫而牺牲自己的准备。

伟大抗疫精神中的"舍生忘死",就集中反映了中国人民不被困难所压倒、敢于迎难而上的顽强意志,这正体现了伟大建党精神中的"不怕牺牲、英勇斗争"。在这场同严重疫情的殊死搏斗中,各基层战线中涌现的一线抗疫斗争先锋始终临危不惧、视死如归,愿意牺牲生命以赴抗疫大使命,本着奉献博爱的精神去爱护人民群众。346支国家医疗队、40000多名医务人员毅然奔赴抗疫前线。在武汉金银潭医院,有被授予"人民英雄"国家荣誉称号的张定宇;在全国各条抗疫战线上,还有千千万万个"张定宇"共同筑起抗击疫情的"钢铁长城"。

伟大抗疫精神中的"举国同心",集中体现了中国人民万众一心、不怕困难、同甘共苦、团结斗争的气概。这也体现了伟大建党精神中救国救民、不避艰险、敢于斗争、敢于胜利的"英勇斗争"的英雄气概。新冠肺炎疫情刚暴发时,湖北是疫情防控的"主战场"。一方有难,八方支援:10天时间建成火神山和雷神山医院,19个省市对口帮扶除武汉外的16个市州,举全国之力提供最优秀的医务人员和最急需的物资、设备。全国460多万个基层党组织奋战一线,400多万名社区工作者日夜值守在全国几十万个社区网点。[3]人民解放军、公安干警集体上阵奋勇当先,广大科研人员奋力科研,数百万名快递员每天冒着生命危险日夜奔忙,新闻工作者每天深入抗疫一线,千千万万个普通人在默默地奉献着。面对这场生死考验,广大人民群众不畏惧、不退缩,以各种方式为疫情防控尽心出力。

四、对党忠诚、不负人民

对党忠诚、不负人民,属于情怀层面的内容,是伟大建党精神的道德底蕴。对党忠诚,就是对党的信仰、宗旨、基本纲领、所领导的伟大事业忠诚;不负人民,就是不辜负人民的重托,全心全意为人民谋幸福,这是中国共产党的先驱们立党为公、奉献人民的崇高情怀的集中表达。[3] 100 多年来,不论是"砍头不要紧,只要主义真"的英勇无畏,还是"未惜头颅新故国,甘将热血沃中华"的正义凛然,对党忠诚,早已融入中国共产党人的血液里。100 多年来,中国共产党可以攻克无数难关,根本原因就在于始终坚守初心使命,始终与人民同甘共苦、团结奋斗,深深植根于人民之中。

伟大抗疫精神中的"生命至上",集中体现了中国共产党人以人民为中心的价值追求,体现了伟大建党精神中的"对党忠诚、不负人民"。在这场同新冠肺炎疫情的殊死较量中,我们始终坚持人民至上、生命至上,将人民群众生命安全和身体健康放在第一位。我们全力以赴救治每一位患者,不论是刚出生不到两天的婴儿,还是 100 多岁的高龄老人,不论是从海外来的留学生,还是来华外国人员,每一个宝贵的生命都得到国家政府的全力保护,每个人的生命、价值和尊严都得到悉心呵护。这是中国共产党执政为民理念的最好诠释。

100 多年来,中国共产党弘扬伟大建党精神,在长期奋斗中构建起中国共产党人的精神谱系,为我国革命、建设、改革和新时代中国特色社会主义伟大事业提供了强大的精神力量支撑。伟大建党精神是中国共产党人的精神谱系的源头。中国共产党人精神谱系中的任何一种红色精神,都有其鲜明的时代内涵和特殊品格,都渗透着伟大建党精神的红色基因,都是弘扬伟大建党精神的产物。

伟大抗疫精神,是中国共产党人的精神谱系中耀眼的一种,是以习近平同志为核心的党中央团结全党、全国各族人民在新冠疫情防控实践中凝练而成的伟大精神。伟大建党精神与伟大抗疫精神都属于中国共产党人的精神谱系,两者之间是一种"源"与"流"的关系。伟大抗疫精神集中体现了中国共产党人坚守理想、践行初心、为人民谋幸福的价值追求,集中体现了中国共产党先辈们不被任何困难压倒的顽强意志和对党忠诚、无私奉献的道义担当,它是伟大建党精神在新时代的传承与发展。

　　学校思政课教师应引导学生用历史的眼光去看待伟大抗疫精神,把弘扬伟大抗疫精神同弘扬伟大建党精神有机衔接起来。第一,要引导大学生在弘扬伟大抗疫精神的实践中,坚定马克思主义的信仰。马克思主义始终是我们党和国家的指导思想,是我们认识世界、改造世界的强大思想武器。100多年来,中国共产党人坚持真理、坚守理想,始终把马克思主义基本原理同中国具体实际相结合、同中华优秀传统文化相结合。[4]我们党团结带领全国各族人民经过长期奋斗,实现了中华民族从站起来、富起来到强起来的伟大飞跃。在实现第二个百年奋斗目标、实现中华民族伟大复兴的新征程中,我们必须坚持马克思主义,做马克思主义的坚定践行者。第二,要引导大学生在弘扬伟大抗疫精神的实践中,坚定以人民为中心的价值立场。新时代的大学生要以实现中华民族伟大复兴为己任,要树立全心全意为人民服务的人生价值观,把青春奋斗融入党和人民事业,成为实现中华民族伟大复兴的先锋力量。第三,要引导大学生在弘扬伟大抗疫精神的实践中,锻炼不惧风险、敢于斗争、勇于胜利的坚强品质。我们党诞生于国家内忧外患、民族危难之时,不怕牺牲、英勇奋斗是其天生的秉性。今天,我们比任何时候都更加接近、更有信心和能力实现中华民族伟大复兴的中国梦。在新的征程上,我们要继续大力弘扬不怕牺牲、英勇斗争,勇于战胜一切艰难险阻的精神。

参考文献

[1] 中共中央党史和文献研究院.伟大建党精神:中国共产党的精神之源[J].求是,2021(14):48-53.

[2] 习近平.在全国抗击新冠肺炎疫情表彰大会上的讲话[N].新华日报,2020-9-8(3).

[3] 吴潜涛.理解伟大抗疫精神深刻内涵的四重维度[J].中国高等教育,2021(15):27-29.

[4] 雷蕾.深刻领悟伟大建党精神　上好大学生"开学第一课"[N].湖北高校思政,2021-8-31(3).

历史教育在高职院校思想政治教育中的价值研究

熊　俊[①]

摘　要：习近平总书记曾在全国教育大会上指出,思想政治工作是各级各类学校全部工作的生命线,思想政治工作要从为党育人、为国育才的政治高度,深刻认识和把握办好思政课的极端重要性。历史教育作为思想政治教育的一种重要补充,在当前思想政治工作中发挥着重要的作用。历史教育为思想政治教育实现构建政治认同、国家认同和民族认同发挥着基础性的作用。

关键词：历史教育;思想政治教育;历史虚无主义;历史素养

一、历史教育在高职院校思想政治教育中的现状

随着市场经济的发展,我国的各个领域发生了巨大变化,国内与国外、传统与现代相互碰撞和融合,在思想文化领域也表现出多元化、多样化的碰撞和发展,这些都不可避免地对社会特别是青年学生产生巨大影响。因此,高校的思想政治教育工作在提高学生思想政治素养,培养学生形成正确的世界观、人生观和价值观方面发挥着重大作用。历史教育作为思想政治教育的一种重要补充,在当前思想政治工作中不可或缺。但是,当前高职院校的历史教育工作依然存在着不足之处。

---

①　熊俊,浙江工商职业技术学院思政课教师,研究方向为马克思主义理论与社会思潮。

(一)学生对历史学习缺少重视

"历史是一个民族安身立命的基础"。虽然我国的历史学科教育贯穿小学、初中和高中,但是这一时期的历史教育更多地体现为对某一历史人物或历史事件的微观学习,缺乏对历史发展规律的宏观把握和认识。高职院校的学生中,不仅包括普高生,还包括三校生和"3＋2"的学生,大部分没有接受过系统的历史教育,对历史学习的重要性缺乏正确的认识。历史教育是大学生思想政治教育中一门重要的课程,但高职院校由于其特殊性,只开设了"思想道德修养与法律基础"与"毛泽东思想和中国特色社会主义理论体系概论"两门课程,而"中国近现代史纲要"这门课却没有开设,使学生缺乏对我国的历史特别是近现代史的系统性学习。

(二)学校教学理念重技能轻人文

高职院校在教学理念上注重对学生的技能培养和专业知识的灌输,旨在为国家提供具备专业知识及专业技能的优秀人才。因此,在课程安排上,存在着人文教育及思想教育课程被压缩的情况,弱化了历史、人文和艺术等教育功能。学生往往对本专业课程和实践性强的课程比较重视,希望通过实践来增长自己的学习经验,但对相关历史教育的实践兴致欠缺。同时,由于高职院校的专业属性,学科设置上多为电子、机械和医药等理工科,文科类的学科多为经管类,相应的人文教育特别是历史教育方面的专业教师比较少,因此历史教育类课程就出现较少开设的情况。

(三)历史的价值遭到消解

近年来,消费历史的现象此起彼伏。在消费主义思潮的影响下,人们把作为人类意义载体的历史当成普通商品来消费娱乐,历史所具有的教化功能和警示意义不断遭到消解。各种类型的历史题材影视剧、网上对"历史经典"的恶搞,以及打着"学术研究"的旗号,以"重新评价"为幌子歪曲历史等,都极大地影响了学生正确历史观的树立。比如,"军阀姨太太"风的兴起,正是因为大部分青年缺乏对那段黑暗历史和当时社会背景的了解,从而出现盲目跟风的现象,使历史成为"任人打扮的小姑娘",可以随意涂抹。

二、历史教育缺失带来的价值危机

历史教育的缺失加上历史消费主义的盛行,使历史不再具有说教意义,却成了人们肆意玩弄的对象,而具有民族精神载体意义的历史文化经典则成为影视、小说的创作素材,被商业资本制作成"文化快餐"供人们消费。大部分青年学生接触的都是碎片化的甚至是被改编的历史,从而导致历史感丧失,也削弱了青年学生对本民族文化的认同感,产生一系列的价值危机。

(一)削弱了民族文化认同感

"欲知大道,必先为史;灭人之国,必先去其史;隳人之枋,败人之纲纪,必先去其史;绝人之才,湮塞人之教,必先去其史。"[1]历史是一个民族共同的记忆,是一个民族共同的精神架构。中国的传统文化在历经了几千年之后仍流传至今,保存相对完好。在中国历史发展的长河中,形成了具有凝聚力、向心力和顽强生命力的中华民族文化,并内化为中华民族的行为方式和价值标准。当前高职院校历史教育的缺失,使青年学生很难接受系统的历史教育,无法对中国的传统历史文化有一个正确的认识,很多学生缺乏相应的历史素养。长久以来,高职学生中存在"外国的月亮比较圆"的思想,甚至崇洋媚外,低看本民族文化,认为本民族的文化是糟粕,却刻意抬高西方的文化。这种现象的产生固然有其历史原因,但最根本的原因是我们对本民族文化不够认同,在中国优秀传统文化的传播上做得还不够。

(二)背离了主流历史观

历史观是指人们对历史发展进程的根本观点和总的看法。历史观反映在文学创作中就是创作者价值观的一种体现,不同的时代、不同的意识形态会产生不同的历史观。毛泽东曾说过:"文化思想阵地我们不去占领,敌人就会占领。"同样,主流历史教育的缺失,会导致其他意识形态的历史观在青年学生中大肆盛行。比如,网友因不了解历史而自称为"扬州瘦马""军阀姨太太",羡慕和向往"军阀姨太太"的生活。在某视频软件上,一群女孩身着旗袍,伴随着动感的音乐,摆出各种风姿韵态的造型,称自己是"军阀姨太太"。之所以会出现这种现象,就是因为某些小说美化了军阀及军阀姨太太,展现了钱权和霸道总裁的思想文化。如果这些人了解当时军阀姨太太的悲惨生活,应该就不会自称为"军阀姨太太"了。当前一些历史题材电视剧的兴起虽然唤起了大众的历史记忆,但也产生了一些不正确的价值取向,如官本位思想、皇权崇拜思想、奴性依附思想和权谋文化等在社会中蔓延,充斥着"宫斗""宅斗"和"权谋"等思想,它体现的是人治式的专断,这与我们现在所提倡的民主法治背道而驰。

(三)消解了"主流意识形态"

"主流意识形态"对社会的发展和人们的交往起着主导性作用,并能够使中国共产党的意识形态"在社会意识形态谱系中尽显优势地位,这便是'主流意识形态建设'的核心要义所在"[2]。主流历史教育的缺失不利于主流意识形态的构建,为历史虚无主义的盛行提供了可乘之机。在历史虚无主义的背景下,西方的多元文化观念企图虚无我们的民族史、党史和革命史,这是西方资本主义国家在社会主义国家进行和平演变的一种手段。在学术上,一些学者打着"反思历史"的旗号来否定我国的革命史,站在抽象人性论的立场上要求重评历史人物,为已有定论的历史人物"翻案"。他们通过强调和突出与"主流意识形态"相反的历史论点来吸引大众的眼球,提高自己的知名度;通过主张"价值中立判断","超阶级""超党派"来评价历史人物,企图以自己的"非意识形态"评价来显示自己的"客观公正"。这种做法实质上是在传播西方的意识形态和观念,不仅容易导致广大群众特别是青少年学生在历史观和价值观评价方面的混乱,消解了社会"主流意识形态"的主导作用,而且降低了人民对当前政党意识形态的认同感,从而消解了社会主义核心价值观。

三、历史教育在高职院校思想政治教育中的作用

历史教育作为思想政治教育中的重要补充,对培养学生正确的历史观发挥着重要作用。历史观包含人们对历史的判断评价和态度,是社会意识的重要内容。只有懂得历史,对历史发展规律有着正确认识,才能更好地把握当代中国的发展方向,才能深刻地理解当代中国发展的历史使命。

（一）正确认识历史并抵制各种错误思潮

文化领域充斥着各种思潮，其中不乏历史虚无主义、西方宪政民主、新自由主义等错误思潮，前教育部部长陈宝生多次强调要坚决抵制和防范各种错误思潮对教材的渗透。青年学生正处于世界观、人生观、价值观和历史观的形成阶段，历史教育可以通过对中国优秀传统文化的发掘、对中国近代史的剖析及对中国革命史的弘扬，使学生对历史发展规律有一个系统性的认识，并且能够运用历史思维来分析问题。只有对历史有深入的了解，对历史规律有深刻的把握，才能识别隐藏的错误思潮并自觉抵制。

（二）树立正确历史观并坚定理想信念

思想政治教育的一个重要任务，就是要帮助广大青少年特别是大学生树立正确的世界观、人生观和价值观，确立爱国主义和社会主义相统一的理想信念。这种理想信念，要以正确的历史观和丰富的历史知识作支撑，因此历史教育作为思想政治教育的一种重要补充，在当前思想政治工作中发挥着重要的作用。历史教育，使广大学生厘清历史"从哪里来、到哪里去"的发展脉络，去芜存菁、去伪存真，引导青年学生深刻理解和把握历史规律及历史趋势，总结并牢记历史经验与教训，培养正确的历史观。坚定的理想信念离不开理论学习，离不开对历史规律的正确认识。没有理论上的彻底认识，就没有政治上的坚定站住，也就很难树立坚定的理想信念。对中国历史特别是对党史、中华人民共和国史、改革开放史和社会主义发展史的学习，可以引导青年学生坚定政治信仰，真正地将个人梦和国家梦结合在一起，努力学习、不断奋斗，成为新时代中国特色社会主义的建设者和接班人。

（三）增强人文素养

历史教育能够更好地培育青年学生的历史素养。历史素养是指通过日常教化和自我积累而获得的历史知识、能力、意识及情感价值观的有机构成与综合反映。其所表现出来的，是能够从历史和历史学的角度发现问题、思考问题及解决问题的富有个性的心理品质。既然是心理品质，就可以在历史教学中加以培养和锻炼。[3]简单说来，就是通过历史教育在获得历史知识的基础上能够正确认识历史发展规律,正确认识历史发展中人的存在,理解生命存在的含义,凸显人文关怀。历史知识作为历史素养教育的根本,在历史素养的培育中起着关键性的作用。我们学习历史知识不仅仅是为了应付考试或是"以史为鉴",它同时也是一种基本的人文素养,有利于提升我们个人的历史内涵,以及教会我们如何做人、做什么样的人,具有人文情怀的功能。历史素养是人文素养的基础和主干,对历史素养的培育有利于塑造健康的人格,从而抵制人们精神上的虚无思想。

四、强化高职院校历史教育的途径

(一)增强历史教育的实践性

高职院校的历史教育大多以讲解某个理论时作为事例而出现,很少开设专门的历史教育课程,同时历史教育的方式单一化,缺少实践性,因而不能激发学生的学习兴趣。高职院校的历史教育可以将校史、学校所在城市发展史与中华人民共和国史三者有机结合。一是通过对校史的学习,让学生了解学校的办学历程、教育理念及学科强项,增强学生的归属感和身份认同感,更好地促进学生学习;二是深入挖掘学校所在城市的历史文化底蕴,提升学生学习历史的兴趣,进而提高其历史素养和人文素养;三是将本校的发展变化与中华人民共和国的发展变化相结合,使学生感受历史的变迁,培养学生的家国情怀。通过这种方式,摆脱传统历史教育的窠臼,在学习历史的过程中更加注重学生的体验感和获得感,使其对历史有一个正确的感知。

(二)改善教育教学方法,提升教师质量

我国的历史教育贯穿小学、初中和高中,学生对历史的学习和吸收源自教师的讲解,所以要想提高学生对历史教育这门课程的认同感和学习程度,首先要从对教师的培养入手。高职院校的历史教育大多依托于思想政治理论课,但是当下高校思政课教师的学科背景主要以思想政治教育、哲学、历史学、心理学等为主,而党史专业教师数量较少,所以在进行历史教育时只能略讲皮毛,浮于表面,真正历史教育核心的部分很难讲透、讲懂。因此,在教师队伍建设中,应注重对相关专业进行选择或有计划地对教师进行党史培训,提升教师素养。

在教学方法的选择上应该更加多样化,对历史的学习更强调对历史环境的了解,光凭语言很难让现在的学生去认识和了解当时的社会背景。因此,可以借助历史影片、纪录片或者排练小剧场的形式让学生更加直观地去感受历史,提升学生上课的体验感和实效性。

(三)将历史教育融入思想政治教育

加强对学生的历史素养教育,能够使他们用历史的眼光来看待和辨别历史事实,形成正确的历史认识,从而正确认识社会历史的本质和发展规律,同时有助于唤醒青年学生对历史的集体记忆,激发其忧患意识,培养学生的爱国主义精神。特别是中国的革命史,充满着英雄浪漫主义,这种浪漫是对家国的热爱,是不怕牺牲、担当使命的主人翁意识,其中蕴含了非常好的思想政治教育及爱国主义教育题材。邓小平同志曾说过:"强调历史教育是当代中国发展的重要精神动力。"其原因便在于,历史教育中存在相当深厚的爱国主义教育意义。因此,要将历史教育融入思想政治教育当中,让即将踏入社会的学生认识到历史使命,承担起历史赋予的责任。

参考文献

[1] 熊俊.当前历史消费主义思潮及其探析[D].武汉:华中科技大学,2018.

[2] 李冉.谁之主流　何以主流:主流意识形态的问题研判与建设愿景[J].清华大学学报(哲学社会科学版),2014,29(5):84-890,177.

[3] 吴伟.历史学科能力与历史素养[J].历史教学(中学版),2012(11):3-8.

提升高职院校党史教育融入"概论"课有效性研究

郑 炳①

摘 要：思想政治理论课是高校资政育人的主战场、主渠道。高职院校由于其培养技能型人才的办学定位，党史教育融入思想政治理论课也相应地呈现出不同的特点和问题。本文以"概论"课为例，阐述了高职院校思政课出现的三点不足，包括："概论"课史论分离，重史轻论；党史教育融入"概论"课教学缺乏大历史观；党史教育融入"概论"课教学欠缺对学生个体微观生活的关注。在此基础上提出：党史教育融入"概论"课要坚持理论高度，将马克思主义基本原理融入课堂教学；党史教育融入"概论"课要有大历史观，要在人类社会发展历史中分析比较；党史教育融入"概论"课要关注学生微观生活。

关键词：党史教育；高职院校；概论课

思想政治理论课作为高职院校育人的主渠道，承担着培养大学生良好的政治理论素养的责任，向大学生灌输马克思主义理论及其中国化的理论成果，并使其能自觉运用马克思主义立场、观点和方法分析解决问题；肩负引导大学生树立无产阶级世界观、人生观和价值观，使其成为社会主义接班人和建设者的职责。中国共产党百年史既是党的发展壮大史，也是马克思主义理论实践与创新史、理想信念奋斗史，其中蕴含着取之不尽、用之不竭的思想政治课教学元素。将党史教育融入思政课堂是思想政治理论课教学的应有之义。"毛泽东思想和中国特色社会主义概论"课程(下文简称"概论"课)以近现代中国新民主主义革命、社会主义革命、社会主义建设和改革开放的历史为线索，阐述中国化马克思主义的一

---

① 郑炳，浙江工商职业技术学院思想政治理论课助教，研究方向为马克思主义中国化。

系列理论成果。这种史论结合的课程编排形式使得教师在授课过程中必须将党史与中国化马克思主义演进历程有机结合,从而赋予抽象的理论以饱满的血肉。对于"思想道德修养与法律基础"来说,在党领导中华民族走向复兴的征途中涌现出一大批拥有远大理想、崇高信念、矢志不渝践行革命精神的英雄人物及其光荣事迹。这与"思想道德修养与法律基础"课程教学内容是理论与现实的呼应关系,革命英雄事迹给予"思想道德修养与法律基础"以现实支撑,"思想道德修养与法律基础"又给予新的现实以正确的价值引导。因此,党史教育与高职院校思想政治理论课具有一致性,是高校思想政治教育的两个方面,相辅相成,共同促进思想政治教育资政育人作用。党史教育融入高职院校思想政治理论课在教学原则、教学方法等各方面有了较为丰硕的理论成果,但是在教学实践中仍然存在一些亟待解决的问题,从而影响了党史教育融入思政课的有效性。

一、高职院校党史教育融入"概论"课教学存在的不足之处

首先是史论分离,重史轻论。高职院校培养技能型人才的办学定位,导致高职院校注重培养学生实践型、应用型技能,重在"行",而轻视了思政政治理论的学习。高职学生历史背景知识相对欠缺,理论基础薄弱,因而学习党史所需投入的时间和精力成本更高,导致高职学生在学习过程中不得其法,大大消磨了学习兴趣和热情。由于学生更喜爱感性、具体的历史故事,教师往往投其所好地设计教学内容,重视历史故事的教学而轻视马克思主义理论的教学。因此,学生无法透过具体的历史现象来抓住表象中的历史必然性,树立真正的马克思主义立场、观点和方法。

其次,党史教育融入"概论"课教学缺乏大历史观。2021 版教材《毛泽东思想和中国特色社会主义概论》囊括了中国共产党成立之初至今的理论发展过程,基本呈现了党的百年筚路蓝缕的艰辛探索史。马克思指出:"人们自己创造自己的历史,但是他们并不是随心所欲地创造,并不是在他们自己选定的条件下创造,而是在直接碰到的、既定的、从过去继承下来的条件下创造。"[1]人们在某一历史时期思想得到改变,做出特定的历史选择,进行一种社会实践并不是空穴来风、突然发生的,而是有着深刻的历史根源。缺乏大历史观的铺垫和解释,学生就难以理解近代先进知识分子为何选择马克思主义、为何要进行马克思主义中

国化、人民群众为何会选择中国共产党等一系列问题。

最后,党史教育融入"概论"课教学欠缺对学生个体微观生活的关注。现代信息技术发展使得个体权利意识觉醒,"00 后"大学生更加注重个性和关注个人。而"概论"课主要以宏观历史视角向学生分析中国共产党的百年历史征程,促进学生对中国化马克思主义历程、内涵的理解。正是这样偏重宏大的叙事方式造成对微观个体诉求关注的欠缺,进而使得学生对思想政治理论课不"感冒",造成学生产生思政课是国家大事、与个人关系不大的错误想法。

二、提升高职院校党史教育融入"概论"课教学有效性的对策

(一)党史教育融入"概论"课要坚持理论高度,将马克思主义基本原理融入课堂教学

马克思主义基本原理的科学性是思政课说服人、教育人的根本基础。2005年《中共中央宣传部教育部关于进一步加强和改进高等学校思想政治理论课的意见》规定,本科院校需开设"马克思主义基本原理"(下文简称"原理"课)、"毛泽东思想和中国特色社会主义概论"(下文简称"概论"课)、"中国近现代史纲要"(下文简称"纲要"课)、"思想道德修养与法律基础"(下文简称"基础"课)四门必修课,而专科院校只需开设"概论"课和"基础"课两门必修课。高职院校相较于普通本科院校缺少"原理"课和"纲要"课两门课程。"原理"课系统地解释了马克思主义的科学内涵、创立及其发展特征,有利于引导学生从认识论层面学习马克思主义,树立马克思主义世界观和方法论,进而有助于深刻理解思政课上的党史教育内容,进一步提升党史教育成效;有机融入资本主义的本质及发展规律,解释剩余价值的产生和剥削过程,揭露资本主义生产方式的基本矛盾和由此产生的不可克服的经济危机,有助于学生理解 1921 年李大钊、陈独秀、毛泽东等中国进步知识分子选择马克思主义的必然性和必要性,理解中国共产党诞生开天辟地的重大意义;教授历史唯物主义相关知识点,了解人类社会形态更替的普遍规律及特殊形式,有助于深刻理解"概论"课中新民主主义革命为什么是资产阶级革命,有助于深入认识社会主义改造的伟大意义。学生在"原理"课上学习群众和领袖在历史中展现出的不同功能,学习马克思主义唯物辩证法,有助于学生分清事物的主流和支流,以此对党的历史上重大历史事件和重要领袖人物做出客

观、科学的评价;学习实践与认识的辩证关系,有助于学生自觉得出"一切从实际出发,实事求是"的结论,有助于理解马克思主义中国化坚持实事求是思想路线的必要性和重要性。习近平总书记指出,中国共产党为什么能,中国特色社会主义为什么好,归根到底是因为马克思主义行。这一论述阐明了中国共产党经历百年奋斗最终取得成功的根本原因。中国共产党领导中国人民实现民族独立、国家富强、人民幸福的过程正是中国共产党人运用马克思主义基本原理透视中国、改造中国的过程;中国共产党实现马克思主义理论两次飞跃——创立毛泽东思想和中国特色社会主义理论的过程就是坚持和运用马克思主义基本原理的过程。只有讲清楚马克思主义基本原理,才能使党史教育不仅仅停留于故事叙述上,才能从根本上使学生信服,让学生感受到"真理的甜味"。因此,在思政课堂中要用通俗易懂的语言和形式将马克思主义基本原理有机地与"概论"课和"基础"课内容结合起来,提升党史教育在思政课中的教育效果,提高学生的理论自信、道路自信、制度自信和文化自信。

(二)党史教育融入"概论"课要有大历史观,要在人类社会发展历史中进行分析比较

2021年3月,习近平总书记在参加十三届全国人大四次会议青海代表团审议时的讲话指出,要通过在全社会开展党史、中华人民共和国史、改革开放史、社会主义发展史教育,引导广大人民群众特别是青少年弄清楚中国共产党为什么"能"、马克思主义为什么"行"、中国特色社会主义为什么"好"等基本道理,坚定不移听党话、跟党走,在全面建设社会主义现代化国家伟大实践中建功立业。党史教育融入"概论"课教学,是把马克思主义中国化理论成果讲清楚、说服人的重要举措。做好"概论"课中的党史教育需要坚持大历史观,以联系的、整体的思维方式分析中国共产党的百年征程,也就是从人类社会发展的总过程中认识党史,解决中国共产党何以是中国人民的选择、中国特色社会主义道路何以开创马克思主义的新境界等重大理论问题。正如习近平总书记反复强调的:"思政课教师的历史视野中,要有5000多年中华文明史,要有500多年世界社会主义史,要有中国人民近代以来170多年斗争史,要有中国共产党近100年的奋斗史,要有中华人民共和国70年的发展史,要有改革开放40多年的实践史,要有新时代中国特色社会主义取得的历史性成就、发生的历史性变革,通过生动、深入、具体的纵横比较,把一些道理讲明白、讲清楚。"[2]"概论"课教师运用大历史观讲清楚前因

后果、来龙去脉，有助于高职院校学生沿着人类社会历史发展规律学懂弄通党的历史上发生的重大事件和提出的重大理论。

1. 从 5000 年中华文明史中引导学生理解中国共产党百年进程中的"复兴"主题，坚定参与社会主义现代化建设，实现中华民族伟大复兴中国梦的信念

中华民族拥有 5000 年的历史文化传统，而且在绝大部分历史时期，中国是同一历史时期内数一数二的强国，在政治、经济、文化等各方面均独占鳌头。第一次工业革命以来，中华民族未能跟上世界发展大趋势，成为西方列强鱼肉欺侮的对象，因此，争取国家独立、实现民族复兴成为当时四万万中国人的奋斗目标。中国共产党正是在挽救民族危亡的大背景下诞生的。中国共产党自成立开始就将谋求民族伟大复兴作为己任，在新民主主义革命、社会主义革命和建设、改革开放时期、中国特色社会主义新时代都矢志不渝地推动实现这一目标。只有基于 5000 年中华文化大背景下，才能帮助学生正确认识中华民族的历史和伟大成就，树立文化自信；只有基于 5000 年中华文化大背景下，才能帮助学生正确解读中国共产党的人民性，抓住主流主线，正确评价党史；只有基于 5000 年中华民族的强盛地位，才能理解实现中华民族伟大复兴、实现中国梦的历史意义，明白习近平总书记为实现中国梦提出的"五位一体"总体布局、"四个全面"战略布局的重大意义。

2. "概论"课要牢牢把握世界社会主义 500 年发展史

解读世界社会主义发展史应当从两方面入手，一方面是资本主义产生、发展和逐步消亡的历史，另一方面是社会主义从空想到科学、从理论到实践、从胜利到曲折到新的胜利的历史。马克思指出："资本来到世间，从头到脚，每个毛孔都滴着血和肮脏的东西。"[3] 在"概论"课中向学生揭示资本主义产生、发展过程中泯灭人性的带着人血的资本原始积累史，揭露资本主义发展过程中剥削工人阶级的残忍手段，挖掘资本主义自身无法克服的矛盾。将中国特色社会主义的现代化道路与此对比，以显示出社会主义强大的生命力和吸引力，增强理解中国先进分子为何选择共产主义，理解中国社会主义制度的优越性，理解中华民族为何坚持党的领导，等等。与此同时，还要向学生讲述世界社会主义理论和实践正反两方面的故事，引导学生走向科学社会主义道路。例如，在"概论"课中向学生介绍苏联社会主义兴衰史，结合我国社会主义建设史，加强学生对科学社会主义的

认识,同时帮助学生清晰、正确地认识西方意识形态的虚伪性,提防"颜色革命"对我国社会主义建设的破坏。

3.要讲好中华人民共和国史和改革开放史

如何评价中华人民共和国史与改革开放史,特别是社会主义建设史和改革开放史之间的关系,直接关系到评价百年党史的成败,也关系到毛泽东思想和中国特色社会主义理论体系的衔接问题。习近平总书记为讲好两个历史时期确定了基本原则:改革开放前后的两个历史时期既相互联系又相互区别,不能相互否定。"概论"课教师应当立足于这一原则,通过历史事实向学生说清、理顺改革开放两个历史时期的共同点和区别,同时理顺毛泽东思想和中国特色社会主义理论体系一脉相承又与时俱进的关系。

(三)党史教育融入"概论"课要关注学生微观生活

现代信息技术加速了个体权利意识和政治意识的觉醒,打破了国家意识与个人意识之间单向输送的传统模式,建立了个体与国家之间家国意识和政治认同的双向构建。"从社会现实来看,每一个个体国家意识的确立突出地表现为对国家主导价值的认同与接受,而这种积极情感的确立直接源自个体对微观生活的获得感、安全感和幸福感。反向来看,微观生活也越来越成为个体实现政治参与的重要空间。可见,微观生活在塑造现代社会个体国家意识上发挥着愈加重要的作用。"[4]在"概论"课教学过程中,教师代表国家意识需要关注学生个体生活对国家政治的体验,并在课堂中对学生的诉求给予回应。

1.以党史教育引领学生精神需求

"概论"课不仅要将马克思主义中国化的理论成果清楚无误地阐述给学生,还担负着铸魂育人的作用,通过讲述共产党员英雄故事来打动学生,弘扬革命传统,赓续红色血脉,增强广大学生"四个自信""四个意识"。在中国共产党领导中华民族实现站起来、富起来和强起来的过程中,涌现出许多可歌可泣的英雄人物及其英雄故事,形成了中国共产党人的精神谱系。在党的革命时期形成了建党精神、井冈山精神、长征精神等革命精神;中华人民共和国成立后,在党领导人民建设共和国的过程中形成了抗美援朝精神、铁人精神等 12 种精神;在改革开放时期,党领导人民实现社会主义现代化建设过程中涌现出特区精神、"三牛"精神等。"概论"课教师要在授课过程中描绘好英雄人物,讲好精神故事,占领学生的精神高地。

2.利用党史中形成的方法论回应高职学生的成长需要

高职院校学生处于世界观、人生观和价值观形成的关键时期。一方面,他们渴望获取正确处理个人与世界关系的方法,同时渴望探寻自身价值实现的方法论;另一方面,他们受到互联网中良莠不齐的思想的影响,包括拜金主义、个人主义等不良思想的影响,在处理自身与世界关系和实现自身价值的方式上出现偏差。中国共产党从1921年建党之初的13位代表、总计56人的小党成长为如今拥有9500万人的世界大党。中国共产党的成功离不开正确的世界观和方法论的支撑。关注青年学生个体的微观生活就是要满足个体的诉求、需要。对高职院校青年学生来说,最重要的是满足其成长的需要。中国共产党在从小到大、由弱变强的过程中,形成了许多"法宝"和"灵魂"。它们不仅是革命建设、治国理政的重要方法,对实现个人价值也具有重要指导意义。"法宝""灵魂"是基于党正反两方面历史经验而形成的。例如,在新民主主义时期,中国共产党从艰苦的革命斗争中提炼出了"武装斗争""党的建设""统一战线"的"法宝",提出毛泽东思想"实事求是""群众路线""独立自主"的"活的灵魂"。思政课教师可以运用党历史上正确运用"三大法宝"和"活的灵魂"的经典事例,由政党历史推及学生个体上,阐述对学生人生成长的指导意义,引导学生走向积极的人生道路和奋斗道路。

3.以党史教育回应学生关注的热点话题

当代大学生群体借助互联网往往能即时接触最新资讯,视野广阔。由于阅历尚浅,又缺乏正确理论指导,他们容易受到外界不同声音的影响,导致思想政治状况出现偏差。因此,要坚持"学史明理"的资政育人作用,针对学生心中的困惑和学生讨论中的尖锐问题,用党史来引导学生、启发学生,提高学生对西方意识形态的认识。

参考文献
[1] 韦建桦.马克思恩格斯文集 2[M].北京:人民出版社,2009.
[2] 习近平.思政课是落实立德树人根本任务的关键课程[J].新长征(党建版),

2021(3):4-13.

[3] 马克思,恩格斯.马克思恩格斯选集　第2卷[M].中共中央马克思恩格斯列宁斯大林著作编译局,编译.北京:人民出版社,1995.

[4] 张卫伟,余玉花.新时代个体国家意识生成的现实逻辑[J].思想理论教育,2019(11):53.

就业视角下高职院校现代学徒制开展策略研究①

韩　菁②

摘　要：基于现代学徒制构建校企"双主体"育人模式，提升学生的理论知识与实践技能，最终增强其求职竞争力，是当下高职院校提升学生就业能力、缓解就业压力的重要举措。本文陈述了现代学徒制的发展演变、简要内涵、开展的必要性，针对现代学徒制在推行过程中遇到的一系列制约因素，从构建学历教育与职业培训并举的共育机制、入职入学一体化、创新人才培养模式，以及培育双导师教学团队等方面入手，为基于现代学徒制视角提升高职学生的就业能力提出了可行性建议，以期有助于提升高职院校育人质量。

关键词：就业视角；高职院校；现代学徒制；开展策略

现代学徒制在继承传统学徒制优势的基础上，因地制宜地吸取现代学校教育的先进理念和做法，充分融合传统学徒制和现代学校教育的精髓，对于提升学生扎实的基本素质、发展现代产业、增强企业核心竞争力等方面具有强大的助推作用。20世纪80年代之后，现代学徒制开始在西方教育发达国家出现并取得了显著成效，比较有代表性的模式为"三元制"（瑞士）、"产学合作"（日本）、"三明治"（英国）、"双元制"德国及"合作教育"（美国）等。当前一个时期，国内的现代学徒制尚处于起步、试点阶段，很多高职院校在现代学徒制的本土化方面做了诸多努力，相关部门也在工作推进、保障等方面做了大量工作。从整体发展情况来看，当下高职院校的现代学徒制仍然存在一定的局限

①　本文刊载于《中国成人教育》2021年第1期。
②　韩菁，浙江工商职业技术学院建筑与艺术学院讲师，研究方向为影视后期、影视动画、新媒体等。

性,尤其在与学生的就业能力提升方面尚未完全融合,需要高职院校结合办学实际和就业形势进一步深入探索,将现代学徒制的作用发挥到极致。

一、高职院校开展现代学徒制的必要性分析

首先,现代学徒制的开展是高职院校提高学生综合素质的有效举措。高职院校的主要职责是培养素质全面、业务扎实的应用型、技能型人才,而高素质的应用型、技能型人才必须具备全面的综合素质。在当前一个时期,伴随着国家层面一系列顶层设计的出台,社会对高职院校毕业生的素质要求有了显著提升。在这一背景下,如何因地制宜地结合高职院校办学特色提升学生的知识面和过硬的专业能力成为高职教育在日渐激烈的办学格局中站稳跟脚的关键。现代学徒制明确了学习者既是学生又是徒弟的双重身份,实现了招生与招工工作的有效衔接和统一。高职院校和企业通过多种形式的育人模式对学生开展"定制化"培养,让学生的学习内容与时代需求相吻合,达到高度一致性,这对于进一步提高学生的综合素质和专业能力至关重要。

其次,现代学徒制的开展是高职院校优化师资结构的重要途径。师资质量的优劣直接影响毕业生素质的高低,对于注重实践性、应用性的高职教育来说更是如此。在现代学徒制的育人模式下,无论是高职院校,还是企业、行业协会及其他各种机构,彼此之间没有原来的藩篱和束缚,实现了从业人员的自由流动,这对高职院校在短期内构建起一支专兼结合、层次分明的高素质师资队伍起到了至关重要的作用。而且,这一机制也起到了"鲶鱼效应",督促各方从教人员自我加压、主动学习,不断优化自身的知识结构和能力结构。

再次,现代学徒制的开展是用人单位获取优质人才的重要支撑。现如今各种新行业、新工种纷纷涌现,各行各业对高素质人才的需求有增无减,但是在传统的职业教育模式下,兼具扎实理论素养和过硬技术的高端人才却面临断层的危险。现代学徒制既继承了传统学徒制的优良传统,又吸收了现代教育制度的优点,使得学生不仅可以通过师傅一对一的传授掌握扎实的实践操作技能,还可以进一步提升自身的理论素养,并扩大知识面。因此,高职学生只有基于自身实际不断调整知识结构、能力与现实需求之间的差距,增强二者的适配性,才能满足用人单位在新时代对人才的多元化需求,从而提高自身的能力

结构与就业竞争力。

最后,现代学徒制的开展是职业教育供给侧结构改革的有力抓手。当下的职业教育已步入由量的扩张向质的提升的发展阶段。在这一阶段,如何通过有效举措实现育人质量和教育模式的质变,成了摆在众多高职院校面前的疑难问题与重要研究课题。在这一阶段,大规模推广现代学徒制可谓适逢其时。基于当前的高职教育现状、高职院校的办学特点及学生的成才需要,在现有教育模式上"嫁接"学徒制的长处和优势,不仅有利于夯实学生的基本素质与专业技能,更为关键的是实现了职业教育自身结构的优化和育人模式的转型,这对于高职院校适应时代需求、实现跨越式发展具有关键作用。

二、高职院校现代学徒制现状与瓶颈分析

现代学徒制的开展有助于高职学生夯实基础知识、提升专业技能、打造属于自己的核心竞争力,对于提升就业成功率、优化就业结构等都具有十分显著的作用。正是基于现代学徒制对高职学生就业的促进作用,这一育人模式在当下的高职院校中备受欢迎,遍地开花。目前,在众多高职院校中真正发挥预期效果、着力提升学生就业竞争力的现代学徒制却寥寥无几,究其原因无外乎如下几个方面。

其一,职业培训与学历教育未能有效融合。现代学徒制并非单纯的职业培训,而是建立在学历教育基础之上,并有针对性地对学历教育进行完善和补充的一种育人模式。要想真正发挥现代学徒制的作用,高职院校必须做到学历教育与职业培训相互融合。很多高职院校在实行现代学徒制的时候,本末倒置,片面地突出职业培训的工作力度和广度,忽视了原有的学历教育,二者之间的裂痕直接导致学生理论知识片面、知识层次不深、专业技能较弱等问题,不仅影响了现代学徒制的实施,而且制约了学生的长远发展。

其二,学生与学徒身份不统一。对于现代学徒制而言,学生双重身份既是这一育人模式的核心,也是学生打造独特竞争力的关键所在。在很多高职院校中,学生入学、入职这两个环节是完全分开的。由于不同身份代表了不同的学习内容和侧重点,因此,很多学生的理论素养学习和专业技能培训二者之间被割裂开来,既影响学生自身知识结构和能力体系的完善与健全,也影响其就

业能力的形成。

其三,人才培养方式滞后于教育理念。教育理念与教育方式同步推进是最理想的教育模式。在实践过程中,很多高职院校存在二者不协调的现状,尤为突出的是现代学徒制的人才培养方式滞后于既定的教育理念。这导致高职院校原有的教学节奏、育人模式和教育秩序被打破,但是又没能基于现代学徒制的优势建立起新的人才培养模式,在进退两难境遇中,学生成了教学模式改革最直接的受损者。

其四,优秀教师不足,师资结构单一。过硬的师资队伍是现代学徒制模式得以推行并取得既定效果的关键,也是保障育人效果的关键所在。当前,相当数量的高职院校在教师构成方面存在不足,如高水平兼职教师数量不足,企业骨干担任的师傅相对较少,师资引入渠道单一,以及优秀师资的优惠性鼓励措施缺乏,等等。这些不足不仅直接制约了高职院校师资结构的进一步优化,而且会对校企合作及学生就业能力的有效提升产生阻碍作用。

三、基于就业视角的高职院校现代学徒制开展策略分析

现代学徒制可以有效提升学生的综合素质和实践技能,加深高职院校与企业、行业协会、政府等多个部门之间的协作深度,对于增加高职学生就业数量、优化就业结构等方面具有显著的推动作用。接下来,本文将结合现代学徒制对高职学生就业的促进作用,基于上述讨论的现阶段高职院校开展现代学徒制时面临的一系列问题和瓶颈,就优化这一育人模式因地制宜地提出创新性举措。

第一,学历教育与职业培训并举,构建现代学徒培养共同体,推进现代学徒制的有效运行。现代学徒制的构建并非高职院校的"一厢情愿",而是需要政府、高职院校、企业及行业协会等多个育人主体的协同参与,搭建起"双主体"育人平台,并以此来代替原有的单一主体育人模式。

一方面,政府、高职院校、企业及行业协会等部门应该各自抽调专职人员,共同成立现代学徒制项目推进工作委员会,统筹制定与现代学徒制有关的各项发展规划,协调多方资源、捋顺发展思路,为现代学徒制在高职院校落地生根奠定坚实的基础。同时,在各个育人主体内部应该成立负责现代学徒制运行的专门工作机构,配备专门工作人员,负责本机构内部的各项具体事务,并将发展过程

中遇到的各种问题第一时间上报、反馈。另一方面,政府、高职院校、企业及行业协会等部门应该明确各自在现代学徒制育人模式推行中的职责、权利及义务,构建责权明确、各司其职的高效工作模式,避免因职责较差而出现推诿扯皮的现象,影响现代学徒制开展的有效性。具体来说,其一,政府应该充分运用政策的引导作用,在财政、税务、教育、就业等方面出台优惠政策,采取有效措施,尤其是要发挥专项资金的支持作用,鼓励更多育人主体参与到现代学徒制的构建和完善中,为高职毕业生顺利就业营造良好的社会氛围。其二,企业应基于现代学徒制育人模式的实际需求,逐一解决好学生的就业岗位、企业师傅及学徒岗位等诸多问题,并为学徒生的职业发展提供个性化的规划和建议;此外,企业还应该结合行业发展现状对高职院校学徒制教学所需的各项设备进行更新换代。其三,高职院校的工作重点在于将企业岗位的典型工作任务转换成学校的课程和学习任务;除此之外,高职院校还应该做好学生的管理与考核、毕业证书发放及学业学籍管理等多项工作。其四,行业协会不仅应该充分发挥联通多个企业的优势,积极参与到人才培养质量评价、课程开发与完善、人才培养方案创新等工作中,而且应该为高职院校就现代学徒制的开展与实施提供咨询、策划等多方面的服务,以保障现代学徒制育人模式顺利开展,提升育人质量与学生就业竞争力。其五,作为最主要的参与力量,校企双方应该在研制招生招工方案、共建实训室和企业员工培训基地、共同制定人才培养方案、共同开发现代学徒制课程体系、共同建设"双导师"队伍、共同建立教学运行与质量监控体系等方面展开深入协作,深化校企合作,实现高职院校与企业育人的完美对接。

第二,入学入职一体化,实现学生就业与成才"齐飞"。较之其他育人模式,现代学徒制之所以具备显著优势,其关键在于构建了校企一体化的育人模式,而这一模式的构建则得益于招生招工的一体化。从这一层面分析,入职入学一体化,不仅是现代学徒制的特点,更是其优势与核心竞争力的体现。

首先,校企双方应该基于现代学徒制的需求,制定招生招工一体化运行方案。这一方案既要保证高职学生掌握全面的理论素养与扎实的实践技能,也要充分考量校企双方尤其是企业开展正常经营活动的实际需求,不能损害任何一方的利益,否则会影响其后续参与育人活动的积极性。其次,校企双方应该将现代学徒制育人计划分别纳入校企年度招工、用工计划,打好"提前量"。推行现代学徒制并非心血来潮,也绝非一朝一夕之功。这一育人模式的推进需要校企双方统筹规划,既不能影响正常的教学、经营活动,同时又能最大限度地发挥双主体育人的优越性。再次,高职院校招生与企业招工同步推进。在现代学徒制育人活动正式开展之前,校企双方应该采取多种形式共同宣传这一育人模式对学生就业的积极作用。在新生开学报到时,采取学生自愿选择、校企共同面试的形式,本着择优录取、宁缺毋滥的原则,确保毕业生的培养与就业质量,提升学生参与这一教学模式的信心。同时,学生一旦被录取,也就具备了学徒和准员工的双重身份,便于学生未来走向工作岗位顺利完成角色转变,尽快适应岗位需求。最后,高职院校、企业、学徒三方之间分别签订相应协议,如高职院校与企业签订《现代学徒制校企合作培养协议》,学徒和企业签订《现代学徒制培养用工协议》和《劳动合同书》。一系列协议的签订,可以将这一育人模式以制度的形式明确下来,确保各自利益能够得到保障,避免开展过程中损害一方利益而影响以后的参与积极性。

第三,创新人才培养模式,在实际工作环境中培育高素质人才。为最大限度地发挥现代学徒制的育人功能,高职院校应该构建"一体二元三师四融合"的育人模式。具体来说,"一体",即校、企、政、行多方参与建设育人共同体;"二元",即发挥企业和高职院校的二元主体作用;"三师",即高职院校专职教师和企业兼职教师分别具备三重身份,前者是学生导师、企业员工培训师,且具备商务师职业资格,后者是学徒的师傅、学校的兼职教师,且具备经济师职业资格;"四融合",即促进学生实现职业素养、就业技能、创新意识和工匠精神的全方位融合。高职院校基于现代学徒制的人才培养模式创新可以从如下两个方面展开。

一方面,在教学模式方面,高职院校可以采用"工学交替多循环"的形式,改变传统教学模式中工作与学习环节脱离的弊病,巩固学生理论学习成果,提升学生专业技能。在实际教学过程中,高职院校可以按照"0.5学年学校学习+2(0.5+0.5+0.5+0.5)学年校企间交替式学习实践+0.5学年顶岗实习"的方式培养学生。按照这一培养模式,首先学生在校接受半年的理论学习,高职院校可以通过这一阶段的教学,加大课堂容量,拓宽学生视野,让学生最大限度地掌握与自身专业相关的理论知识;然后,学生在校企之间进行交替学习、实践,在学校以学生身份学习专业基础理论知识,在企业以学徒身份学习岗位实践技能、形成工作能力,在这一阶段,无论是高职院校还是企业,在教育过程中都要注重工作、学习和职业道德培养的融合;最后,学生到企业中开展顶岗实习,提前适应工作状态,为毕业后顺利就业做好准备。另一方面,高职院校可以结合学生实际开发"岗位能力渐进式"课程体系。校企双方结合学生未来职业选择所需要的技能、知识,在课程体系中融入岗位能力结构要求、工作内容、工作流程、岗位资格标准及人才培养规格等,按照职业平台课程、职业能力课程和实践实训课程不同层次由低向高推进的方式,让学生在师傅的带领下循序渐进地学习学校课程和企业课程,掌握扎实的基本技能,提升就业竞争力,为将来顺利就业打下坚实基础。

第四,构建专兼结合的"双导师"教学团队,为现代学徒制的顺利实施提供强有力的师资支撑。无论是高职院校的专职教师,还是企业的师傅、兼职教师,只要为现代学徒制育人模式的构建与完善贡献了自身力量,高职院校就应该为其提供升迁、深造的机会,在评聘职称和定期考核等方面给予一定政策优惠。

首先,高职院校可以通过多种形式遴选业务能力扎实、专业素质突出的优秀教师担任学徒的导师,在为学生提供全方位教育机会的同时,还要定期赴企业开展讲座、培训等活动,为企业带去跟生产经营密切相关的理论知识,同时将抽象的书本理论知识与具体的实践操作融合在一起,最终内化为自身的能力,并在与学生、工人的交流、学习过程中教学相长,共同提升。其次,企业可以通过遴选专业技术扎实、实践技能过硬、勇于担当、责任感强的技术骨干组成师傅团队,对徒弟进行"一对一"培养,因材施教,让每个学徒从进入企业起就步入成长快车道。同时,高职院校和企业双方应该通过多种途径加强交流,通过互聘共用的模式最大限度地充分利用优质智力资源,为学徒制的顺利施行做好准备工作。最后,校企合作成立名师工作室,通过与专业科研机构合作,外聘专业领域的技术大咖、行业翘楚担任校企双方的技术顾问,在为众多学徒提供技术指导的同时,也从专业角度为高职院校、行业专兼职教师的未来发展和成长提供可供借鉴的意见和建议,为优质师资力量的优化升级做好铺垫。

四、结　语

综上所述,高职教育的持续扩招在一定程度上加剧了就业压力,也催生了一系列的社会问题。在这一背景下,高职院校通过完善和创新现代学徒制,与企业、政府、行业协会等单位深入合作,通过"双主体"育人模式实现学生理论知识与操作技能"齐飞",让学生结合自身实际锻造独一无二的职场竞争力,在激烈的就业竞争中占得先机。

参考文献

[1] 彭杰,黄海江.就业导向视域下现代学徒制育人模式的构建——以金华职业技术学院为例[J].黑龙江高教研究,2013,31(4):101-103.

[2] 赵秦.现代学徒制基础上的高职院校招生就业机制探讨——以石家庄铁路职业技术学院为例[J].石家庄铁路职业技术学院学报,2017,16(2):96-99.

[3] 李慧娟.浅析"现代学徒制"对促进企业与高校联手破解"用工荒"与"就业难"问题的意义[J].教育观察(上半月),2016,5(2):27-28＋46.

[4] 李智勇,方秦盛,刘晓燕,等.基于就业导向视域下构建现代学徒制育人模式的实践与思考——以无锡科技职业学院物流管理专业为例[J].物流技术,2015,34(16):219-221.

[5] 钟利琼.就业导向视域下现代学徒制育人模式的构建[J].当代教育实践与教学研究,2018(4):146-147.

[6] 黄红艳,靳利斌,李辉.从默会知识理论视角探析高职院校"现代学徒制"人才培养[J].中国成人教育,2020(2):22-25.

[7] 王记彩,刘若竹.基于现代学徒制模式高职学生就业能力的提升策略[J].湖北函授大学学报,2017,30(12):15-16.

[8] 喻媛.就业导向驱动下专业人才培养模式构建——以汽车整车与配件营销专业现代学徒制专业建设为例[J].东方企业文化,2015(9):101-102.

[9] 贠晓晴.基于现代学徒制的实习学生就业优势分析[J].西部素质教育,2017,3(1):137.

"大学英语"课程思政建设探索与实践①

张　莉②

摘　要： 浙江工商职业技术学院基于浙江地域优势，以通识类课程"大学英语"为例，融合浙江精神，在课程思政建设中不断探索与实践。针对"大学英语"课程特点，创新设计"1＋8＋X"教学理念，打造"两方三维"教学模式，采取"四融九润"课程思政教学方法，深挖"文化＋道德"思政教育资源。坚守"两圈三全"育人建设，优化"思政＋技能""大学英语"内容，立足地方、服务社会，构建富含浙江元素、贯穿"浙江景、浙江事、浙江人"的全方位教学体系。该教学体系产生了良好的育人效果，起到了有效的示范辐射效应。

关键词： 大学英语；课程思政；实践探索

2020 年 5 月 28 日，教育部印发了《高等学校课程思政建设指导纲要》，要求"把思想政治教育贯穿人才培养体系，全面推进高校课程思政建设，发挥好每门课程的育人作用，提高高校人才培养质量"。全面推进课程思政建设，就是要寓价值观引导于知识传授和能力培养之中，帮助学生塑造正确的世界观、人生观、价值观。它强调的是润物细无声地把思政融入教学的全方面。目前，"大学英语"教材内容源于本国的较少，显性可挖掘利用的"思政"教育资源不多；教学时，重语言工具目的，轻思辨能力培养，学生存在中华传统文化失语症，容易导致文化逆差现象。因此，非常有必要在"大学英语"课程教学中无痕

---

①　本文系 2021 年浙江省高等学校课程思政示范课程"大学英语"，浙江工商职业技术学院 2022 年度校级教学改革项目"数字赋能视域下'混合式＋精准化'教学模式改革与研究——以'大学英语'课程为例"（编号：JG202201）的研究成果。

②　张莉，浙江工商职业技术学院国际交流学院副教授，研究方向为语言教学。

融入"思政元素",发挥课程优势,提高学生文化认同,提升学生文化自信,增强爱国爱乡情感。

一、"大学英语"课程思政建设分析

(一)"大学英语"是一门思想素养与语言技能兼修的课程

我校"大学英语"课程作为公共基础课,以《高等学校课程思政建设指导纲要》为指导,以浙江精神为基础,以现有教材为依托,立足地方、服务社会,旨在培养德智体美劳全面发展的实用型技术技能人才,意在打造有浙江温度的"大学英语"课程。

课程围绕"三全"育人目标,以学生为中心,使学生掌握一定的英语基础知识和技能,具备一定的听、说、读、写、译的能力,在涉外交际的日常活动和业务活动中能进行简单的口头和书面交流。注重在潜移默化中挖掘中国传统文学作品技艺,温润心灵,加强品德修养,增长见识;展示大美浙江,厚植学生家国情怀;提炼浙江精神,坚定学生理想信念,锻炼学生意志,培养学生奋斗精神;整合创新发展案例,激发创造创新活动,培养学生既富有中国心、饱含中国情、充满中国味,又心怀责任感、践行爱岗意、开拓创新举。通过"大学英语"课程学习,开拓创新的浙商精神,开放图强的浙江精神,敢为人先、勇立潮头的浙江精神,兼容并蓄、海纳百川的浙江胸怀,吃苦耐劳、干在实处的时代精神,在课程中润物细无声地融合,从而提升学生综合素质。

(二)夯实"1＋8＋X"教学理念,实现"语言＋思政"可持续发展的建设思路

以"大学英语"课程为指引,以八个思政元素为主线,动态化地深挖"大学英语"课程思政元素,使每一轮授课、每一个授课专业都有新的"X"思政元素注入,不断推陈出新"大学英语"课程思政点。

1.对语言知识引发的人文元素进行挖掘,包括语言知识、阅读文章背后所蕴含的人文素养、道德情感、家乡骄傲等。

2.挖掘语言课程蕴含的思维方式和方法,包括针对学习方法的掌握和运用。这不仅可以提升学生的专业能力,而且可以实现知识迁移,提高个人的思考力,

形成正确的价值观。

3.将教师自身的模范带头作用与"敬业"联系起来,通过课程思政建设,教师自身的综合能力也能得到提升。

4.实现时政热点、国家大事、身边新闻、突发事件与学科的充分融合,思政内容需要动态调整才能保持课程思政的时效性。

二、"导探练提评拓"的课程思政体系

(一)"导＋探"

集热身导入与知识建构、语言强化于一身。立足"两方三维"建设,深挖"文化＋道德"思政教育资源。

由英语教师、思政教师共同备课,结合第一课堂、第二课堂,采取"四融九润"课程思政教学方法,整合线上、线下教学资源,积极挖掘历史经典典籍的家国情怀,培养学生思辨意识,形成正确的价值观,增强文化自信,提升文化软实力。挖掘大美中国的报效桑梓情,挖掘健康中国视角下的尚和合、求大同。以浙江精神为切入点,挖掘无私奉献、爱岗敬业、诚实守信与宽厚待人的职业品德,深化职业理想和道德,使"大学英语"课程极具浙江范。

1.守正创新,推进第一课堂的课程思政建设

实施课程思政"八进":进人才培养方案,进教材,进课程标准,进授课计划,进课件,进劳动教育,进作业,进考试。同时,将课程思政落实到课程目标设计、教学大纲修订、教材编审选用、教案课件编写等各方面,贯穿于课堂授课、教学研讨、社会实践、作业论文等各环节。此外,要引导并鼓励教师创新课堂教学模式,以学生的学习成效为目标,深入开展以学生为中心的教学方式,改革学业评价方式,激发学生学习兴趣,引导学生深入思考,采用案例式、互动式、探究式教学,实现思想启迪和价值引领。要快速适应学生学习方式的转变,积极推进现代信息技术在课堂中的应用,构建线上线下相结合的教学模式。

2.加强设计,发挥第二课堂育人实效

加强第一课堂与第二课堂的互动,强化第二课堂育人实效。邀请一批地方知名专家学者、优秀企业家、劳动模范、工匠名师、抗疫英雄、杰出校友等参与课程建

设或作为双讲师参与课堂教学,为学生传播工商精神、浙江精神、中国精神。充分利用校史馆、博物馆、红色教育基地和庆祝日、纪念日活动等资源,进行案例分析、实地考察、访谈探究等,积极引导学生自主参与、体验感悟。深入开展社会实践、志愿服务和创新创业活动等,大力弘扬浙江精神,不断拓展课程思政教学新途径。

(二)"练＋提"

集能力提升与综合实践、素质养成于一身。坚守"两圈三全"育人建设,优化"思政＋技能""大学英语"内容。"内圈"聚焦以课程思政为核心,围绕人才培养目标,以爱国家、爱家乡的家国情怀,重敬业、讲诚信的商帮体现,敢创新、有创造的创新精神,讲故事、听作品的文化素养等模块为"三全"育人基础,形成三个模块八个项目 28 个知识点。"外圈"聚焦以课程思政为契机,整合社会资源服务"大学英语"课程教学全教程,把教学实践打造成为德育融合的重要阵地,使"大学英语"课程教学与思政理论课程同向同行,形成协同效应,激发学生认知、情感和行为的认同。

1.知行合一,挖掘第三课堂育人的课程特色

课堂教学后,结合教学案例制定实践项目。在过程管理中,改变放任自流、仅作学分认定的做法,精心设计项目实施方案,教师和学生一起挖掘项目中课程思政的融入点,并由教师引导学生基于问题的学习,重点解决课堂教学中的疑惑、实践中遇到的难题,完成实践后的自测、自评,积极尝试"双标准、双导师、双考核"的管理模式,逐渐形成第三课堂育人的课程特色。

2.多方协同,搭建"两个一"的课程思政交流平台

每个单元至少有一位思政教师参与课程思政建设研讨与交流,建立课程思政集体教研制度。此举既加强了英语教师的课程思政指导,又加强了思政教师对课程的了解,形成双向交流,促进"大思政"教育。建设一个包含视频、课件、习题、案例、数字教材等内容的"大学英语"优秀教学资源库。

(三)"评＋拓"

集多主体评价与校外拓展于一身,融扩内容、整资源、拓渠道于一体。盘活校内现有资源,拓宽校外育人渠道,真正实现协同培育。

1.完善一套课程思政评价和激励系统。修改现有的学生成绩评价构成,增加课后实践作业中的"价值引领"观测点,将课程思政的融入及输出纳入期末综合评价中。

2."点线面并行",即将"读万卷书"与"行万里路"相结合,深挖资源,加强协同,拓展课程思政建设的方法和途径。

三、"大学英语"课程思政的教学效果

自2016年以来,"大学英语"配套线上课程"学英语V世界"发布至今已有9期。截至2021年6月30日,"学英语V世界"已被358所院校调用,累计选课15635人,访问量2906508人次。其中,章节的重构以线下"大学英语"为蓝本,从章节命名到内容设计都充分体现了"大学英语"课程思政设计的思路,作业、测验、考试等环节中都融入了课程思政。由于语言学科的特殊性,阅读理解环节的素材以国内的案例为主,翻译环节则主要选取中国文化类的句子。学生对重构的课程认同度高,学习主动性强,线上最终的结课率高达84.67%,学生在爱国爱乡、责任心、爱岗敬业等职业素养方面得到提升,对中国传统文化和浙商文化的认知得到深化。线下课程的课程思政实施也深得学生的认可,通过问卷调查以及学评教和访谈,融入课程思政后的"大学英语"教学模式与学生的学习行为有显著性差异,教学团队的学评教连续三年保持在第一档得分。以上数据充分表明,"大学英语"课程思政教学改革产生了良好的示范和辐射效果。

"大学英语"课程思政建设与实施需要教师的不断积累与提升,既有中国的传统文化,使学生能够讲好中国故事,让中国文化"走出去",也有西方的文化,使学生增广见闻;既有语言的技能训练,也有文化的知识传输,使学生技文并举;既有爱国情、爱乡情的渗透,也有大义小义的讲解,使学生的情操提升。同时,每位教师需要把对课程思政的认识理解上升到更高的高度。如何提升课程思政的实效性,如何评价课程思政下学生的学习行为,如何确保"大学英语"课程不与其他中国文化类课程雷同,还需要不断的完善和优化。

浅谈新时代大学生社会主义核心价值观教育

周　莹①

摘　要：中国特色社会主义进入了新时代，社会发展面临新形势、新要求。根据新时代的特征，结合时代背景，深入研究大学生价值观教育面临的机遇与挑战，分析新时代对大学生价值观教育的要求具有积极的现实意义。在此基础上，深入研究大学生价值观的教育规律，科学引导学生践行社会主义核心价值观，才能完成高校立德树人的根本任务。通过优化教育方式、优化评价机制、优化教育环境，真正培育出新时代中国特色社会主义理论坚定信仰者、积极传播者、模范践行者。

关键词：新时代；大学生；社会主义核心价值观；教育

自十八大报告把"立德树人"写进教育方针以来，习近平总书记多次在各类大小会议和讲话中强调教育立德树人的重要性，强调高校作为教育的重要阵地，要坚持育人为本、立德为先，并对高校立德树人工作提出了殷切的期盼和更高的要求。2017年，党的十九大报告指出："社会主义核心价值观是当代中国精神的集中体现，凝结着全体人民共同的价值追求，要以培养担当民族复兴大任的时代新人为着眼点。"[1]由此，以新时代中国特色社会主义思想为理论依据，以新时代为背景探讨优化大学生核心价值观的教育，对培养新时代人才，推动社会主义现代化强国建设十分必要。

---

① 周莹，浙江工商职业技术学院思政课教师，研究方向为思想政治教育。

一、新时代大学生价值观教育面临的机遇与挑战

中国特色社会主义进入新时代,我国社会主要矛盾已经转化为人民日益增长的美好生活需要和不平衡不充分的发展之间的矛盾。[1]这是党中央基于新时代的国情提出的重要论断。社会主要矛盾及时代背景的变化,向我们宣告了,这既是一个充满机遇的新时代,也是一个充满挑战的新时代。

(一)机遇

1.民主法治建设的稳步推进,为大学生价值观教育提供良好的政治氛围

我国是人民民主专政的社会主义国家,积极发展社会主义民主政治[1],推进全面依法治国仍是我们的必由之路。近年来,社会主义民主法治不断发展,尤其是党中央对党内廉政建设的高度重视,让全国人民看到了党对自身的严格要求、自律意识,对贪污腐败的零容忍和对社会主义法治的坚决维护,形成了良好的社会主义民主法治氛围,这为新时代大学生社会主义核心价值观教育提供了最优的大环境。

2.经济社会建设的快速发展,为大学生价值观教育奠定良好的物质基础

党的十八大以来,我国始终坚持统筹推进"五位一体"总体布局、协调推进"四个全面"战略布局[4],全国政治、经济、文化、社会、生态等发展都取得了巨大的进步,人民生活水平不断提高。在实践过程中,我们实现了全面建成小康社会的奋斗目标,并逐步探索实现共同富裕之路,党和国家更是提出建设富强民主文明和谐美丽的社会主义现代化强国的奋斗目标,这对缩小城乡、地区之间的教育资源差异等具有显著推动作用,也为大学生价值观教育的均衡开展带来了利好消息。

3.中国国际话语权的增强,为大学生价值观教育提供良好的国际环境

近年来,我国全面推进中国特色大国外交,形成全方位、多层次、立体化的外交布局,实施共建"一带一路"倡议,发起创办亚洲基础设施投资银行,设立丝路基金,举办首届"一带一路"国际合作高峰论坛、亚太经合组织领导人非正式会议、二十国集团领导人杭州峰会、金砖国家领导人厦门会晤、亚信峰会等,让世界

人民看到了中国的国际影响力、感召力、塑造力在逐渐提高。[1]随着我国国际社会话语权的提高,越来越多的人开始关注中国文化、中国语言、中国精神,尤其是在新冠肺炎疫情暴发之后,中国抗疫经验取得了举世瞩目的成就,让世界开始学习中国经验,"中国智慧"成了一个时代热议的词语,更多人以"是中国人"和"在中国生活"为傲,这对于中国特色社会主义核心价值观的学习和教育无疑是一个巨大的推力。

(二)挑战

1.科技发展影响

随着科学技术的发展,世界沟通和交流的距离在缩小,网络上多元文化的渗透和影响越来越普遍,国际的、民族的、潮流的、复古的,各种多元文化浪潮扑面而来,因此大学生也面临着更多的价值选择。面对冲击,如何在大学生教育中培育和践行社会主义核心价值观,弘扬社会主义主流文化,对多元文化有理性而客观的辨别和认识,仍是一个巨大的挑战。一方面,新科技发展为教育提供了便利的硬件条件,这对传播和宣传社会主义核心价值观、缩小教育资源分配的差距等都有积极的意义。另一方面,科技发展有着传统所不能比拟的快速、便捷、新鲜等特点,使得大学生成了高新技术的体验者和推广者。越来越多的大学生开始依赖从网络检索信息、获取资源、查询解决问题的办法,这使得对优化网络环境的需求更加紧迫。

2.社会发展影响

随着时代的发展,社会环境悄然变化,大学生处于学校和社会联结的最后一站,思想上面临巨大的冲击和压力,如何适应校园和社会的巨大差异,如何面对不断更迭的社会需求,都成了大学生必须面对的问题。在此过程中,加强思想引领、促进行为引导成了一项艰巨的任务。此外,主要矛盾的变化表明我国的发展之间具有不平衡、不充分的特性。作为一个幅员辽阔的大国,地域广阔带来的不仅仅是经济、生态、科技等领域的差异,文化的差异亦十分显著,教育资源和配套基础设施的分配难以均衡,如何推进教育领域的共同富裕,如何在不平衡、不充分的发展状态下开展行之有效的大学生价值观教育,也是新时代大学生社会主义核心价值观教育面临的又一挑战。

二、新时代对大学生价值观教育的要求

党的十九大报告指出:"青年兴则国家兴,青年强则国家强。青年一代有理想、有本领、有担当,国家就有前途,民族就有希望。"[1]对于新时代大学生的教育,我们要从深化理想信念教育、传递责任担当精神、发挥时代新人德才的角度去着重考虑和培养,让新时代大学生立大志、明大德、成大才、担大任,真正助推中国特色社会主义建设。

立大志,即要坚定理想信念。"功崇惟志,业广惟勤"。理想指引人生方向,信念决定事业成败。没有理想信念,就会导致精神上"缺钙"。[2]一直以来,中国梦是全国各族人民的共同理想,在这条道路上涌现了无数可歌可泣的故事。扎根脱贫攻坚一线的黄文秀,为了教育奉献终身的张桂梅,努力打造"粮食武器"的袁隆平,既是时代的印记,更是时代精神的体现。作为新时代的大学生,在人生道路选择的过程中,既要不停追求人生价值的实现,也要不断推进人生价值中的社会意义,实现理想信念教育上的小我与大我相结合,发挥新时代大学生的应有之义。

明大德,即要崇德修身力行。诗人但丁曾经说过:"一个知识不健全的人可以用道德去弥补,而一个道德不健全的人却难以用知识去弥补。"可见,知识可以积累,而道德却是立足之本,要通过提升道德认知与推动道德实践,激发大学生向上向善,弘扬美德义行。只有把正确的道德认知、自觉的道德养成、积极的道德实践结合贯通[2],才能固本、崇德,进而推动修身、力行。"重莫如国,栋莫如德"。在社会主义现代化建设进程中,青年一代的道德水准和精神风貌是一个民族文明素养的集中体现[3],现代化强国的建设更离不开青年一代的认知和实践。2019年10月,《新时代公民道德建设实施纲要》指出"一些地方和领域不同程度存在道德失范现象,拜金主义、享乐主义、极端个人主义仍然比较突出,一些社会成员道德观念模糊"[4],甚至有一些人出现了突破社会公序良俗、触及法律底线的现象,校园欺凌、校园贷等现象一度引发社会热议。由此可见,大学生价值观教育要注意德治与法治的融会贯通,以道德滋养法治精神,以法治承载道德理念,坚持德法兼治,进而树立正确的价值观。

成大才,即要锤炼真才实干。人之于社会,于其中,育其中,予其中,身处日

新月异的新时代,面对百年未有之大变局,学习已不仅仅是大学生活的唯一,社会已不再是传统的成长必经之路,更是锤炼知识、践行德行、检验本领的"校验场"。学以习之,德以行之,才以助之,大学生的品质才干成为立足社会,成就青春的"试金石"。由此,青年大学生要有知识探索欲求、本领危机意识和能力提升紧迫感,既要刻骨钻研理论,掌握实践技能的意识,也要紧跟社会发展,与时代尽情搏击,做强弩之弓,蓄势待发,精准出击,同时还要有锤炼拉弓之力的持之以恒和追求箭羽锋利的胆识气魄,用真才实干焕发青春,成就人生。

担大任,即要有天下兴亡、匹夫有责的担当精神。当中国经验展现蓬勃生机,当中国智慧大展经纶,当人类命运共同体走向世界,当代大学生又该何以处之?"历尽天华成此景,人间万事出艰辛"。青春是人生至美的画卷,至于盛世华章、花团锦簇,抑或料峭寒梅、独树一帜,都是青春的见证、承诺的兑现。然新时代,未来发展亦是一幅画卷,过去的成就仅供欣赏与想象,每一次执笔、每一次落笔,都是掷地有声,青年大学生之于社会,犹如画卷一隅,虽小却依然分明。因此,大学生应该有以国家重任为己任的担当,要有使命在肩、奋斗有我的意识,争做新时代的使命者,要让执笔有意、落笔无悔。

三、优化新时代大学生社会主义核心价值观教育

随着时代的发展,教育的基础性、先导性、全局性的地位更加凸显。要重视高校在青年大学生价值观教育中的重要作用,从教育方式、评价机制、教育环境等方面着手,坚持把立德树人作为中心环节,把思想政治工作贯穿教学全过程,实现全程育人、全方位育人。[5]

(一)优化教育方式

价值观教育属于文科性质教育,一直延续着文科课堂教育和应试教育的传统,但价值观又是品德践行的评判标准,因此,价值观教育直接影响大学生的价值判断和价值选择,且影响的深远和持久性不可估量。正如习近平总书记所说:"青年的价值取向决定了未来整个社会的价值取向,而青年又处在价值观形成和确立的时期,抓好这一时期的价值观养成十分重要。这就像穿衣服扣扣子一样,如果第一粒扣子扣错了,剩余的扣子都会扣错。人生的扣子从一开始就要扣

好。"[6]由此,新时代大学生的教育必然要打破固有模式,探索新的教育方式。

一是推进课堂沉浸式教育。价值观教育是一种生活化实践和应用的教育,不能仅仅依赖传统的课堂理论灌输,更是要让学生沉浸其中,真正体会其价值判断的原因,真正感悟其价值选择的意义和价值行为的影响,从而真正形成"柳暗花明又一春"的透彻之感,让价值观教育变成一种有意义、可应用、能解决问题的教育。一方面可以通过案例学习、视频宣传、预设情境排演、即兴情境表现等形式,让学生一边学习、一边身临其境地感受,一边体悟、一边成长;另一方面,不能忽视言传身教,可以通过讲述教师亲身经历,以及学长、学姐榜样示范等与之相近的人物事迹,提高教育的感染力和接受度。

二是推进课外生活化教育。价值观教育的最终目的要回归到教育对象的实践,因而价值观教育要紧密结合生活探索教育的生活实践应用。在教育过程中,要不断整合社会资源,实现教育的家、校、企联合。例如,借鉴法治教育基地经验,推动社会主义核心价值观教育基地建设,形成体系化的教育环境、教育资源、教育内容和教育对象。通过虚拟实践、情境模拟等,实现教育客体的自主选择,检验课堂教学的成效。再比如,利用移动电视、宣传广告屏等,宣传社会主义核心价值观念,使学生在潜移默化中认同并自觉地实践。

三是推进主客体相互转化。尝试让受教育的客体在接受价值观教育之后走入社会,转化成教育主体,同时鼓励学生将专业与之结合。例如,法学院的学生可以开展法律宣传、普法教育,马克思主义学院的学生可以开展理论、政策宣传,文学院的学生可以宣传传统道德模范,理工科学院的学生可以宣传环保、人与自然和谐共生等理念。通过主客体的转化和切身感受,学生可以有更深的体会和感悟。

(二)优化评价机制

新时代大学生价值观教育,对其教学评测应从如何评价、标准是什么、评价主体是谁、如何体现人性化、个性化和时代化这几个方面考虑。

首先是如何评价的问题。本文认为,需要融合观察、综合考评、理论应用等综合考虑。同时,建立大数据网络,将评测的结果分类记录,以发现一些被忽视或者没有总结到位的共性或者个性,为今后课程改革提供依据。

其次,在评价标准上,价值观教育是为了培养出具有优秀价值观念和价值行为的新青年。因此,在标准考量时,要强调其实践性,在成效检测和效果评估上向实践应用有所倾斜,真正培养出具有正确价值观念,且能学、能懂、会学、会用的社会主义新青年。

再者,评价主体多元化,凸显自我评价。在教师考核评测的同时,综合参考本人、同学及社会评价。需要解释的是,社会评价部分可以结合实践反馈、实习反馈、志愿活动等综合考虑。当然,有人会质疑反馈形式和反馈内容的真实性,因此后文中的教育环境创新会涉及各类思想文化阵地的建设,这对提供真实有效的实践反馈记录以供正确科学评测大有裨益。

最后,在如何体现人性化、个性化和时代化方面,一是评价的标准或者评价指标应综合考虑评价主体、客体,以及专家和周围群体的意见,评价指标应体现出集体的意志或者意愿,这既是我们社会主义民主的特性,也是让评价结果更具科学性的体现;二是探索情境模拟评测形式,将学生置于一定情境或者状态下,观察其行为表现,当然这需要结合前文提到的沉浸式教育模式,在一定的教学之后再开展教学评测;三是鼓励学生自主践行社会主义核心价值观理论,对学生积极实践的行为予以认可和支持,而并不是如传统模式仅对有突出表现和贡献的给予表彰,这是对学生将理论与实践结合的行为的认可和尊重,也是对不同类型学生、不同行为的个性的认可与支持。

(三)优化教育环境

良好的教育环境是有效开展教育的基础,尤其是价值观教育,其对教育环境的依赖性更强,因此,要为价值观教育创造良好的教育环境。具体可以通过以下几种方式。

第一,坚持党对高校的领导。在党组织带领下开展高校思政课程,一是为高校思政教育做好政策引导和学习,二是为思政教育提供政策支持。

第二,坚持社会主义办学方向,加强各类思想文化阵地的建设管理。一方面要加强对校园内各类思想文化阵地的规范管理,加强校园网络安全管理,营造风清气正的网络环境;[7]另一方面要探索建立新培育模式,通过与机构、基层组织、社区、社团等校外组织的合作,联合宣传,共同培养,为价值观教育创造优良的学习和社会环境。

第三,坚持改革创新的精神,继续宣扬改革开放以来我国不断探索、不断创新、不断发展的精神。例如,在新媒体环境下,将"互联网＋"的思维引入价值观教育当中,加强不同类型的载体建设,通过微信公众号、主题微博、宣传视频、公益广告、公益书签等各种形式,将社会主义核心价值观的理念在潜移默化中渗透入日常生活的方方面面。

四、结　语

　　大学生作为未来社会主义建设者和接班人,其价值观教育的重要性不容忽视。在社会转型和发展的过程中,合理调整和优化大学生价值观教育具有一定的实际意义,对我国社会主义现代化强国建设也有一定的推动作用。

参考文献

[1] 习近平.决胜全面建成小康社会　夺取新时代中国特色社会主义伟大胜利——在中国共产党第十九次全国代表大会上的报告[N].人民日报,2017-10-28(1).

[2] 习近平.在同各界优秀青年代表座谈时的讲话[N].人民日报,2020-05-05(002).

[3] 习近平谈治国理政[M].北京:外文出版社,2020.

[4] 中共中央国务院印发新时代公民道德建设实施纲要[N].人民日报,2019-10-28(1).

[5] 习近平.习近平在全国高校思想政治工作会议上强调:把思想政治工作贯穿教育教学全过程 开创我国高等教育事业发展新局面[J].实践,2017,第二期:30-31.

[6] 习近平.青年要自觉践行社会主义核心价值观——在北京大学师生座谈会上的讲话[N].人民日报,2014-05-05(2).

[7] 中共中央国务院.关于加强和改进新形势下高校思想政治工作的意见[N].人民日报,2017-2-28(1).

新时代高职院校"双师型"思想政治理论课教师队伍建设研究①

汤雅兰②

摘　要： 新时代，随着国家对高等院校思政课的大力重视，高校思政课教师队伍建设变得十分重要。加强立于职业教育特色的"双师型"思政课教师队伍建设，是高职院校顺应时代教育发展潮流，提高思政课教学水平的关键。本文分析了当前高职院校"双师型"思政课教师队伍建设存在的主要问题，并探讨了建设高职院校"双师型"思政课教师队伍的重要意义，最后引入人力资源"4P"管理模式，作为高职院校"双师型"思政课教师队伍建设路径，为高职院校思政课教师队伍建设提供有益的参考和借鉴。

关键词： 高职院校；双师型；思政课；教师队伍

2019 年，习近平总书记主持召开思想政治理论课教师座谈会强调"办好思想政治理论课，关键在发挥教师的积极性、主动性、创造性"，因此加强思想政治理论课教师队伍建设对思政教学改革具有举足轻重的作用。高职院校同时具备"高等性"及"职业性"，《国家职业教育改革实施方案》《深化新时代职业教育"双师型"教师队伍建设改革实施方案》等文件中都明确提出，要大力发展高职院校"双师型"教师队伍，大幅提高"双师型"教师占专业课教师总数比例。[1][2]思想政治理论课教师作为高职院校教师队伍的重要组成部分，承担着培养学生良好的职业理想、职业道德和职业规范的任务，必须具备"双师"素质。因此，探索新时

---

①　本文系 2020 年度校科研专项课题"新时代高职院校'双师型'思想政治理论课教师队伍建设研究"（编号：DJ2020Z02）的成果。本文刊载于《科教文汇（中旬刊）》2021 年第 6 期。

②　汤雅兰，浙江工商职业技术学院（人事处）研究实习员，研究方向为高等教育学。

代背景下高职院校"双师型"思想政治理论课教师队伍建设,使高职院校的思想政治理论教育更具应用性和实效性是有必要的。

一、高职院校"双师型"思想政治理论课教师队伍建设问题

教育部在 2020 年 3 月出台《新时代高等学校思想政治理论课教师队伍建设规定》,进一步明确了新时代高校思政课教师队伍建设的具体要求。[3] 从国内的相关研究来看,高校思政教师队伍建设总体情况良好,并且保持着向上的发展势头,但具体到高职院校"双师型"思政课教师队伍建设,则还存在着一些问题。如:李彩娟(2014)发现内蒙古高职院校思政课"双师型"教师来源单一,专兼职和年龄结构不合[4];刘晟(2017)认为,高职思政课"双师型"教师构建进程受滞后的专业技能、综合素质、教学观念、引导模式等各类因素限制[5];谷静、谭为跃(2017)在总结目前社会和教育界对"双师型"教师概念理解的基础上,提出了高职院校思政"双师型"教师边缘化的问题[6];王琼、李霞(2020)发现,我国高职院校思政课教师企业实践困境主要表现在政府、企业、学校间未形成良性联动机制,企业主体作用发挥不充分,教师认知存在偏差和身份认同困境[7],等等。

近年来,浙江工商职业技术学院思政教师队伍扩充较快,新教师多为高校应届毕业生,缺乏相应的实践经验,"双师型"教师数量偏少,同时相比较于专业课"双师型"教师,学校对思政课"双师型"教师的要求较低,内涵建设较为薄弱,并且受社会实践形式单一的限制,"双师"素质提升相对缓慢。

总而言之,高职院校由于职业教育的办学定位,其思政课教师专业素养、研究能力、年龄结构等都与本科院校存在着一定的差距,而且能够体现职业教育特色的思政课"双师型"教师人数明显不足,"双师型"思想政治理论课教师队伍建设显著落后于专业课"双师型"教师队伍建设,加强"双师型"思想政治理论课教师队伍建设非常具有必要性。

二、高职院校"双师型"思想政治理论课教师队伍建设的意义

自 1995 年我国首次提出"双师型"教师建设要求以来,高职院校积极探索,在专业课"双师型"教师队伍建设中取得了长足的发展和较好的实效,但是

思想政治理论课"双师型"教师队伍建设情况却不容乐观。一方面,知识结构老化,思想认识模糊,实践能力较低;另一方面,教学针对性不强,与职业教育脱节。

因此,建设一支具备高尚的思想道德品质、精深的业务素质、优秀的教科研能力、熟练的实践指导能力、知识和技术创新能力的"双师型"思政课教师队伍,既可以立足高职院校自身特点而全面提升思政课教学水平,使其思想政治理论课既能体现理论性、前沿性,又能体现职业性、行业性。建设"双师型"思政课教师队伍的现实意义主要体现为以下几个方面。

一是有利于提升思政课程的应用性和实效性,充分挖掘思想政治理论课教学内涵,推动习近平新时代中国特色社会主义思想进教材、进课堂、进头脑,实现立德树人根本任务,维护意识形态安全,同时积极推动思想政治理论课教学外延,通过实践向社会大课堂扩展,向成长全过程渗透。二是有利于促进职业教育的可持续发展和学生的全面发展。培养思政教师的理论教学能力及实践育人能力,适应高职院校"工学结合,校企合作"的人才培养模式,培养学生的职业精神、职业信仰、职业伦理原则和道德规范。三是顺应职业教育发展的时代潮流和未来趋势,高职教育将继续立足于职业教育定位,进一步加强其教学课程的实践性、专业性和操作性,这势必压缩包括思政课在内的公共课的教学时长,而发展"双师型"思政课教师队伍则可有力弥补这种劣势,将专业课教学和思政课教学相互结合,在保障专业课教学效果的同时,提高思政课的教学水平。

三、高职院校"双师型"思想政治理论课教师队伍建设路径

高职院校思想政治理论课教师是典型的知识型员工,具有非常强的自主性、创造性和难以复制性。特别是"双师型"教师,作为专业化、特色化发展的重要依托,是高职院校最核心的生产力,也是最有价值的"资产"。人力资源"4P"管理模式着重体现了以战略为导向及"以人为本"的理念,以"一个中心、两个基本点、四大匹配"为理论内核,以"岗位管理、绩效管理、素质管理、薪酬管理"为基本内容[8]。笔者认为,"4P"管理模式可成为高职院校"双师型"思想政治理论课教师队伍建设的较好选择(见图1)。

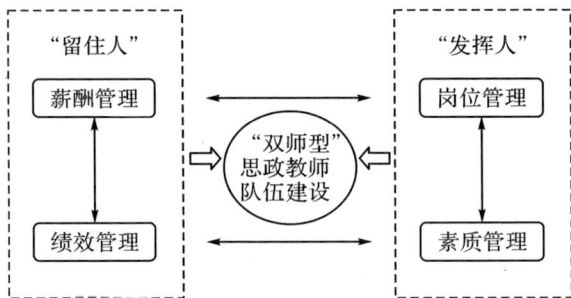

图 1　高职院校"双师型"思想政治理论课教师队伍建设路径

第一,"4P"管理模式强调以人为本,注重"留住人""发挥人",可以最大限度地挖掘"双师型"思政教师潜能,发挥其优势。第二,一个以岗位管理、绩效管理、素质管理、薪酬管理为基本内容的综合管理模式,可以有效改善目前高职院校"双师型"思政教师队伍人数偏少、建设内涵不足、素质提升滞后等状况。第三,可以把四个管理模块统领起来,避免割裂、孤立的局面,形成合力,打造一个有利于"双师型"思政教师成长的人力资源管理系统,为高职院校实现建立一支"政治坚定、业务精湛、师德高尚、结构合理"的"双师型"思政教师队伍的战略目标全面助力。

(一)岗位管理

一是加强岗位配比。高职思政课教师队伍仍然存在大量缺编的现象,专任教师比例过少,而兼职、外聘和临聘的师资良莠不齐,这些都影响了当前高职院校思政课堂教学质量的提升。高职院校思政课教师队伍的岗位配置应严格按照师生比科学设定,公办高职学校要在编制内配足教师,且不得挪作他用。二是"按岗找人"与"因人设岗"相结合。探索专职和兼职思政课教师相结合,针对高技能、高层次人才实行思政课特聘教师、兼职教师制度。三是注重团队培养。利用"双师型"教师培养培训基地、技能大师工作室、思政教师教学创新团队等,培养、凝聚团队力量,打造专业化、多元化的"双师型"思政课教学科研团队。

(二)绩效管理

对高职院校"双师型"思政课教师的绩效管理,应建立一套包括绩效计划、绩效考核、绩效沟通、绩效反馈、绩效发展的完整体系。一是根据"双师型"思政课教师岗位分析,针对初级、中级、高级分级确定绩效计划,提高针对性及指导性,对思政课教师的专业职业资格证书、社会实践经历、在外挂职时长等给予量化加分。二是围绕"双师型"思政教师的岗位职责构建绩效考核指标体系,分别将"双师型"思政教师教学、社会实践、育人、素质提升的岗位要求细化为定量的考核指标。三是把好"双师型"思政教师绩效考核的政治关。对在思想政治方面出现过问题的思政课教师,在各项考核评比中都实行"一票否决"制度。

(三)素质管理

针对近年来思政教师队伍扩充快的现状,实施"双导师"制度,为每一位新进思政教师配备一位专业导师和一位社会导师,帮助其提升教学能力和实践能力,快速适应"双师"教学需要。落实思政教师专项培训经费,鼓励思政教师参加培训、社会实践。同时,建立激励机制,通过奖励、职称评聘、与考核挂钩、树立先进典型等方式,从内在动力、外在压力和目标引力等多处着手,鼓励、督促思政教师提升自我素质。

(四)薪酬管理

一方面,保障"双师型"思政课教师整体薪资水平。"双师型"思政课教师需要承担比普通思政教师更加繁重的工作量,同时在自我素质提升上需要投入更多的精力、财力,因此,学校必须保证"双师型"思政教师的薪酬水平高于普通思政教师,以体现公平性,保证思政教师的积极性。另一方面,让"双师型"思政课教师的薪酬水平与年度、聘期的绩效考核结果挂钩,对获得表彰荣誉、教学成果奖、科研成果奖(人文社科)、高层次人才项目的"双师型"思政课教师发放奖励性绩效,充分激发高职院校"双师型"思政课教师的工作积极性。

四、结语

"双师型"思想政治理论课教师队伍的建设既是响应新时代对思想政治理论课教师的新要求,也是突出高职院校特色,实现高职院校内涵式发展的重要契机,为各高职院校提供新机遇,但也带来了新挑战。基于人力资源"4P"管理模式的建设路径从人和岗位出发,以岗位管理、绩效管理、素质管理、薪酬管理为着力点,提升思想政治理论课教师"双师"素质,留住优质"双师型"思想政治理论课教师资源,激励、发挥"双师型"思想政治理论课教师潜能,为各高职院校"双师型"思想政治理论课教师队伍建设提供较好的参考。

参考文献

[1] 国务院印发《国家职业教育改革实施方案》[EB/OL]. http://www. moe. gov. cn/jyb_xwfb/gzdt_gzdt/s5987/201902/t20190213_369226. html

[2] 教育部等四部门印发《深化新时代职业教育"双师型"教师队伍建设改革实施方案》[EB/OL]. http://www. moe. cn/srcsite/A10/s7034/201910/t20191016_403867. html

[3] 教育部印发《新时代高等学校思想政治理论课教师队伍建设规定》[EB/OL]. http://www. moe. cn/srcsite/A02/s5911/moe_621/202002/t20-200207_418877. html

[4] 李彩娟. 高职院校思政课"双师型"教师队伍现状分析[J]. 包头职业技术学院学报,2015,16(1):39-42.

[5] 刘晟. 高职院校思政课"双师型"教师队伍建设分析[J]. 才智,2017(18):2.

[6] 谷静,谭为跃. 去"双师型"思想政治教师边缘化研究[J]. 林区教学,2018(4):8-10.

[7] 王琼,李霞. 高职院校思政课教师企业实践困境分析及对策思考[J]. 陕西职业技术教育,2020(2):50-53.

[8] 林烜. 4P模式在高校人力资源管理中的应用研究[J]. 知识经济,2016(7):178-180.

高职思政课程与孔孟君子文化融合研究

——以"思想道德修养与法律基础"课程为例[①]

金　琼[②]

摘　要:高职思政课程的价值发挥,离不开"文化化人"和"立德树人"。孔孟的君子文化作为我国优秀传统文化的重要组成部分,丰富和拓展了高职思政课程的内容。本文旨在立德树人的前提下,将孔孟的君子文化与高职思政课程进行融合,探索孔孟君子文化中对高职思政课程有利的成分,融入教育过程,包括人生观、社会主义核心价值观、道德观、法治观的内容,使孔孟君子文化适应时代和课程的发展要求。

关键词:孔孟君子文化;高职思政课程;思修

毛泽东在党的六届六中全会上最先提出"马克思主义中国化"时指出:"学习我们的历史遗产,用马克思主义的方法给以批判的总结,是我们学习的另一任务。……从孔夫子到孙中山,我们应当给以总结,承继这一份珍贵遗产。这对于指导当前的伟大的运动,是有重要的帮助的。"进入新时代,习近平总书记对发展中华优秀传统文化依旧高度重视。党的十九大报告提出,要"推动中华优秀传统文化创造性转化、创新性发展"。因此,通过孔孟君子文化与高职思政课程"古为今用"的融合,有助于实现立德树人的根本任务,为实现中国梦提供重要动力。

---

①　本文系宁波市教育科学规划课题"高职思政课程与孔孟君子文化融合研究——以"思想道德修养与法律基础"课程为例(编号:2020YGH064)的研究成果。

②　金琼,浙江工商职业技术学院思政课教师,研究方向为思想政治理论课教学。

一、孔孟君子文化与高职思政课程融合的依据

(一)价值传承:兴于诗,立于礼,成于乐

在先秦典籍中,"君子"初始含义是"君之子",后引申为"贵族男子"和"统治者"[1]。到孔子时期发生了重要改变,孔子站在人性哲学的高度,将周代以来的"尚德、德治"思想注入君子位格中,大大丰富了"君子人格"的内涵,使"君子"成为中国人的理想追求[2]。孟子在孔子的基础上,将"谦谦君子"构建出另一个具有"为仁由己、天下为己任"使命感的"浩然正气的大丈夫"。

关于君子文化的形成,需从《论语》的视域进行探究。《论语·泰伯篇》中孔子提到:"兴于诗,立于礼,成于乐。"古今学者对此内容见解不一。本文采用的是王齐洲教授的观点,他的"兴于诗,立于礼,成于乐"指出了君子人格养成的途径与方法[3]。元史伯璇(1299—1354)也曾解说:"'兴'虽在'诗',而所兴者则是'志道';'立'虽在'礼',而所立者则是'据德';'成'虽在'乐',而所成者则是'依仁'。"[4]

从上述表达中不难发现,孔孟的君子文化虽从"数术"文学教育入手,但最终的目标是实现立德树人,使统治者、学生、老百姓都能成为对社会和国家有价值的君子。在这个过程中,形成了以"仁"为本的"仁、义、礼、智、信"等诸德性构筑的君子品德,"内省外王"的君子修养和实践的方式,"中庸和合"的君子处世态度,"重义轻利、舍生而取义"的君子利义观,"以天下为己任"的君子社会使命感,等等。

(二)以人为本:马克思主义人的全面发展思想

马克思在《1844年经济学哲学手稿》中,阐述了"人以一种全面的方式,也就是说,作为一个完整的人,占有自己的全面的本质"[5]的发展思想。这就意味着,人需要在自由发展、自我创造、自我实现的过程中,通过物质的和精神的成为全面占有自己本质的"自由人""完整人"和"全面发展的人"。其中,只有精神境界的全面提升才能赋予人在积极豁达乐观的人生态度中了解生命的真谛,从而达到马克思所描述的"真正的自由王国"。

孔孟君子文化实现的以"仁"为本不仅使人了解"人之为人"的生物主体和社会分工,更升华出了"人之为仁"的价值主体和精神追求。在天地人"三才"中,人

即君子,发挥着构建人与人、人与社会和人与自然的和谐关系的作用。"人之为人"需要君子将做人之理融于日常,于是人与人之间便有了君惠臣忠、父慈子孝、兄友弟恭、夫仁妇顺、朋友有信这五种双向互动的人际关系,由个体到社会,由小家到国家,构筑大同社会。"人之为仁"使得君子在不断突破中追求更高尚的精神境界并践行生命的意义。"君子之仕也,行其义也。道之不行,已知之矣。"[6]在"修己安人"的过程中,实现"舍我其谁"的家国担当。

因此,孔孟君子文化的以"仁"为本与马克思主义的"以人为本"在人的价值主体地位上达成了一致。

(三)文化自信:习近平新时代中国特色社会主义思想

"没有中华五千年文明,哪有我们今天的成功道路。"自十八大以来,习近平总书记反复强调文化自信。2021年3月,习近平总书记在福建朱熹园考察时了解文化传承,并谈文化自信:"我们要特别重视挖掘中华五千年文明中的精华,弘扬优秀传统文化,把其中的精华同马克思主义立场观点方法结合起来,坚定不移走中国特色社会主义道路。"

文化是一个国家和民族的根和魂,孔孟君子文化作为优秀的中国传统文化的重要组成部分,丰富和拓展了习近平新时代中国特色社会主义思想,有助于为中国特色社会主义文化"植根",从而增加文化自信的底气。孔孟君子文化中的义利观、政治观、道德观等在新时代依旧具有重要的价值,能够引导中华民族走向欣欣向荣,日益走近世界舞台的中心。因此,传承和弘扬优秀中华传统文化更是每一代中华儿女义不容辞的责任和使命。

二、孔孟君子文化与高职思政课程融合的内容——以"思想道德修养与法律基础"课程为例

(一)孔孟君子文化与人生观的融合

1.青春之问

孔孟君子文化关于人生目的的思考有助于深化大学生对人生目的的认识。其融合的内容包括:(1)人之为人;"人受命于天,固超然异于群生",人与其他物

种的"异",在于拥有"四端"的情感和行为取向,形成了君子"人之为人"的价值。(2)君子志气;"夫志,气之帅也,人之命也,木之根也"。孔孟君子文化讲求个人通过自身的修养来发挥个人的能动性,完成志向,达到完美人格。(3)"外王内圣";"外王"主要是指齐家治国平天下的社会实践,"内圣"讲的是个人的自律修养的方式规律,两者是一个相互作用的统一体。在孔孟君子文化中,人应当努力拼搏,发愤图强,建功立业。(4)"义利"和"公私";在孔孟君子文化中,个人不仅需要寻求"仁者爱人"的家国、民族大义,同时也要追求"穷则独善其身,达则兼济天下"的个人情操。

2.理想信念

在讲授这部分内容时,要引导学生将自己的"个人梦"同国家发展的"中国梦"紧密结合,通过不懈地坚定信念,努力实现个人理想。可融合的内容有:"古之欲明明德于天下者,先治其国;欲治其国者,先齐其家;欲齐其家者,先修其身;欲修其身者,先正其心;欲正其心者,先诚其意;欲诚其意者,先致其知,致知在格物。物格而后知至,知至而后意诚,意诚而后心正,心正而后身修,身修而后家齐,家齐而后国治,国治而后天下平。"

"心中有信仰,脚下有力量。"这同样是孔孟君子文化的主旨,符合当下大学生的人生进取追求,个人的修养成长最终目的是将个人的理想信念投入国家的伟大复兴之中。

3.中国精神

此处可以融合的内容是"君子精神",包括"自强不息"和"厚德载物"两个主要方面。"自强不息",既是一种一往无前的执着信念,也是孔孟君子文化中一种坚定刚强的独立人格的体现。"自强不息"启示学生要自尊自爱,奋力拼搏,使个人有限的时间过得有生命意义。"厚德载物"包括以下几个方面:谦逊诚实,遵礼守信;胸怀坦荡,豁达包容;勇于改过自新;知命达观,无所为而为,有所为有所不为。君子精神中的"自强不息"和"厚德载物"始终是中国精神中历久而弥新的重要组成部分,前者以国家民族大义为己任,敢为天下先,勇立潮头;后者兼并包容,博爱宽和,求同存异。

（二）孔孟君子文化与社会主义核心价值观的融合

1. 个人层面：修身

可以融合的内容有"九思"：视思明，听思聪，色思温，貌思恭，言思忠，事思敬，疑思问，忿思难，见得思义。这些内容全面地涵盖了个人在日常中的言谈举止和道德修养。"九思"的思，是思考的意思，也可以进一步理解为对自我的三省和反思。当然，修身不仅仅是为了自我的提升，更是为了和社会主义核心价值观中的社会层面和国家层面进行联系，形成一个统一整体，从而实现爱国敬业、诚信友善。

2. 社会层面：处世

可融合的内容主要有"忠恕之道"："己欲立而立人，己欲达而达人"，"己所不欲，勿施于人"。君子不是简简单单的孑然一身。孔子认为，想要成为君子就必须具备人与人相处的品性，达到和谐的人际关系。人与人的和谐关系在儒家看来主要是"五伦"关系，例如，尊敬师长、孝敬父母、有信朋友等不仅仅是为了构建人际关系，更重要的是对父母、师长等人发自内心的感恩肺腑之行，由血亲等推及社会其他关系。因此，"老吾老以及人之老，幼吾幼以及人之幼"、回报社会等将会是每个人应该奉行的道德原则，从而形成自由平等公正法治的和谐社会。

3. 国家层面：爱国

在国家层面，可融合的内容包括：（1）家国一体，家国同构。在中国人的理念中，"家—家乡—国"是紧密相连、直接贯通的。《论语·子路》中提到："天下之本在国，国之本在家，家之本在身。"家是最小国，国是最大家，需要每个人携手共建富强民主文明和谐的国家。（2）爱国情怀。在孔孟君子文化中，较为重视培养爱国情怀，形成了强烈的家国意识和民族尊严，如《礼记·大学》提到的"修身，齐家，治国，平天下"的人生阶段目标，正是源于爱国情感。

(三)孔孟君子文化与道德观和法治观的融合

1.道德层面

"思想道德修养与法律基础"课程要达到的一个重要目标就是道德教育:实现明大德守公德严私德。要实现这一目标,就必须在马克思主义道德理论体系下,根据社会主义社会道德的原则,按照个体道德修养的规律和方式方法来展开。因此,在这一方面,可以和孔孟君子文化融合的内容有:(1)道德条目,主要是以仁为核心,同时又包含着仁、义、礼、智、信这五种最基础、最稳定的道德条目,这也是中华传统美德的核心内容之一。(2)君子内省修身之道,包括健康的体魄、积极向上的心理,不断地自我反省、自我约束。(3)为人处世之道,包括君子要诚实守信、以诚为本,君子要谨言慎行、小心谨慎,等等。

2.法治层面

法治是现代文明的制度基石。作为民族复兴大任的担当者,大学生需要具备一定的法治素养,能够深刻理解社会主义法治道路、法律体系的精髓,做到"遵法、学法、守法、用法"。可融合的内容有:

(1)中国特色法治的概念。今日中国法治必然是在马克思主义指导下走出一条属于中国特色的依法治国的道路。这就需要在马克思辩证唯物主义的视角下来挖掘中国特色,在融合过程中取其精华、去其糟粕。

(2)"以德治国""以礼治国"和"依法治国"的联系。"以德治国"和其中的"德"于周朝时被提出,目的是使社会和国家能够安定,之后由孔子整理成为儒家的理论经典。至于"以礼治国",从西周开始,"德"就入礼,"以礼治国"也就是"以德治国"。这一部分的内容融合,主要让学生能够了解今日的"依法治国"有着悠久的中华法治思想和法治实践。

三、结　语

除了内容的融合,高职思政课程还可以通过加强对教学计划、课程、专业等的顶层设计,把有关孔孟君子文化融入教学过程,向大学生系统地讲授孔孟君子文化的核心思想理念,使学生获得正向引导。高职教师自身需要加强传承和弘扬优秀传统文化的文化自觉,通过一堂堂生动活泼、感染力强的理论课堂和实践课堂不断增强学生的文化自信,并促使大学生不断将孔孟君子文化中跨越时空和国家的精神人文价值转换为自我的行为习惯,真正达到"修身齐家治国平天下"的人生目标。除此之外,在课程设计和教学环节中,培养并加强高职学生对中华文化和民族的认同感,敢于向世界展示中华优秀传统文化,并转化为自己的使命和责任,推动中华民族优秀文化的伟大复兴,最终达到立德树人的目标。

参考文献

[1] 刘亚明.从《论语》管窥孔子的君子人格管理哲学[J].文教资料,2013(17):81-82.

[2] 王齐洲."成于乐":儒家君子人格养成的性格特征和精神向度——孔子文学教育思想探论之三[J].华中师范大学学报(人文社会科学版),2017,56(5):89-95.

[3] 马克思,恩格斯.马克思恩格斯全集 第42卷[M].中共中央马克思恩格斯列宁斯大林著作编译局,编译.北京:人民出版社,1960.

[4] 论语译注[M].杨伯峻,译注.北京:中华书局,2006.

[5] 习近平.没有中华五千年文明,哪有我们今天的成功道路[N].人民日报,2021.

[6] 大学中庸译注[M].王文锦,译注.北京:中华书局,2008.

扩招背景下高职院校思想政治教育的困境与对策探析[①]

石梦瑶[②]

摘　要:高职院校扩招使得高等职业教育面临着前所未有的机遇和挑战,扩招后高职院校学生的思想政治教育工作也随之面临着困境。本文从高职院校扩招的现实意义、高职院校思政教育工作的现状、扩招后思政教育工作面临的困境及其对策等方面进行分析和探讨。

关键词:高职院校;扩招;思想政治教育;困境与对策

2019 年《政府工作报告》中明确提出"职业教育是国民教育体系和人力资源开发的重要组成部分""改革完善高职院校考试招生办法,鼓励更多的应届高中毕业生和退役军人、下岗职工、农民工等报考,今年大规模扩招 100 万人"。这是国家首次将职业教育摆在国家政策层面,进一步明确了职业教育担负的使命和职责。在 2019 年扩招的基础上,2020 年国家继续扩招 200 万人。一方面,这显示出职业教育的重要性;另一方面,连续扩招对于高职院校来说也面临着不小的挑战和压力。

立德树人是高校的办学宗旨和根本任务。大学阶段,是人一生发展的关键时期,是其世界观、人生观、价值观形成的重要阶段。中国正在昂首阔步地实现民族的伟大复兴,新时代呼唤能够担当民族复兴大任的时代新人。高职院校连续扩招正是提升全民文化素质、提高就业能力、拓宽就业渠道的有力措施,是为

① 本文系浙江工商职业技术学院党建研究课题"百万扩招背景下高职院校思想政治教育的困境与对策"(编号:DJ2020Z04)的研究成果。
② 石梦瑶,浙江工商职业技术学院办公室秘书、助教,研究方向为思想政治教育。

社会繁荣发展和经济建设储备生力军的有力举措。随着扩招带来的学生群体的变化,高职院校如何能够适应改革的变化,顺应历史的潮流,不忘立德树人的根本任务,进一步改进和完善学生思想政治教育工作,为中华民族的伟大复兴培养出符合新时代要求的时代新人,是值得思考的问题。

一、高职院校扩招的时代背景和现实意义

高职院校连续百万的扩招有着特殊的时代背景,具有一定的现实意义和深远影响,是符合当前中国国情和高速发展的社会经济发展的需要的,同时也优化了高等教育结构,将职业教育放在和普通高等教育同样重要的地位,给越来越多的学子学习本领和技能的机会和场所,从而更好地服务社会经济发展。

(一)促进经济高质量发展

随着我国经济的快速发展,对高素质应用型、技术技能型人才的需求大幅度增加。2020年是中国第一个百年奋斗目标的关键一年,是全面实现建成小康社会的关键之年、决胜之年,国家的企业经济、产业产能都要得到全面的升级,原本低端的、需要大量劳动力生产的劳动密集型产业逐渐过剩,中国的经济需要进行产业升级和转型。高职院校是培养和输送应用型、技术技能型人才的主要阵地。大力发展职业教育,是基于国家经济建设发展及社会发展的需要,同时也是推进我国走新型工业化道路、进一步解决"农村、农业、农民"问题、服务和促进民生发展、促进就业再就业的重大举措和有力措施。通过职业院校的扩招,全面提高劳动者的技术技能水平和职业素养,造就一大批高素质的大国工匠,是实现我国经济高质量发展的必然选择和必由之路。

(二)优化高等教育结构

高职扩招是新时代高等教育改革发展的必然趋势、必经之路,是深入贯彻落实党的教育方针,遵循教育发展规律,实现教育事业全面协调可持续发展的必然要求。教育的本质是为人的发展服务,不是每个人都适合或都能成为科学家、教授或工程师,那么让这一部分人早日找到自己的位置和职业方向,早日认识自己的潜力和发展空间是更好的选择。以往职业教育往往被边缘化,被认为是成绩

不好的孩子的选择和出路,职业院校在办学条件、师资力量上都无法和普通高校相提并论,甚至职业院校学生毕业后的就业前景不容乐观。随着大众对教育规律的认知加深及社会经济结构的不断变化,目前,中国俨然成为世界第二大经济体,中国制造已经走出国门走向世界,大力发展国民经济,离不开技术技能型人才。从职业教育类型来看,近年来连续扩招是从职业教育的角度来看待人才培养,把职业教育放在和普通高等教育同样重要的地位,甚至是更加突出的位置,这是社会经济发展所需要的。它不但优化了高等教育结构,而且为社会发展培养了大批技术技能型人才,可以有效地缓解行业人才短缺的现状和普通高校毕业生的就业压力。

二、高职院校扩招后思想政治教育工作的现状分析和面临的困境与挑战

习近平总书记指出,高校的根本任务是立德树人。当代大学生想要成为担当民族复兴大任的时代新人,必须立大志、明大德、成大才、担大任,不断提升思想道德素质和法律素养。在日新月异的社会变革和当今全球风起云涌的大背景下,如何帮助新时代的大学生树立正确的核心价值观尤为重要。信息时代给传统思政教育带来了很大的冲击。高职院校对思政教育工作重视不够、整体设计不足及师资配备匮乏等因素导致高职院校思政教育工作面临诸多的挑战和困难。

(一)高职院校思想政治教育工作的现状

1.高职院校思政理论课受到新媒体的冲击

网络时代,新媒体的发展带来的直接结果就是信息大量涌现,学生获得信息的渠道和途径以比前大大增加了,但同时对思想的冲击性也在不断加深[1]。对于思想和心智本就不够成熟的高职院校学生来说,仍然缺乏判断是非真伪和善恶对错的能力,便捷又快速的信息接收和获取方式,往往会让他们产生思想上的困惑和选择上的失误,容易被一些言论所蛊惑或迷惑。大学阶段是树立三观的重要时期,文化上的多元性、思想上的多样性、互联网带来的便捷性,以及学生群体不稳定的价值取向和价值选择,给学校思想政治理论教育工作带来了更大的

挑战,如果不能帮助大学生树立正确的核心价值观,那将对他们今后的人生造成困扰。

2.高职院校思政教育工作缺乏整体性和全局性

在不断扩招的大背景下,高职院校发展的速度不断加快,规模不断壮大。很多高职院校更多考虑的是资金、教室、宿舍等硬件设施的配备,以及专业教育的师资力量等,往往忽视了思政教育工作对于学校的重要性,对学校思政教育工作缺乏整体性和全局性的设计与布局,使得思政教育处于相对边缘的境地。不少职业院校重技能轻理论,只重视专业发展,忽视学生思想品德的培养和职业素质的养成,忽视学生职业素养和职业精神的培养与锤炼,导致思政教育工作成效不显著。

3.高职院校思政教育师资队伍结构不合理

一些院校过分强调"树人"任务,重视专业技术技能的培养,看重招生率、就业率,在学校师资队伍建设和人才引进方面,往往注重专业教师队伍的建设和培育,对思想政治教师的队伍建设缺乏系统完善的统筹和规划,对思想政治教育重视不够,忽视了"立德"的使命。面对高职院校的专职思政教师配比严重不足的状况,虽然国家出台了思政教师队伍建设方案,要求按照学生比例配足配齐思政教师,但一些学校由于经费不足或者自身对思政教育重视程度不够,师资队伍配备上仍然存在不足。一些学校通过聘任兼职教师的形式来解决师资配备不足的问题。这类兼职思政教师主要由辅导员或者具有相关专业背景的行政老师兼任。兼职教师往往被边缘化,因为大部分兼职教师的行政工作繁重、琐碎,事务性工作较多,没有时间和精力好好备课或者参与研讨、调研,也缺乏系统的培训、学习的途径及渠道,导致他们理论知识掌握不扎实,对社会热点问题不敏感,无暇钻研如何上好课,从而影响授课效果,影响思政教育工作的效果。

(二)高职院校扩招后思想政治教育工作面临的困境和挑战

1.扩招学生的价值取向呈现多样性和差异性

高职院校连续扩招以后,带来的最根本和最直接的变化就是学生生源更加多样化及差异化,扩招的部分生源来自下岗职工和农民工,这类群体往往处于社会底层,他们对现实中存在的城乡差距、贫富差距等问题有着更直接、更深刻、更透彻的感触和体会。由于自身知识储备较少,缺乏一技之长,他们在高速发展的社会中很难找准自身的定位,因此重新回到校园内学习知识技能。同时,其自身知识的局限性导致对社会产生片面的认识,回到学校里看到自身和其他学生之间的差距,容易产生负面情绪,难以适应大学生活。对于如何提高教育教学质量,帮助这类群体适应大学生活,学习掌握技能本领,使他们更好地走向社会、服务社会,高职院校面临着更多的困难和严峻的挑战。另外,这类群体不单要在校园内学习知识技能,还要锤炼道德品质,培养职业素养和职业精神,成为新时代的大国工匠。针对这类群体存在的多样性、差异性和不平衡性,目前普通高等学校所使用的思想政治理论课教材和相对传统的授课方式对于他们来说还是枯燥晦涩的,难以调动其学习积极性。

2.扩招学生群体功利主义和实用主义倾向性较强

扩招的这部分群体重返校园的学习目的更加明确,他们往往以就业为导向,希望可以通过"回炉再造"尽快掌握一项技术、技能作为立身之本,以便更好地适应社会的发展,因此,功利主义倾向较强,对于专业技能学习的渴望远远超过对理论知识和品质素养提升的需要。他们在主观意识上忽视甚至漠视思想政治素质的培养,觉得这些对于以后的工作用处不大,不能带来直观、实用的效果。但随着社会的进步和经济的快速发展,我国越来越需要具有工匠精神的大国工匠,而不是只掌握操作技能的技术工人。这种大国工匠是职业道德、职业能力、职业素质、职业品质的集中体现,是每一个从业者的职业价值取向和现实行为表现。社会的进步不单单体现为经济的腾飞、科技的发达、国防的强大,以及生活水平的提高,还包括精神层面的提升,也就是一个国家的软实力。其主要体现在国民的素质和精神风貌上,是一个国家的精神追求和共同的价值取向。只有物质文明和精神文明齐头并进、共同发展,人类才能真正走向文明。因此,工匠精神是人类社会文明进步的重要标尺,是企业竞争发展的品牌保障,是个人成长的精神追求和道德指引,是一种认真精神、敬业精神,是对职业的敬畏之情、对工作的执着之情。过于追求功利和短期效益的学习,不注重品质素养的培养,是无法适应社会发展的需要的。

三、高职院校扩招后思想政治工作的创新路径探究

思政教育必须结合高职学生的特点,贴近学生,贴近生活,一方面要保证高职思政教育的有效性,另一方面要使高职思政教育来源于生活又贴近生活,保证高职思政教育的时效性。扩招百万背景下的高职思政教育需要探索更适合的模式和路径。

(一)统一思想,多方联动,构建思政工作新体系

思政教育工作绝不仅仅是思政教师的事,需要全校统一思想,齐心协力,创建"大思政"环境。首先,要深刻认识到扩招的背景和意义,制定适合这部分群体的专业课程,帮助他们掌握技术技能,以便更好地走向社会。其次,学院党委行政要把"立德树人"作为办学的最终目标和根本任务,充分发挥"大思政"课堂效应,构建多方联动、齐抓共管的"大思政"工作格局。再次,各学院要搭建课程思政全方位协同育人机制,共同助力思政教育工作,根据学院特色和专业特色,深入分析学生群体的特点,结合学院和专业特色,积极开设"小思政"课堂,从三个层面把思想政治工作贯穿学校教育教学全过程,即发挥教师队伍"主力军"的作用,立足课程建设的"主阵地"和课堂教学"主渠道",在所有专业、所有课程、所有课堂中全面推进课程思政,深入挖掘专业课程所蕴含的思想政治教育元素和所承载的思政教育功能,进一步优化课程思政的教育教学内容,使各级各类课程与思想政治理论课同向同行,实现"三全育人"即全员、全过程、全方位育人的教学效果。最后,扩招学生中一部分群体因为自身跟不上社会经济发展而重新回到学校深造,但回归校园后又因为各方面不适应而倍感压力,这部分学生和普高生或者职高生的知识结构不同,有些甚至没有接受过系统的学习,方方面面的不适应会造成思想和心理上的困扰,学校心理中心要加强对这部分学生的日常管理和心理辅导。

(二)因材施教,灵活教学,创新思政教育新途径

要清晰地了解扩招学生的来源、特点及学习情况,学校教务处要根据这类学生因材施教地制定教学计划和人才培养方案。在日常教学中,教师根据扩招生

源的思想特征、知识特点,因材施教。加强教育教学课堂管理,根据不同的生源开展不同的学习方式,创新教育教学形式和考核评价方案,等等。首先,教学中应当引入更多和这部分学生以后工作学习息息相关的知识,如就业指导、法律知识等,专业课程教学应当以课程思政为导向,更多地融入思政元素,可以从政治认同、家国情怀、传统文化、人生三观、道德修养、法律修养、身心健康等几个方面深入挖掘[2]。其次,采用更多案例教学,贴近生活的鲜活案例更能吸引这部分学生注意力,引发他们学习的兴趣。最后,拓展教育教学方式,发挥实践教学引导作用。对于扩招的这部分生源,可以采用探索专题式教学、案例式教学、讨论式教学等新型教学方法,提高学生的课堂参与率,也可以适当增加实践教学学时,丰富实践教学的形式。

(三)整合资源,加强队伍建设,推进育人工作新局面

思想政治教育队伍建设是思想政治教育工作的基础和保障。队伍建设是开启育人工作新局面的首要任务。首先,聚焦教师队伍的能力提升,构建系统完善的培训体系,提高思想政治工作队伍的专业化、品牌化、职业化。完善的思政教育培训体系,是提高教师教育教学能力的关键。其次,思政教育不应该仅仅局限于课堂,更不应该仅仅是思政专业教师的工作。在培养专业思想政治教育人才的同时,要全面提高加强思政工作者的教育工作能力,一方面要配足配齐思政专业教师,提升教育工作能力;另一方面要从"大思政"教育的角度,提升专业课教师、心理咨询师、辅导员的思政工作能力,推动思政课建设和日常思政教育深度融合,实现融会贯通。

参考文献

[1] 汤力峰,王学川.自媒体环境下高校思想政治工作的创新[J].中国青年研究,2012(3):34-37.

[2] 杨增崇.高校思想政治理论课实践教学的困境及突破[J].思想理论教育导刊,2016(10):100-103.

关于辅导员在大学生就业指导工作中
的价值及改革途径①

陈海燕②　杨　莹③

摘　要:本文结合当前新冠肺炎疫情背景下大学生严峻的就业工作挑战,分别从学生层面、教师层面和学校层面阐述大学生就业过程中存在的问题和不足。以高职院校制造业专业为例,分析辅导员在就业工作中的价值和作用,提出通过提升辅导员职业能力、收集企业有效资源、把控国家政府有利政策、完善跟踪调查机制等途径对就业工作进行改进,为大学生就业工作提供有效途径和有力保障。

关键词:就业指导;职业能力;有效资源

　　2020 年初新冠肺炎疫情的"突然造访"给国内人民的生活带来了巨大的改变。为了彻底消除新冠肺炎病毒,人们自觉地居家隔离。同时,国内经济受损严重。制造业作为国内最大实体经济,其受损程度首当其冲[1]。虽然政府在第一时间给予工厂、企业经济补贴,但是工厂停产、企业裁员现象屡见不鲜,尤其中小型企业可谓"命悬一线"[2]。在经历过 2020 年初企业裁员到新冠肺炎疫情得以控制后企业复产,制造业企业又面临招工难的问题,裁员和就业压力为应届大学生就业前景蒙上了一层厚厚的阴影。因此,对应届大学生的就业进行科学的引导势在必行[3]。

　　①　本文系浙江工商职业技术学院辅导员专项课题(编号:0020600722)的阶段性成果。

　　②　陈海燕,浙江工商职业技术学院辅导员,主要研究方向为大学生就业指导、大学心理学。

　　③　杨莹,浙江工商职业技术学院辅导员,主要研究方向为职业能力提升。

高职院校作为应用型人才的培养基地,是为制造业企业培养高技能人才的"摇篮"[4]。辅导员作为与学生接触较多、对学生影响较大的老师,不仅影响着大学生的生活,同时也影响到大学生的就业工作[5]。现阶段,多数高校辅导员承担"大学生就业指导""大学生职业生涯规划"等课程,在课程中引导学生做好就业准备并结合生活中科学的指导是大学生树立科学就业观和稳定就业的必备前提,这也需要辅导员具备扎实的职业技能和课程思政能力[6]。因此,本文以大学生就业工作为导向,结合当前高职院校制造业专业学生的就业形势,分析大学生就业过程中存在的问题和挑战,对辅导员在大学生就业过程中所起的作用和创新改进进行研究。

一、大学生就业的影响因素

1.学生层面

学生作为就业指导工作中的主体,其积极程度是直接影响就业质量的因素。当前大学生处于就业盲目、能力欠缺、意识淡薄的状态,其社会适应能力、自主创新能力以及抗压能力较差,自我就业和创业意识缺乏理性的掌控。就制造业学生就业来说,制造业作为我国技术创新的首要领域,其实体行业的发展对国家经济发展具有鲜明的推进作用,但目前多数制造企业技能型人才紧缺,中小型企业技术工人的平均年龄接近40岁,企业员工年龄分布、学历分布、技术创新人才分布等都处于断层状态。在国家大力支持制造业发展并推出诸多有利政策的背景下,制造业学生就业本应处于供大于求的形势,但是多数学生缺乏对就业的理性认知,对自身能力的判断和就业的期望值过高,即过于自信加上追求过高的待遇和岗位条件,导致就业过程中处处碰壁。

2.教师层面

辅导员作为接触学生最多、了解学生最深的教师群体之一,不仅承担学生的日常管理工作,还承担"大学生就业指导"等重要课程,对学生树立就业观起到了重要的作用,决定了学生在如此严峻的形势下能否顺利就业。首先,辅导员和企业之间良好的交流是学生就业能否顺利的重要条件之一。企业需要怎样的人才,人才应具备哪些知识技能,辅导员应对这些问题了如指掌。其次,关于学生在学校组织的活动、课余时间的学习安排等,有效地提高学生的职业能力是辅导员应具备的重要条件之一。最后,辅导员应在生活中和课堂上帮助学生树立正确的就业观和待业选择观。这是关系到学生职业生涯的重要因素之一。

3.学校层面

学校是培育高技能人才的重要场所。每一节课堂学习、每一次学校活动经历、每一个观念意识的灌输都会对学生的就业以及职业生涯产生重要影响。近年来学校往往只重视学生的就业率,忽视了就业质量和迎合社会发展的趋势,虽然在学生就业过程中就业率可达98%以上,但是多数学生在工作一年甚至半年左右就会重新就业,久而久之形成恶性循环,学生得不到社会工作的归属感,造成毕业生跟踪调查效果较差。

二、辅导员在大学生就业过程中的作用和价值

1.就业指导领航员,提供学生就业保障

高职辅导员作为学生就业指导的领航员,时刻关心着学生的学习和就业工作,为学生的就业工作保驾护航。辅导员的日常工作与学生的学习成绩、心理变化、职业能力、就业保障等息息相关,对大多数学生的生活习惯、一技之长都一清二楚,根据目前专业发展形势为学生规划职业生涯。针对有一技之长的学生,可以鼓励其发挥特长进行对口就业;针对想从事本专业的学生,可以根据企业要求对其进行定向训练;针对就业有困难的学生,可以提升其就业能力之后结合行业需求进行就业。

2.就业心理指导员,引导树立科学就业观

目前,大多数辅导员具备心理咨询师技能,学生因生活和学习过程中的压力而产生的心理变化,最先察觉的就是辅导员。辅导员作为学生就业过程中的心理指导员,可以第一时间培养学生自我认识的能力,学生就业过程中首要工作就是对自己进行准确定位,切勿盲目跟从和过分自信,只有科学地认识自己的能力才能根据自身能力和兴趣选择适合自己发展的职业。辅导员可以通过学生心理

测评和能力测评了解学生的就业动态和心理波动,引导学生对就业岗位和自身能力进行准确评估,做好学生的思想工作,帮助学生树立科学的就业观。

3.就业信息管理员,铺平学生就业之路

大学生在就业过程中不仅要提升自身的就业能力,同时也要学会就业过程中的信息收集和技巧锻炼。辅导员任教"大学生就业指导"课程就是为学生就业铺平道路的有效途径[7]。收集有效信息,培养面试技巧,提升学生协作能力是该课程的目标、宗旨。在课程学习过程中,辅导员可以根据自身的就业过程和以往学生就业经历对在校大学生进行案例指导,通过模拟招聘面试让大学生切身体会到真实的面试场景和求职过程,对自身职业能力进行有效评估,可以根据每一名同学的自身条件合理地进行职业生涯规划设计,引导学生积极就业,为学生的就业铺平道路。

三、辅导员开展大学生就业指导工作的对策和创新

(一)提升自身专业知识,提高就业指导能力

辅导员作为学生就业工作中的主力军,直接影响他们的就业质量和就业率,因此辅导员必须具备扎实的就业指导能力,并努力提升自身的综合能力。首先,学校应建立就业指导培训机制,培养辅导员就业指导能力和职业素质。其次,辅导员积极参加就业指导方面的社会培训,了解当前社会就业形势和政策,是提高自身综合能力的有效途径之一。提高面试技巧,掌握职业规划理论,学习成功案例并进行自我反思。最后,不断听取专家和业界知名人士的讲座,借鉴他人的成功经验,对自身的不足进行改进,保障学生就业工作的有效进行。

(二)仔细解读相关政策,拓宽学生就业渠道

国家和政府出台的大学生就业政策是从宏观上把控就业的方向,只有精确地解读各地方的政策才能为学生就业过程拓宽道路。学生在就业过程中往往忽视国家政策的引导,社会上纷杂的就业信息打乱了学生的顺利就业。这就需要辅导员团队把控有效的就业政策,甄别和筛选准确可靠的就业信息,宣传地方政

府的指导政策,仔细解读对学生有利的就业政策,引导学生科学、准确地就业,拓宽学生的就业渠道。

(三)走进企业进行有效调研,精确定位就业方向

高职院校是培养高技能人才的"摇篮",学生的就业多数是进入企业工作,不同形势下企业的就业需求相差甚远。因此,需要辅导员走进企业进行调研,了解当前就业形势下企业对各方面人才的需求,摸清相关企业的需求人数和专业条件,从而有针对性地开展就业指导。辅导员应和专任教师一起与企业建立良好的人才输送关系,平时与企业进行交流和合作,互帮互助,在就业过程中能够知己知彼,做到给学生就业方向精确定位。

(四)完善毕业跟踪调查机制,合理利用有效资源

高职院校毕业生跟踪调查不仅是辅导员了解毕业生动态的途径,也是衡量就业质量的有效标准之一,同时为后续在校大学生就业过程提供了有用资源。辅导员团队应完善毕业生跟踪调查机制,搭建优秀校友平台,建立资源共享渠道,通过了解毕业学生的基本情况,定期邀约优秀校友进行互动交流,为在校大学生认知自身能力和拓宽就业思想提供帮助。完善的毕业生跟踪调查机制不仅是学校的有利资源,也是辅导员走进企业把控当前就业形势的有效途径,同时更是一种有用资源的良性循环,为大学生的就业工作铺平道路。

四、结 语

当前,大学生就业工作是关系到院校长足发展、企业科技创新、社会稳定和谐的焦点问题。辅导员作为学生就业指导工作的主力军,对学生就业率和就业质量的影响不可忽视。帮助学生树立科学的就业观、引导学生稳定精确就业,辅导员不仅要自身提升专业技能,同时还要走入社会、企业以收集有效的政策和信息,把控当前就业形势。因此,辅导员团队必须充分发挥学生就业工作的优势,为大学生顺利、精确地就业提供有利途径。

参考文献

[1] 曹源.新冠肺炎疫情对大学生就业创业的影响[J].合作经济与科技,2021 (04):109-111.

[2] 黄竹青.新形势下辅导员在大学生就业指导中的作用探究[J].科教导刊(上旬刊),2020(8):175-176.

[3] 胡培.辅导员思政教育在大学生就业指导中的意义探析[J].现代职业教育, 2019(35):240-241.

[4] 徐智敏.浅析大学生就业形势及高校辅导员的就业指导策略[J].新西部, 2019(27):124,121.

[5] 杨巧曼.高校辅导员的大学生就业指导工作研究[J].创新创业理论研究与实践,2019,2(15):161-162.

[6] 汤祝琼.大学生就业指导工作中辅导员的职能定位[J].文科爱好者(教育教学),2018(35):48.

[7] 李瞻.浅谈高校辅导员如何做好大学生就业指导工作[J].就业与保障,2020 (23):151-152.

新时代红色文化在高校思想政治教育中的价值^①

董　艳^②

摘　要: 所谓新时代红色文化,是指马克思主义理论结合当前我国具体国情而形成的先进文化。红色文化具有丰富的历史价值、社会价值以及政治价值,在我国高校思想政治教育中具有重要的地位及作用。当前我国高校思想政治教育中,红色文化发展面临着诸多不足,主要表现为学生对于红色文化缺乏认同感。校方对红色文化的开发程度不高、教学体系欠缺及宣传力度较小等,不利于高校思想政治教育工作的开展。因此,本文特以新时代红色文化内涵为切入点,进一步研究新时代红色文化在高校思想政治教育中的价值及其实现路径。

关键词: 新时代红色文化;高校思想政治教育工作;应用价值;实现路径

新时代红色文化与我国的民族历史、基本国情、国家方针、民族精神等息息相关,是我国打造中国特色社会主义时代的重要助力,是让国民具有文化自信的重要基石。高校学生是国家的未来一代,其思想政治教育工作至关重要,应该将新时代红色文化贯彻落实到高校思想政治教育工作当中[1],充分感染熏陶学生,培养其民族自信,增强思想政治教育的实效性。

---

①　本文系浙江工商职业技术学院 2021 年度校级科研项目(党建与思政专项)"地方红色文化在高校思政教育中的应用研究——以宁波市为例"(编号:DJ2021Y01)的研究成果。本文刊载于《品味·经典》2021 年第 19 期。

②　董艳,浙江工商职业技术学院机电工程学院学生服务中心主任、讲师,研究方向为思政教育、教育管理。

一、新时代红色文化的内涵

当前,关于红色文化主要有两种观点,分别为红色文化发展论和革命文化论。红色文化发展论认为,红色文化属于发展中的文化,是我党领导人民在无产阶级革命、社会主义建设以及改革开放进程中创造的以马克思主义理论为指导的先进文化。其主要形式表现为:对过往历史的追溯,对当代社会现实的认知,以及对未来发展的启示。而革命文化论则更偏向于战斗文化。其主要内涵为重要的历史文化遗产,新中国成立以来的优秀宝贵精神,以及诸多物质或非物质财富。其主要表现在高校思想道德教育工作中,从我国开展反帝反封建运动以来,涌现出诸多深入人心、具有深刻教育意义的真实素材,为我国高校学生认知历史、缅怀先烈、学习英雄事迹及加强爱国精神等提供了充足的资源[2]。我国红色文化资源丰富,从物质文化方面来说,包括形成于诸多历史时期并至今存在的组织机构、文物、文献及遗址遗迹等。而从精神方面来说,红色文化资源主要体现在历史知识、信仰追求及精神道德等方面。新时代红色文化可以充分帮助我国高校学生建立坚定崇高的信念,并且养成积极自信的人生信念,加强爱国主义、民族自豪感及民族自信心,并以极高的热情投入实现中华民族伟大复兴梦的热潮之中。这也是新时代红色文化在当今高校思想政治道德教育工作中的重要体现。

二、高校思想政治教育工作的不足

(一)认知存在偏差,认同感欠缺

受全球一体化格局的影响,当前我国高校学生受外来思想及文化价值的冲击较为严重。而高校学生因为处于和平年代,缺乏战争革命文化的洗礼,对红色文化的内涵存在了解片面的问题。部分高校学生对红色文化认知存在偏差,认为红色文化存在过时的问题,即:红色文化是战争年代的特有产物,而当今时代更注重经济效益,红色时代不具备与时俱进、开放包容的能力。受当前升学率、就业率及物质生活条件的影响,我国高校学生大多为实用主义者,习惯性地从功利的角度去看待红色文化,过度关注眼前的利益,而忽视了对自身未来的培养。同时,由于信息媒体的快速传播,医疗教育资源不足、贪污腐败及社会资源分配不公等问题过度突出,导致红色文化教育开展难度加大,学生缺乏对红色文化的认同感。

(二)红色文化资源开发程度不足

当前我国高校思想政治教育工作普遍为拿来主义的产物。盲目照搬现有的红色文化资源,缺乏对现有红色文化资源的科学分析,导致红色文化资源无法与当前社会现实相结合,学生对红色文化资源学习兴趣降低。当前,我国高校思想政治教育工作对红色文化资源的深挖力度不足,红色文化资源实际上可以有效地反映出当前的生态文化、创新创业文化及绿色文化[3],在实际社会生活中具有较高的实际应用价值。然而,高校思想政治教育工作并未进行深入挖掘,而且在教育过程中多半以强制灌输、行政命令等方式进行教学,导致学生对红色文化存在一定的抵触心理,使得当代高校学生在看待问题、认识人生价值和自身行为方式时存在一定的片面性。此外,当前红色文化宣传存在形式主义。很多高校存在工作落实不到位、重视程度欠缺等问题。部分高校对红色文化教育缺乏深入的探究和分析,一味地正面歌颂,并未有效地解决学生所关注的问题。长此以往,红色文化精神将无法在真正意义上起到引领学生行为价值的作用。

三、新时代红色文化在高校思想政治教育中的实现路径

新时代红色文化在高校思想政治教育工作中具有重要的应用意义及应用价值。如何将新时代红色文化融入实际教育工作中,是当前的重要研究问题。具体实现路径可分为以下几个方面。

(一)加强开发红色文化资源

想要提高红色文化资源的利用效率,就应该先了解高校学生的需求,让学生真正体会到红色文化的魅力,并注重学生的体验感、参与感,将红色文化融于学生的职业教育、心理教育及生命教育中。另外,应关注社会热点,对学生的内心疑惑进行及时解答。例如,当前的贪污腐败、诚信缺失、"碰瓷"等社会问题对高

校学生具有较大的负面影响,高校在开展红色文化教育的过程中,应对行为道德规范、价值追求及价值选择等方面进行充分引导,为学生形成正确的思想观念及道德行为提供指导。

(二)利用新媒体技术大力宣传红色文化

新媒体技术是一把双刃剑,一方面"宣传"了恶劣的社会现实,另一方面为人们生活提供了诸多便利。在高校红色文化思想政治工作过程中,可以利用微信、微博、直播 APP 等诸多新媒体平台[4]对红色文化进行宣传,进一步扩大红色文化在网络中的传播阵地。这一做法充分符合高校学生的实际需求,满足高校学生的猎奇心理。例如,微博头条是很多学生每日必看的重要热点。如果红色文化成了爆款头条,那么瞬间就会有更多的高校学生认识并了解红色文化,大大提高了红色文化的宣传力度。

(三)改善教学体系,提高思政教育吸引力

当前,高校思政道德教学体系存在与现实脱节的问题,红色文化教育不应该只是纸上谈兵,任何有红色文化的地方都是课堂。在教学过程中,应该改变现有的教学方法,利用物联网及 VR 等技术实现红色文化的情景化以及可视化教学,让学生身临其境并坚定理想信念。同时,学校还应该定期组织红色文化的研学,让学生到延安、井冈山等著名革命圣地去感受红色文化的真实性[5],利用重大节日及纪念日来突显红色文化,如建党节、建军节、汶川大地震纪念日、南京大屠杀纪念日等。在这些节日、纪念日期间开展红学精神,提高红色文化教育的效果,并且以社团的形式建立红色文化,明确学生在红色文化建设中的主体地位,真正提高红色文化在高校思政教育中的地位。

(四)畅通理论教学主渠道

对当代大学生来说,接受思想政治教育的主要方式是学习思想政治理论。鉴于此,应充分挖掘红色文化资源,使之成为优秀的教学资源,充分发挥课堂理论教学的重要作用。我国著名教师郭琴艺曾倡导构建社会主义核心价值观体系传统平台,让红色文化资源融入现代信息技术教学中。为进一步丰富思想政治课程,应引入大量红色文化教育资源。考虑到红色文化有着显性和隐性之分,应

充分挖掘显性资源的艺术价值和教学作用,将其丰富内容引入高校思政理论教材中,实现两者的高度统一。对于隐性的红色文化,应依托多媒体教学手段,让学生通过鉴赏电影、短视频及图片等,深刻感知红色文化,厚植爱国情怀。与此同时,高校还要开展一些有关红色文化的讲座,让老一辈革命先辈讲述他们的革命征程,使得学生通过零距离的接触,增进与革命先辈的情感,从而激发爱国热情,致力于追求和实现自己的人生理想。

(五)创新红色文化融入大学生思想政治教育呈现方式

高校大学生作为学习红色文化的主体,应注重理论与实践活动的有效融合。因此,教师应充分发挥引导作用,组织和带领学生参观红色文化教育基地,让学生目睹鲜活的历史画面,激发强烈的爱国思想,从众多革命先烈的身上学习不屈不挠、勇于奋斗的革命精神。学校还可以结合实际情况在院内创建红色文化主题馆,将多种红色文化资源加以整合,实现资源的共享、共建和共用,让学生直观地感知形象的红色文化,使之成为丰厚的精神财富。针对创新创业的应届毕业生,要利用红色文化增强他们的自信心和荣誉感,使他们体验艰苦奋斗、勇于拼搏的精神,在苦难中磨练自己的斗志,立志成为有理想、有信念、有担当的青年。

(六)发扬红色文化自信,增强高校思想政治教育核心动力

习近平总书记反复强调文化自信的重要性和必要性。文化自信之所以是一种强有力的力量,在于其深刻广泛的自信,而思想政治教育源于这种文化自信,大学生更是如此,要树立高度的文化自信。与此同时,高校要采取合理的引导方式,充分发挥学生的主观能动性,致力于对红色文化的研究和创作,比如让学生观看《孙中山》《毛泽东》《井冈山》等红色电影,激发写作热情,将红色文化精神不断发扬光大,使之成为学生不断进步的核心动力。文化自信是我们每一位中国人民的自信。大学生应牢记历史使命,发扬红色文化精神,致力于国家的建设,奉献出自己的力量。因此,不仅要将红色文化与高校思政教育进行有效结合,还应鼓励学生走出校园,广泛参与各种实践活动,真切感受到红色文化自信的重要性,做到内化于心、外化于形。

四、结　论

　　综上所述,红色文化在高校思想政治教育工作中具有重要作用。各高校应结合自身实际工作现状,深挖红色文化资源,改良教学方法和教学体系,做好红色文化资源的宣传工作,在真正意义上实现红色文化资源与高校思政教育相结合,为高校学生的人生价值、精神观念提供重要的指导思想。

参考文献

[1] 苗建峰.以红色文化为载体培育新时代社会主义核心价值观的几点思考——以高校思想政治教育工作为例[J].长江丛刊,2020(22):173,175.

[2] 李丽.论贵州红色文化资源在新时代高校思想政治教育中的功能定位及实现路径[J].黔南民族师范学院学报,2020,44(1):8-11.

[3] 杨洋,孔海棠,衡连伟.新时代开展红色文化教育的价值及路径——以安徽省高校为例[J].巢湖学院学报,2020(1):141-146.

[4] 张丽,李娜,蔡其伦.新时代高校思想政治教育中红色文化的渗透[J].佳木斯教育学院学报,2020,36(6):35-36.

[5] 颜芹芹.中国红色文化视野下的新时代大学生思想政治教育的现实意义[J].作家天地,2020(1):148,155.

新时代高职院校大学生劳动教育的实现途径

方益杭①

摘　要：劳动教育是国民教育体系的重要内容,是学生成长的必要途径,具有树德、增智、强体、育美的综合育人价值。本文通过对新时期高职院校开展劳动教育意义的阐述,总结新时代劳动教育发展情况,提出了劳动教育课程体系建设、劳动教育实践活动建设、劳动教育评价制度建设和劳动教育师资队伍建设等途径来实现新时代高职院校大学生劳动教育。

关键词：劳动教育;新时代;高职院校

党的十八大以来,习近平总书记高度重视青年学生的劳动教育。在 2018 年全国教育大会上,习近平总书记明确提出要将劳动教育纳入党的教育方针中,培养德智体美劳全面发展的新时代未来建设者和接班人[1]。劳动教育是学生成长的必要途径,要充分发挥劳动教育以劳树德、以劳增智、以劳强体、以劳育美的综合育人价值。通过劳动教育,广大青年学生学习马克思主义劳动观,成为具有家国情怀、追求卓越、引领未来的高素质强技能应用型人才[2]。

一、新时代高职院校开展劳动教育的意义

(一)劳动教育是培养社会主义建设者和接班人的必然要求

"全面建成小康社会,进而建成富强民主文明和谐的社会主义现代化国家,根本上靠劳动、靠劳动者创造。正是因为劳动创造,我们拥有了历史的辉煌;也

---

① 　方益杭,浙江工商职业技术学院辅导员,研究方向为大学生思想政治教育。

正是因为劳动创造,我们拥有了今天的成就。"习近平总书记在庆祝"五一"国际劳动节暨表彰全国劳动模范和先进工作者大会上的讲话深刻阐述了劳动的重要意义,充分肯定了广大劳动群众的重要性。劳动教育直接决定广大青年学生的劳动价值观念、劳动精神面貌、劳动操作能力等。广大青年学生作为建设国家未来的主力军,要加强自身劳动意识,树立正确的劳动观,提高自身劳动素质[3]。

(二)劳动教育是落实立德树人根本任务的有效途径

人的德性是在劳动和实践中形成,并逐渐提升和完善的。劳动教育是落实立德树人根本任务的有效途径。我国一贯坚持劳动与教育相结合的社会主义教育方向,习近平总书记多次强调劳动教育对于广大青年学生的重要性,国家也出台了一系列劳动教育的相关文件,这就为高校开展劳动教育提供了理论支撑和指明了教育方向。

(三)劳动教育是实现大学生全面发展的关键环节

随着社会发展,我们一直强调要培养德智体美劳全面发展的新时代新人,而劳动教育具有锤炼品质、增长才干、锻炼体魄、提升审美的综合育人作用,是实现大学生全面发展的关键环节。恩格斯说过"劳动创造了人本身",劳动创造了所有价值和未来。[4]高校要加强大学生劳动教育,将劳动教育贯穿于学生学习的全过程,涉及课程学习、志愿服务、实习实践等全方面,使大学生在劳动中形成崇尚劳动、尊重劳动的意识,学会解决问题的技能,提高身体素质,发现美、创造美。

二、新时代劳动教育发展情况

(一)宏观政策不断完善

2019年中共中央、国务院联合印发了《中国教育现代化2035》,提出推进全面发展、知行合一、融合发展的教育现代化,强调弘扬学生的劳动精神,注重培养学生的实践操作能力、合作能力以及创新能力。2020年中共中央、国务院发布《关于全面加强新时代大中小学劳动教育的意见》,要求大中小学全面落实劳动教育,并对其进行了系统设计和全面部署。2020年湖北省政府印发《全面加强新时代大中小学劳动教育若干措施》,强调要加强大中小学的劳动教育,促使学生能够在德智体美劳方面得到全面发展。

(二)典型做法不断涌现

中国劳动关系学院着力推进"五个一"工程(确立一项劳动特色育人目标,开设一组劳动教育特色课程,打造一种劳动模范协同育人机制,拓展一片劳动文化宣传阵地,搭建一系列劳动教育研究平台),将劳动教育纳入人才培养全过程。湖南长沙财经学校全面贯彻落实党的教育方针,不断加强和改进学校劳动教育,努力构建以劳树德、以劳促学、以劳长技的育人体系。汕头大学开创新的劳动教育模式,以公益课程为载体,融入劳动教育,加强学生劳动教育。北京大学考古文博学院根据学科特点,坚持田野考古实习课程建设,以探索性劳动教育传承学科使命,以田野实习培育考古英才。

(三)我校劳动教育亮点纷呈

我校聘请 10 多位国家级、省市级劳动模范作为学生的"德育导师",实施开展德育导师工程,开设厚德讲坛,在校园内形成了弘扬劳模精神、培养优良职业精神的好风气。以技能运动会为抓手,连续举办 24 届技能运动会,进一步弘扬"劳动光荣、技能宝贵、创造伟大"的大国工匠精神,促进职业教育教学改革发展。2020 年 4 月,我校专门制定了《关于全面加强新时代学校劳动教育的实施方案》(以下简称《实施方案》),并就劳动教育课程体系构建、组织体系落实、评价机制完善等做了具体规定。举办首个劳动教育周,开展以劳动体验、志愿服务、专业认知、顶岗实习等为主要内容的劳动教育活动。

三、新时代加快推进高职院校大学生劳动教育的有效途径

(一)加强新时代劳动教育课程体系建设

将劳动教育课程设置为大学生必修课程,形成完善的劳动教育课程体系。修改大学生人才培养方案,将劳动教育元素有机融入专业课程教育中,通过深化产教融合、加强与企业间的合作等方式进行劳动教育。结合高职院校学科、专业

不同特点开展劳动教育,积极推动青马工程、志愿服务、社会实践、创新创业等课程有机融入劳动教育内容。同时,以新时代"课程思政"教学改革的发展为契机,将涵盖劳动元素的课程思政贯穿于各类课堂、各个环节,提升课堂劳动育人实效。

(二)加强新时代劳动教育实践活动建设

以"互联网＋""挑战杯""技能比赛"等各级各类竞赛活动为抓手,引导学生在劳动中自我培育进取创新精神,促进知识学习和劳动实践深度融合,培养新时代崇尚劳动、尊重劳动和具有劳动精神的创新创业型人才。依托众创空间、创新基地等双创平台,开展"创新创业＋劳动教育"项目建设,优化创新创业实践教育。以党团学组织为骨干力量,围绕教学楼、图书馆、宿舍、食堂等场所组织开展校园集体劳动,让劳动教育全面渗透到大学生日常生活中去。开展社会实践活动,坚持社会实践与劳动教育相结合,组织学生深入生产劳动第一线,感受劳动的魅力。开展校内外社会公益服务的劳动项目,培养学生公益劳动服务理念,培育尊重劳动、崇尚劳动的校风、学风。

(三)加强新时代劳动教育评价制度建设

根据新时代劳动教育的目的、要求、内容,研究制定过程评价和结果评价相结合的劳动教育评价制度,充分发挥劳动教育评价制度的育人导向和反馈功能。在学生综合素质评价体系中增加劳动素养评价模块,将学生的劳动素养评价得分作为其评奖评优、入党推荐、就业升学的重要参考依据和衡量其成长成才的重要内容。把劳动教育评价纳入学校教学评价督导体系,检测劳动教育质量,从而对劳动教育过程进行反馈和改进。把劳动教育纳入教育督导体系,完善督导办法,把督导结果作为衡量教育质量和水平的重要指标。

(四)加强新时代劳动教育师资队伍建设

配齐、配足劳动教育专任教师,建立一支以专业教师、班主任、辅导员为主,以校外行业企业导师为辅的专兼职相结合的劳动教育教师队伍。充分发挥相关行业专业人士的职业优势,聘请其担任大学生劳动教育的指导教师,设立"双师"型教师培养培训基地、劳模工作室、技能大师工作室、思政工作室等。提高教师的专业水平,将劳动教育纳入师资培训内容中,对全校教师开展劳动教育培训,使全体教师了解劳动教育的实施方式、实施内容等,提高教师开展劳动教育的自觉性。设立劳动教育课程教研组,开展集体备课、学术沙龙等一系列教研活动,提高劳动教育专业化水平。将劳动教育纳入学校教师教育激励机制中,完善教师激励机制,保障劳动教育专兼职教师在绩效考核、职称评聘、评奖评优、专业发展等方面的权利。

参考文献

[1] 贾子龙.新时代大学生劳动教育路径探究[J].新丝路(下旬),2021(9):98-99.

[2] 张阳.以培养时代新人为指向的大学生劳动教育研究[J].新经济,2021(1):34-39.

[3] 杨志鹏.新时代高职学生劳动教育的价值体现及实践路径[J].产业与科技论坛,2021,20(6):103-104.

[4] 刘芳丽,张映文.新时代大学生劳动教育的实现路径[J].成都师范学院学报,2021,37(3):14-21.

拓宽高校党建育人新思路

孔希曼[①]

摘　要:党建育人既是习近平总书记对于新时代下如何发挥党建精神作用的体现,又体现了课堂思政的新型教育理念,也是将德育元素纳入课堂中的一种方法。对高职院校来说,把党建引领和思想政治工作高度融合,为校、党、国育才,以立德树人为抓手,结合学习、活动和建设,以师德师风为基点,提升党建育人的浓度;以课程思政为根本,提升党建育人的鲜度;以教师党建活动为保证,提升党建育人的温度。全面提升育人的效果,为国家培育合格的新时代人才。

关键词:党建;育人;思政

"山知道我,江河知道我……"嘹亮的歌声,围绕在你我的耳边,倾诉着共产党人曾经默默无悔的奉献。我们深刻地感觉到"请党放心,强国有我"的激情和信心。让大学生学习党、国家、社会主义,了解党、国家、社会主义,热爱党、国家、社会主义,培育是非观,警惕西方价值观的侵蚀,了解党的历史,在党建的引领下发挥育人最大化,培养出时刻准备着接过全面建设社会主义现代化中国接力棒、担起中华民族伟大复兴重担的后备军。

"围绕育人抓党建,抓好党建促育人",是党建工作的出发点和落脚点。可在现实中,党建和育人并不能很好地融合。由于大学生生在新中国,长在红旗下,没有体会过曾经的艰苦生活和非和平年代的不易,加上世界百年未有之大变局和新冠肺炎疫情全球大流行的交织影响,外部环境变得更加复杂严峻,国内新冠疫情防控和经济社会发展各项任务极为繁重艰巨,各种价值观鱼龙混杂,大学生

---

①　孔希曼,浙江工商职业技术学院思政课教师,研究方向为思想政治理论课教学。

很多时候无法分辨或者心有疑惑。如何利用党建发挥思政育人的效能，是我们研究的关键。

一、以师德师风为基点，提升党建育人的浓度

我们经常说，德高为师，身正为范。作为老师，特别是党员老师不仅需要有渊博的学识，更需要较高的道德品质。以师德师风建设为基点，把德行作为立身之本，把德行作为立学之魂，把德行作为教学之根，将道德品格与传授知识同时作用于立德树人全过程，帮助学生扣好人生的每一粒扣子。例如，孔子在南下之时，被匡人包围于陈国，子路拼死保护他，但是孔子却临危不惧，镇定自若。孔子说："匡人是对我有所误会，我们今天可以用礼仪来消除这个误会，你来抚琴我来歌唱吧。"于是子路抚琴，孔子歌唱，琴声歌声和谐。孔子高尚的品质，坚定的心智，给学生做了良好的表率，无形中激励了学生，也令学生无比佩服。再如优秀共产党员教师黄大年的事迹，在有限的生命里，他带领团队在航空地球物理领域取得巨大成果。学习他心怀祖国、无私奉献的精神，学习他诲人不倦、敢为人先的创新精神，使学生明白正是因为有无数个为祖国改革发展奉献的"黄大年"，我们国家才能发展到今天这个地步，鼓励大学生从自我做起，从现在做起，不负韶华不负党。

立德树人的前提是立教师之德，以优秀的师德师风带动优秀的教风学风，促进优秀的校风的发展。将加强教师专业队伍建设，特别是党员教师的师德师风，作为一项工作来做。通过"榜样先进看差距，促进教师师德师风常态化发展"的同时寻找自己的不足之处，提升教师教学能力的同时促进师风的建设，将自己融入团队和集体中，综合教研室的优势寻找突破点。只有教师学风教风整体良好，特别是在教学过程中的教风教语，学生才会慢慢地被影响，渐渐地在自己的日常生活中也这样做，甚至做得更好。

二、以课程思政为根本，提升党建育人的鲜度

以课程思政为切入点，通过思政课老师的课程思政工作将党建和育人工作联系在一起，完善教学中的思想政治教育工作体系。首先，需要学校相关部门定

制课程思政教育专项工作方案,发挥学院党组织和教师党支部在提升教师思想政治素养、团结凝聚和服务监督方面的作用,落实课堂教学管理主体责任和党支部组织活动在相互融合中相互促进。要深度挖掘各门课程的思想政治教育资源和德育元素,合理发挥课程思政的育人作用。例如:要注重运用网络载体,特别是多媒体,丰富课堂思政资源,提升课堂思想政治教育,把思想政治工作传统优势、课堂教学特点和多媒体技术深度结合,紧跟新时代新发展。又如:我校批量引进多功能智慧教室和阶梯教室的信息改造。教师们经过组织培训可以熟练使用"智慧教室",如定时启动教室设备,也可以提前录入课表。屏幕可以有双画面、四画面、六画面甚至九画面内容,这样在上课的时候,特别是学生在进行小组思考讨论和汇报的时候,学生小组可以较容易地将自己的成果呈现在大屏幕上,老师可以做批改点评,学生能更加清晰地观看课程内容。老师提问的时候,学生可以通过平板和答题器参与答题,老师可以及时查看结果并投屏,更好地对学生进行及时评价。在这种智慧化的互动中,教师和学生可以完全沉浸在课堂中,育人效果能更好地得到呈现。"智慧教室"给教学提供了方便,硬件和软件的结合使课堂的效果得到了提升,让老师成为"智慧老师",给学生带来不一样的学习体验。学院教师谈到,对老师来讲,在"智慧教室"授课,教学环境更轻松、更新颖;对学生来说,学生上课更投入,这种沉浸式教学方式需要在全校推广。再比如:在课堂上寻找更多红色德育元素,讲好红色文化故事。关于中国共产党的成立,可以给学生们播放嘉兴南湖红船的视频,让他们感受一条船、一群人、一个故事,并且结合习近平总书记提出的红船精神请他们思考讨论:这种精神给了我们什么启示呢? 同时,需要改变传统的"老师讲、学生听"的模式,利用"翻转课堂",请学生参与讲述红色经典故事,化被动的"静态教学"为主动的"动态践学",让学生在"体验式""感悟式"学习的过程中领会革命精神,传承红色基因。[1]

　　比如,讲到沂蒙精神,为什么她们宁愿饿死自己的孩子,也要养活红军的孩子,是什么力量支撑着他们为共产党人奉献自己的一生? 让学生分小组讲述沂蒙红嫂的故事,再从问题中引发学生的思考:什么叫水乳交融、生死与共的军民之情? 这种浓烈的情感是如何产生的? 学生在讲述故事中回顾党的百年历史,从抗日战争到解放战争、从社会主义建设到改革开放,沂蒙精神始终是我们的制胜法宝。在沂蒙人民被敌人杀害、侵虐的时候,国民党军队没法保护他们,只有党领导的人民军队来到蒙山沂水,用生命和鲜血保护了他们的家园。在党的领导下,自下而上成立各级抗日民主政权,颁布《人权条例》,人民群众第一次尝到了真正当家作主的滋味;开展"减租减息"运动,实行土地改革,人民群众第一次真正拥有了自己的土地;开办各种夜校、识字班,启迪民智,人民群众受到了文化启蒙。中国共产党高举抗日救亡和团结抗日的大旗,使沂蒙人民经济上翻身解放、政治上当家作主、思想上摆脱桎梏,正因如此,沂蒙人民毫不犹豫地选择保护红军的孩子,毫不犹豫地跟着党走。而实践也证明,他们的选择是正确的。

讲好红色故事,建立红色自信,利用党建思维,更好地发挥思政育人的作用。

三、以教师党建活动为保证,提升党建的温度

以教师党支部建设为载体,抓好教师党支部建设和党员教师教育培训,打造一支思想过硬、业务过硬的党员教师队伍,共同进步,助力学生走向更加辉煌的未来。特别是教师的实地体验,除了集体备课、讨论、研讨,更要让教师进行实地训练,发挥红色教育基地的作用,引导党员教师学习身边的榜样。也可以运用反面教材,让党员教师意识到,个人作风问题需要严格把握、谨慎对待。组织党员教师就近就便到红色基地学习,重温入党誓词,过"政治生日"。例如:思政党支部的常规党建活动,利用一天的时间前往宁海县岔路镇梅花村会议遗址,重温红色征程,参观红色梅花村会议遗址、听现场讲解,重温入党誓词,使党员教师们重回红色岁月,忆起党的光辉岁月,参加红色党建活动(集体智慧、争分夺秒、决战沙场)。通过党员之间的活动和交流,红色党建走进教师们的心灵,触动教师们的内心,引起教师们的极大共鸣。他们的心更近了,凝聚力更强了,因而教师们的情感更加丰盈了,工作目标更加清晰了,工作劲头更加饱满了,爱国、爱校、爱家化成了无声的行动。[2][3]

发挥"两微一端"等新媒体优势,组织党员在线学习。比如:学习中共第十九届中央委员会第六次全体会议公报提到的党必须永远保持同人民群众的血肉联系,践行以人民为中心的发展思想,以此为基点,[4]注重发挥党支部直接教育党员的作用,落实"三会一课"等制度,对党员开展经常性教育。健全理论学习考核评估制度,采取有效措施激发党员学习热情,推动学习教育往深里走、往心里走、往实里走。

学生的发展是学校发展之"本",学生培养的质量是学校生命之"源"。我们必须聚焦办学的根本、发展的根本,聚焦育人核心,树立党建与人才培养融合的

理念,以抓党建促教风树学风为抓手,实现党建与育人融合,认真落实好立德树人这一根本任务。通过双向融合促发展,设计好科学制度做保障,以党建引领师德师风上台阶,以突出价值引领、榜样示范、专业竞赛、品牌建设等重点工作推动学风建设。

参考文献

[1] 张啸宇,江冰洁.高校党建视域下城市红色文化育人实践研究[J].现代商贸工业,2022,43(10):128-129.

[2] 曾华春.诗意涓涓泽党建　红星灿灿映初心——诗意教育理念下党建引领教师思想建设的实践探索[A].成都市2019年名师专项课题《诗意教育的理论与实践研究》课题研究会议,2020.

[3] 成都市陶行知研究会.成都市2019年名师专项课题《诗意教育的理论与实践研究》课题研究会议论文集[C].成都:成都市陶行知研究会,2020:15-21.

[4] 湘潭市.以红色文化为引擎奋力谱写新时代文旅高质量发展新篇章[N].中国文化报,2021-07-01(C11).

工匠精神：高职"课程思政"建设的必要向度

孙　鉴①

摘　要：工匠精神是工匠文化知识体系中最为核心的部分，同时，在其原有的含义上，增添了许多时代特征，其精神及行为态度是铸就青年大学生价值观和人文素养的重要力量，是人才结构创新的进一步阐释和践行。课程思政的建设，聚焦于高校育人的价值本源，在工具理性和价值理性统一的层面追求教育的本质和育人的终极目的。两者在育人理念上体现了立德树人的育人目标。在高职院校课程思政建设中培育工匠精神的实践路径，尝试从以下两方面推进：以工匠精神为锁链，整合各类课程的价值元素；以学习共同体为载体，形成各类课程工匠精神育人价值的合力。

关键词：高职教育；课程思政；工匠精神；实践路径

根植于传统社会手工业的工匠精神，是工匠文化知识体系中最为核心的部分[1]。在现代大工业生产以及智能化生产过程中，工匠文化发生了历史性的变革与转型，但工匠精神的文化价值和社会功能并未因此走向衰微，它所蕴含的职业价值、行业理念、群体思想行为指向、规范伦理与激发活力等人生发展价值的理性觉悟，仍契合时代发展的需求，是现代社会所必需的价值要义和社会效能。传统工匠精神并非一成不变。伴随着新时代的到来，工匠精神正经历着时代性的转化。

---

①　孙鉴，浙江工商职业技术学院思政课讲师，研究方向为高职教育。

一、重读"工匠精神"

今天这个时代,工匠精神在原有内涵的基础上,增添了新的时代特征,表达了这个时代的现实需求和未来的发展方向。

(一)创新力量的凸显

工匠精神强调执着、坚持、专注,但这并不等同于因循守旧,其中包含着追求突破、追求革新的创新内蕴[2]。只是在相对封闭的社会环境中,传统的工匠精神相对创新而言,更强调传承。这既是一种实用的选择,也是对传统和权威的遵从。今天,由信息化和工业化深度融合引领下的社会经济发展,以创新发展为主题;供给侧结构性改革是创新的必然基础;中国制造 2025 强国战略的提出,使创新获得了无穷的动力。新的生产方式和组织形式,新的价值链和产业链,使传承和创新的关系被重新排列,处于从属地位的创新的重要性被凸显出来。

(二)个体发展的需求

供给侧结构性改革战略的确定,不仅对经济的优化调整与产业转型升级提出了要求,也对个体的社会适应能力、就业能力、职业迁移能力、专业发展能力等提出了更高的要求。与此同时,随着现代人自身对生活品质的要求日益提高和对精神文化的需求日益增加,个体对就业质量、生活品质、价值实现等有了更多的期待和追求。外在的要求与内在的需要,共促个体自我发展的需求。工匠精神是理性熏陶下的产物,关心"人"是中国工匠最高的价值追求和情怀。它所蕴含的人文素养、专业精神、职业态度和职业意识等,恰恰是对技术服务于人的生存、发展时所做出的回应。在工匠精神的指引下,可以避免个体在现实发展过程中,作为人的消极作用、消极能力实际地发挥,使个体沿着正确的方向发展。

(三)"技"与"道"的融合

工匠强调技术、技能和技艺。工匠要专注技术工作,就必须不断解决技术的发展问题。技术发展问题不仅指技术本身,还涉及技术实践中所有的社会过程。

这些与人的相处模式、人的需要以及未来社会的发展等息息相关。因此,需要保证技术活动的总体正向发展,尽量降低因技术异化带来的人本、自然和社会领域的负面影响。工匠精神要求技术工作人员在技术活动过程中有责任意识和工作操守,能够坚持自己的本心,明确技术应用的目的与规范;同时,它是一种人文情怀和价值观,要求技术活动尊重其本体性与规律性,是对传统"道"的回归。真正的工匠从来就不仅仅是为了治"术",娴熟而高超的技术是通往"道"的一种途径,治"道"才是他们更高的追求。现代工匠只有具备工匠精神,将技术生产活动规范在"道"的要求下,才能做出好的产品,技术活动才能顺应自然发展的规律,社会才能得以和谐有序地发展,最终使现代技术活动真正趋向于"道""技"合一。

二、"工匠精神"培育与"课程思政"建设的契合

"工匠精神"培育与"课程思政"建设的契合,是时代发展对人才素质所提出的要求,是两者在育人理念上耦合的必然结果。

(一)时代发展的要求

近代科学的发展以及社会工业化进程的加速,使科学文化以其内含的经济价值和工具价值而得以彰显。当科学走进教育的领域时,通过必要的加工和改造,转化为教学内容。在这一过程中,一方面加快了知识传递的速度和效率,但另一方面,也容易将科学研究的历史、方法、情感和意志遗忘。很长一段时间,高职教育在"工具论"这一价值取向的主导下,造成了教育的分裂与人的精神的失落,陷入"重传技""轻育人"的"唯技术论"误区——只关注知识和技能的训练,而忽视了人的德性、精神和品格的养成,使高职生的素质和水平同社会经济发展之间存在着不小的差距,即他们的思想素质、道德素质、政治素质、心理素质和文化素质等无法满足经济结构调整、产业结构升级以及社会结构转型的需求。"立德树人"是时代对高职人才培养提出的要求。

(二)育人理念的耦合

"课程思政"的适时提出,契合了时代对高职人才培养的迫切需要,将思想政治教育渗透到知识、经验或活动的全过程,在工具理性和价值理性统一的层面追

求教育的本质和育人的终极目的[3]。正如，著名哲学家冯契提出的"化理论为德性""化理论为方法"，引导学生将所学的知识转化为内在德性，转化为自己精神系统的有机构成，转化为自己的一种素质或能力，成为个体认识世界与改造世界的基本能力和方法。

工匠精神体现在企业的生产和服务过程中，却始于职业教育。职业教育承担着培养高素质技术技能人才的重任，而高素质技术技能人才是工匠精神的最佳传承者。工匠精神强调"尚技""崇道"的融合，要求个体在获得工具性能力的同时，获得与技术技能相关的精神力量，真正懂得技术技能的实质；其精神及行为态度是铸就青年大学生价值观和人文素养的重要力量，是人才结构创新的进一步阐释和践行。

"工匠精神"培育与"课程思政"建设，两者在育人理念上是一致的，体现了"立德树人"的育人目标，真正实现了重塑人的精神使命[4]。两者的契合，满足了时代对人才素养的要求，是时代发展的使然。

三、在高职院校课程思政建设中培育"工匠精神"的实践路径

在高职院校课程思政建设中培育工匠精神，探索有序推进的实践路径，可尝试从以下两个方面进行。

(一)以"工匠精神"为锁链，整合各类课程的价值元素

在课程思政理念下，各类课程都有其亟待挖掘的价值元素。思想政治理论课、专业课、通识课，不同课程所属学科和专业的不同，所彰显的育人价值也是多元化、碎片化的，有的具有特定的学科、专业特色，只局限于本门或相关课程，无法实现育人的整体效应。为此，需要有一种价值锁链，可融合于思想政治理论课、通识课、专业课等各类课程，不是碎片化、壁垒森严的，而是内在整合、彼此共通的，能够实现课程间育人价值的联结。工匠精神恰恰是满足这一系列要求的要件。

工匠精神的内涵与社会主义核心价值观的价值追求有许多相互融合的内容，其所蕴含的敬业、创新精神正是社会主义核心价值观的重要内容，也是社会责任感最真实的写照。培养具有工匠精神的人才，既是高校思想政治教育的重要责任，也是开展思想政治教育的本质要求。

工匠精神具有极强的人文性、价值性和思想性。通识课虽然不像思想政治理论课一样具有明显的意识形态色彩,但其内容涉及知识与人、与生活多向度的交融关系,集中体现了一个人的境界、追求和意志品质等,蕴含着价值立场、道德关怀和政治诉求。同样,通识课贯穿马克思主义理论的基本立场、观点和方法,也蕴含社会主义核心价值观等主流意识形态内容。将工匠精神融入通识课,从而彰显其价值使命。

工匠精神源于工匠职业特殊性,但不只是一个专业特有的专业思想,而是以一个专业的思想去传播它的职业素养、专业精神和持之以恒的决心与耐心,是一个人的精神境界和做事态度在职业领域的体现。为此,"工匠精神"可以融合于各类专业课。它涵盖了知识的"技"与"道",兼顾了学生专业技能的训练和学生的内涵发展,使学生既学了"技",更悟了"道"。

(二)以学习共同体为载体,形成各类课程"工匠精神"育人价值的合力

各类课程育人的效果,取决于教师的课程领导力,即教师在课程设计、开发、实施和评价等事务中的领导能力。由于不同的教师在学习经历、知识构架和教学实践等方面存在着差异,即不同个体具有独特的认知结构、教学经验和思维方式,因此即便是同一课程,不同的教师所采用的教学方法、教学设计等也会存在明显的不同。教师个体的差异是一种宝贵的经验,但如果彼此之间缺乏沟通,保持孤立而封闭,也会产生逆向的阻力。

目前,课程思政的建设突破了原有的学科边界。教师不仅局限于本学科、本课程的教学,更需要与其他学科、课程教师之间进行交流和协作,才能形成所有课程育人价值的同向同行。所以,教师个体之间的孤立和封闭,也会成为实现"课程思政"建设的逆向阻力。为此,可构建教师学习共同体,在课程设计、开发、实施和评价过程中,尝试多元的共同体学习方式,以实现各类课程"工匠精神"育人价值的合力。

1.合作研讨

课程思政建设,要求每一门课都必须体现思政元素。当某一门专业课在设计本课程教学如何融入"工匠精神"并体现课程思政理念时,可组建学习共同体。由课程负责人召集本课程教师、邀请行业企业相关人员、关联课程教师和思想政

治理论课教师组成学习共同体,发挥各自智慧,从多学科视角及理论和实践两个维度出发,探讨在课程的设计、开发、实施和评价过程中,如何融入"工匠精神",加强对学生情感、态度、价值观等的培养。聚焦交叉点,细数不同课程的教学角度、详略的设定、任务的归属、内容的划分,使不同课程教师明确各自之间的连续性和协作性,实现育人价值的同向同行。

2.合作课堂

在课程教学实施过程中,某些课堂教学或实践课的内容会具体涉及价值引领等相关方面的内容。此时,可以学习共同体方式,构建合作课堂——由相关学科背景的教师参与到课堂中,或利用"互联网＋",邀请相关课程的教师加入线上合作课堂,通过讨论、互动、答疑等形式,合作完成教学。这样的课堂不仅丰富了学生的知识,更促进了教师之间的相互学习与合作。

3.班级教师合作会

每个班级都有不同的任课老师。班主任可以邀请任课教师,组建学习共同体,对本班学生的学习态度、思想动态进行共同研讨。不同课程的教师,面对同一群学生,从多学科视角研究学生的学习态度和思想动态,使教师对学生学习的课程形成整体感知,有利于教师从学生的整体出发看待学生,而非某一学科的单一视角。这种课程系统的思维和观念对学生的成长是非常有利的。

4.非固定学习会

不同学科和不同年级的教师都可自由组合。这种志同道合的非正式组织的学习共同体能让教师之间展开更深入的交流。

参考文献

[1] 潘天波.工匠文化的周边及其核心展开:一种分析框架[J].民族艺术,2017(1):26-33.

[2] 张培培.创新:"工匠精神"的时代内涵[J].中国工人,2016(10):14.

[3] 文祥."学习共同体"模式在高校"思政"课程教学中的应用[J].长沙理工大学学报(社会科学版),2018(1):130-136.

[4] 梁暹.关于课程思政的几点思考[J].教育教学论坛,2018(30):42-43.

社会主义核心价值观引领知识教育对策分析[①]

——以"网店运营"课程为例

周建成[②]

摘　要：本文分析了社会主义核心价值观引领知识教育的长效机制。首先，分析了当前教师教学中缺乏社会主义核心价值观引领时所存在的问题及潜在的负面影响，同时分析了高职院校大学生思想方面存在的问题和需要改进的方面。其次，找到问题后，研究了培育和践行社会主义核心价值观对知识教育引导的意义和作用。最后，提出从教与学两个方面入手，研究和分析社会主义核心价值观引领知识教育长效机制的建立。

关键词：社会主义核心价值观；知识教育；对策

习近平总书记指出，要把践行社会主义核心价值观融入教书育人全过程中。《论语》说："苟志于仁矣，无恶也。"这句话更是让我们明白：教育事业需要教育者致力于仁道，回归精神活动的本质，把理想信仰的建立、价值体系的建立、情感世界的构建、伦理精神的重建等作为教育中最重要的事情来做。大学生既是学习社会主义核心价值体系最积极的群体，也是践行社会主义核心价值体系最活跃的群体，将社会主义核心价值体系融入大学生的教育体系中，不仅能够帮助他们坚定对党、政府和社会的信任，更能够为其成长进步提供强大的精神力量，使他们自觉投身构建社会主义和谐社会的伟大事业中。

---

①　本文系浙江工商职业技术学院 2020 年度校级科研专项课题（党建与思政）一般项目（编号：DJ2020Y11）的研究成果。

②　周建成，浙江工商职业技术学院经济管理学院辅导员，研究方向为高校学生思政教育。

　　当前关于社会主义核心价值观和知识教育两方面的研究主要集中在社会主义核心价值观如何引领素质教育和思想教育方面,缺乏引领知识教育方面的研究[1]。社会主义核心价值观对于知识教育的引领作用是十分显著的,涉及高职院校学生领域的相关研究还不够深入。本研究从"教"与"学"两个方面入手,研究如何建立社会主义核心价值观引领知识教育的长效机制。

一、社会主义核心价值观引领"教"与"学"

1.社会主义核心价值观为教师授课提供精神指引

　　社会主义核心价值观是社会主义价值体系的内核,是每个人都应该具备的精神理念[2]。十八大以来,党中央高度重视培育和践行社会主义核心价值观。知识教育不应当是简单的知识传授,而必须要构建一种新型的人性化的知识观。社会主义核心价值观是对社会主义核心价值体系精神实质的高层次总结。以社会主义核心价值观引领知识教育能够实现知识教育的精神性和人性化[3]。社会主义核心价值观作为课程思政的重要内容,应当融入每一门课程中。"网店运营"作为电子商务专业的核心课程,主要侧重于实践教学,但在实践教学过程中引入社会主义核心价值观更能够激发学生的学习兴趣。

　　社会主义核心价值观引领"网店运营"的"教"的环节,首先体现在对教师授课内容的精神提升上。传统的"网店运营"课程主要教授学生开设和运营淘宝店铺的方法,通过融入社会主义核心价值观后,"网店运营"课程融入了更多优秀的案例,通过这些案例向学生倡导和谐友善、诚实守信、爱国进取、爱岗敬业等精神理念,培养学生积极向上的生活和工作理念。其次,"网店运营"课程导入了劳动教育,每学期选取一个教学周组织学生进入企业接受劳动教育,由授课教师组织学生参与劳动,让学生参加真实的劳动,不仅能够提升学生的个人技能,实现理论与实践相结合,而且能够使其体验生活,感受到劳动的快乐。最后,"网店运营"课程在授课内容上融入了课程思政模块,通过组织学生进行话题讨论、项目化运营、模拟运营等方法,强化学生的爱国主义精神,让学生对建立富强、民主、文明的社会主义新中国充满信心。

2.社会主义核心价值观为学生学习提供精神支柱

高职院校大学生存在认知不足和目标不明确等现象,部分学生对社会主义和谐社会建设、全面实现伟大复兴"中国梦"的历史使命和责任感尚需加强,因此需要加大高职院校中培育和践行大学生社会主义核心价值观念的力度,促进高职院校学生德、智、体、美、劳的全面发展,在学习课程知识、专业技能的同时,使他们认真学习、领会社会主义核心价值体系的内涵,自觉投入社会主义核心价值体系的践行中,在新时代中确立正确的人生观和价值观,全方位提高自身思想政治素质,努力成为中国特色社会主义事业未来的建设者和接班人。

当前,学生在学习的过程中经常会存在各种问题,比如无法找到学习目标、没有学习动力、对未来没有预期等。教师通过在课程中引入社会主义核心价值观,逐渐培养学生积极向上的生活理念,建立高层次的学习目标,为学生学习提供精神支柱。主要体现在:一方面,起到精神引领的作用,让学生认同社会主义核心价值观,并把社会主义核心价值观作为自己的精神支柱和行为指引,让学生能够按照社会主义核心价值观的要求来指引自己的学习,树立远大的理想和抱负,激发学习动能;另一方面,起到行为引导作用,社会主义核心价值观提倡的是积极向上的生活理念,能够对人的行为规范起到指引作用。当代大学生通过"学习—贯彻—执行"社会主义核心价值观能够对自身行为起到引导作用。通过树立远大的人生理想,从"上课不玩手机"这种小事做起,奋发图强,为建设社会主义现代化国家而努力学习。

二、社会主义核心价值观引领知识教育对策分析

1.将思政融入专业课程,实现课程思政

课堂作为学生思政教育的重要阵地,是培养学生思想理念的重要途径。把社会主义核心价值观融入课堂思政中是思政教育的必然要求,也是培养社会主义接班人的重要环节。"网店运营"课程作为电商专业的核心课程,课程思政是课程建设的重中之重。

将社会主义核心价值观融入"网店运营"课程中,要将思政内容融入课程体系,在课程的各个模块中体现社会主义核心价值观。例如,在讲授"网店规

则"的时候可以融入法制的观念,通过案例展示的形式告诉学生要合法经营,要遵守国家的法律制度,不做违法的行为;在讲授"店铺运营"这一环节的时候融入诚信的观念,告知学生不做虚假交易等违法经营,要做到货真价实,不销售假冒伪劣商品。

将社会主义核心价值观融入"网店运营"课程中,要打造广义的思政课堂,不应该局限于课堂上的 45 分钟,而应该拓展到学生在校的每一分钟。学生思想的培育和行为的养成应该是持续的过程,学生在学校期间能否以社会主义核心价值观作为自己的行为指导,还受到老师、同学以及身边其他人的影响。所谓"近朱者赤,近墨者黑",外部环境对人思想的影响至关重要。只有把课程思政拓展到学生在校的每一分钟,才能够让老师、学生都按照社会主义核心价值观来引领自己的行为规范,才能够让每位学生每一分钟都牢记社会主义核心价值观,才能够用社会主义核心价值观引领学生的知识教育。

2.实施劳动教育

实施劳动教育是社会主义核心价值观引领知识教育的具体形式之一。思想能指导行为,行为也是思想的体现。通过课程思政给学生贯彻社会主义核心价值观这一精神理念是通过思想上进行灌输,而让学生进行劳动教育就是社会主义核心价值观在学生学习和生活中的实践环节。实践是检验真理的唯一标准。只有让学生参加劳动教育,才能够让学生把社会主义核心价值观的理念得以实践出来。同时,劳动教育也是课程思政的课外延伸。

劳动教育作为社会主义核心价值观的实践环节,其形式多种多样。学校可以组织学生参加课程内容的实践,也可以组织学生进行生活劳动。学生在劳动的过程中不仅可以学习到很多书本上没有的知识,而且在无形中吸收了富强、民主、文明、和谐、平等、爱国、敬业、诚信、友善等社会主义核心价值观所包含的基本内容。

在"网店运营"这门课程中引入劳动教育,让学生参与到与课程内容相关的社会实践中去,如网络客服、淘宝店铺运营与管理、抖音直播等。劳动教育作为社会主义核心价值观的具体体现,能够让学生在实践中加深对课本知识的认知,让学生通过个人劳动体现知识的价值和个人的价值。

3. 推进素质教育和通识教育

推进素质教育和通识教育是社会主义核心价值观引领知识教育的必然要求。社会主义核心价值观引领知识教育就需要在学生教育中推进素质教育和通识教育。中国是一个拥有 5000 年悠久历史的文明古国，具有非常深厚的文化底蕴。社会主义核心价值观的培养、建立与推进素质教育和通识教育是相互促进的过程。一方面，推进素质教育和通识教育能够提升学生的综合素养，培养学生的爱国主义情怀，让学生在素质教育和通识教育的过程中培养社会主义核心价值观；另一方面，社会主义核心价值观中的基本内容能够让学生在受教育的过程中获得积极的精神引导。

"网店运营"作为一门技术性比较强的课程，推进素质教育与通识教育主要表现在两个方面：一方面，结合我国传统商业文化，培养学生商业素养。"网店运营"的本质是一种商务活动，从商业的角度来讲，我国有非常悠久的历史文化，可以给学生进行知识拓展，讲解《陶朱公理财十二则》，让学生掌握生意的本质和原则。另一方面，引入法律规章，让学生合法经营，不做违法违规的事情。引导学生学习《民商法》《消费者权益保护法》《广告法》等法律条文，让学生在运营店铺的过程中，不出现违法行为。

三、总　结

社会主义核心价值观引领知识教育可以从"教"与"学"两个方面进行。教师在授课的过程中融入社会主义核心价值观的思想理念，培养学生积极向上的精神。学生在学习的过程中树立社会主义核心价值观的思想理念，更加努力学习，掌握科学的学习方法和正确的学习方向。社会主义核心价值观引领知识教育的主要方法有：实现课程思政，将思政融入专业课程；实施劳动教育；推进素质教育和通识教育。通过"教"与"学"两个方面相结合、理论与实践相结合、课堂教学与实践教学相结合，实现社会主义核心价值观引领知识教育的"教"与"学"融合发展。

参考文献

[1] 吴兴华.从"科学知识观"到"人性化知识观"——论知识教育的沉沦与拯救 [J].北京教育学院学报,2019,33(6):42-47.

[2] 王康.社会主义核心价值观引领知识教育长效机制研究[J].改革与开放, 2019(4):92-94.

[3] 张冬宇.社会主义核心价值观引领高校思想政治教育长效机制的构建[J]. 辽宁省交通高等专科学校学报,2015,17(3):51-53.

思政工作案例

打造"三心驿站"党建品牌育匠人

张鹏飞[①] 高 巍[②]

一、主题和思路

在全面建设社会主义现代化国家新征程中,职业教育前途广阔、大有可为。围绕习近平总书记对职业教育的指示要求,坚持党的领导,坚持正确的办学方向,坚持立德树人,优化职业教育类型和定位,深化产教融合、校企合作,深入推进育人方式、办学模式、管理体制、保障机制改革,增强职业教育的适应性,加快构建现代职业教育体系,培养更多高素质技术技能人才、能工巧匠、大国工匠。近几年,浙江工商职业技术学院(以下简称"学院")党政领导班子始终坚持"党建为引领、党建融中心、党建促发展"的工作思路,围绕党建品牌"三心驿站"("初心驿站""连心驿站""爱心驿站"),营造良好的育人氛围,把工匠精神的培育融入学生职业素养、能力培育、德育提升等方方面面。通过创新党建工作模式,打造"驿站"平台,提升党建向心力、服务力和凝聚力。

---

① 张鹏飞,浙江工商职业技术学院电子信息学院党总支书记、浙江省高校党建"双创"标杆院系建设单位负责人。

② 高巍,浙江工商职业技术学院电子信息学院组织员。

二、具体做法及成效

(一)创新党建培育主阵地,搭建"三心驿站"平台

要实现党建人,需要创新党建育人主阵地。学院党总支从实际出发,充分结合专业特色,创新培育搭建平台,组建由"初心驿站""连心驿站"和"爱心驿站"等构成的"三心驿站"群,锻造"奉献工匠""技能工匠"和"爱心工匠",初步解决了师生分布散、培养模式多、党建引领弱等方面的现实难题。

1.组建党员师生初心小分队成立"初心驿站",传承家电维修服务优良传统,推进党建进社区,锻造"奉献工匠",实现党建育人有态度。组建了电气汽修、软件应用党支部等,立足"做小事",坚持"做长事",做到"融专业",积极开展小家电义务维修、智能手机普及、电脑维修等社会服务活动,累计修理各类家用电器、电子产品等2000余件,曾被各大媒体竞相报道,取得了良好的社会效应。

2.组建校企联合党支部成立"联合驿站",推进党建进企业,锻造"技能工匠",实现党建育人有宽度。随着产教融合的不断深入,学院持续开设现代学徒制班级。截至目前,学院和15家企业共开设现代学徒制"订单班"20个,覆盖学生500多名,通过组建联合党支部确保党员管理教育从严从实,护航产教融合工作走深、走实。

3.组建党员爱心小分队成立"爱心驿站",推进党建进乡村,锻造"红色工匠",实现党建育人有温度。为了响应乡村振兴战略,发挥党员爱心奉献精神,学院党总支成立20余支由师生党员组成的"红色工匠"志愿服务队,足迹遍布宁海越溪、象山定塘、镇海永旺、鄞州走马塘等地,开展支教、助力小集市、导游讲解等特色服务工作,实现了党建工作有温度。同时,学院党总支成立党员爱心"微基金",所有党员教师踊跃献爱心,共筹集3.65万元爱心款,通过购买励志书籍、生活用品等帮扶困难人群54人次。

(二)布置党建育人软环境,营造思政教育氛围

打造党建长廊,以"树标杆、强党建、破难题"为主题,以"做好试点,打造品牌"为目标,牢牢结合学院党委"1+8+N"主题教育,通过学院党建"三结合"制

度上墙,"党建＋文化"上墙,"映红"基层党建。不断优化教工党员之家,以"党在我心中,永远跟党走"为主题,定期更新党员活动风采照,重视党的工作阵地建设。在学生党团活动室的基础上,建设学生党员活动室:发挥"一家、一站、一地、一园",即学生党员之家、党员加油站、文化宣传阵地及志愿服务家园的功能。开展学生党员座谈会、组织生活会、主题党日活动、"不忘初心、牢记使命"主题教育;通过图书、报刊、杂志、影像等资源提供学习素材,强化学生党员对党的基本知识的掌握程度,提升学生党员的理论水平、党性修养;面向全院学生宣传党的路线方针政策,宣传习近平新时代中国特色社会主义思想等有关内容;开展党员志愿服务活动,走进寝室、深入社区,服务师生、服务社会。

(三)探索党建引领新模式,形成工匠文化育人环境

1.党建引领文化建设,打造工匠文化氛围

在人工智能、智能制造、"互联网＋"产业蓬勃发展的浪潮下,结合工科学生对体验类、创新类产品感兴趣的特点,学院从 2016 年 6 月开始探索"党建＋校园"文化建设模式,通过搭建"传承工匠精神,服务中国智造"体验类、创新型育人平台,拓展党建育人新模式。具体模式是"一展二坛三匠"。其中:"一展"是指结合毕业设计和专题制作,每年 12 月份举办未来工匠智能制造科技展,通过科技展繁荣了校园文化,提升了学生的职业技能。"二坛"是指定期举办知名工匠论坛和优秀校友论坛。"三匠"是指针对大一学生开展"感悟匠心"系列活动,针对大二学生开展"锻造匠艺"系列活动,针对大三学生开展"铸就匠梦"系列活动,让学生了解工匠精神的内涵。2020 年 12 月,第五届科技展如期举行。受新冠肺炎疫情的影响,本次活动以校内为主,同时邀请了校企合作单位共同参加展示,丰富了科技展的内涵,增强了活动的吸引力。

2.党建引领团建,提升团建工作成效

通过党建引领团建,提升团建工作成效:大力开展主题教育活动,以建国、建党、建团等重大活动和重要时期为契机,采取贴近青年、贴近生活、贴近实际的方式方法,通过开展团日主题、团课、报告会等形式多样的活动,加强对团员青年的思想政治教育。在基层团支部广泛开展"我与祖国共奋进""抗疫情、话担当"等主题教育活动,积极推行"厉行节约、反对浪费"等文明修身工程,巩固了增强团

员意识的长效机制。依托传统媒体和新媒体等宣传平台,加强宣传正能量。利用宣传橱窗、学院微信公众平台及时向学生传递团学讯息、学院的基层动态及时事政治,拓宽宣传正能量,引领团员青年的思想。2020年,共发表推文374篇,关注量达3174人次。

加强团组织自身建设,为"党建带团建"工作提供不竭动力:加强学生干部队伍培养,着力打造一支"政治意识强、责任意识强、学习意识强"的团干部队伍。通过院青马工程学生干部培训班重点培养学生骨干,进一步加强基层团组织建设,发挥团组织的战斗堡垒作用。近年来,团组织建设成绩显著,典型榜样不断涌现。2020年,学院电子1923团支部在浙江省第二届高校团支部风采大赛中荣获"全省高校优秀团支部"称号,学院团总支书记荣获2019年度浙江省交投集团"优秀团干部"称号。

党有号召,团有行动,"党建带团建"建功新时代:通过社会实践与青年志愿服务工作,充分发挥自身专业特长,促使广大团员青年在活动中不断成长,提升实践能力和综合素质。2020年,院团总支共组建53支暑期社会实践团队,分别奔赴宁波、慈溪、宁海等地开展实践活动,最终有七支暑期社会实践团队成功入选校级重点团队。其中,"智电小队"在学校周边各社区开展"家电义务维修活动",为社区居民义务维修小家电,深受社区群众的欢迎。该实践团队也被评为浙江省高校大学生暑期社会实践优秀团队。2020年的寒假,学院20余名团员青年主动在自己的家乡投入当地新冠肺炎疫情防控志愿服务工作,共收到各地疫情防控表扬信五封。这种活动增强了团员青年的社会责任感,彰显了他们的责任与担当。近两年,院青协共开展校内外志愿服务活动350多次,参与人数共计2800多人次。

三、工作启示

发挥党建育人桥头堡作用,需用好"三心"。

(一)坚定"打造品牌之心"

发挥党建育人作用,既离不开基层党组织和基层党建工作的创新,也需要形成党建与中心工作互相融合、双向促进的格局。因此,基层党组织要明确"党建强则学院强,抓党建就是强学院"的思路,不断总结、善于思考、勇于创新,找准中心工作与党建工作互融发展的切入点和结合点,打造能凸显专业特点,发挥专业优势的党建育人品牌。

(二)树立"系统谋划之心"

实现党建育人成效,需要一个有引领力的领导班子、一支有战斗力的党员队伍和一个有凝心聚力的学院环境,这些都要靠基层党组织的系统谋划,不能"东一榔头、西一棒子";需要牢牢抓住立德树人这一根本出发点,加强党建制度建设、班子建设、党员队伍建设、文化建设,形成党建育人格局。

(三)强化"久久为功之心"

形成党建育人影响力,就需要脚踏实地、一步一个脚印地完成,久久为功。在实践中完善,在实践中创新。要在破解党建工作难题上持续突破,要在重点问题上创出特色、在热点问题上做出成果。

"掉皮,掉肉,不掉队"

——浙江工商职业技术学院优秀扩招退伍学生案例分析①

王建超②　　柴美娟③

高职百万扩招是扩大和稳定就业的现实需要,也是解决我国技能人才短缺问题的重要举措。2019 年《政府工作报告》明确提出:"改革完善高职院校考试招生办法,鼓励更多应届高中毕业生和退役军人、下岗职工、农民工等报考,高职院校大规模扩招 100 万人。"退役军人是扩招对象中"非传统生源"的一类,其庞大的群体基数和特有的品质特征有利于疏解高职院校"传统生源"的数量和质量困境。同时,退伍军人面临众多困难:生活环境不同、目标不同、人际关系不同和专业课学习困难等。本文以一个案例为样本,分析大龄退伍军人的教育管理对策。

一、案例背景

周同学,男,已在职,入校时 46 岁,其个人经历如下:1996 年 10 月入党,曾在浙江省消防总队、宁波市消防支队、江北区消防大队、海曙区消防大队、天一消防中队服役,历任战士、副班长、班长、代理排长;现在宁波市青少年宫(市志愿者服务指导中心)工作,连续九年获得"宁波市青少年宫先进工作者"荣誉。周同学

① 本文系浙江工商职业技术学院 2021 年校级名班主任工作室项目"'知行'名班主任工作室"的研究成果。
② 王建超,浙江工商职业技术学院建筑与艺术学院教师,研究方向为学生工作管理。
③ 柴美娟,浙江工商职业技术学院建筑与艺术学院副教授,研究方向为教学改革和学生工作管理。

入校时刚好遇上新冠肺炎疫情,第一学期的课程全部为线上课程,作为班主任和任课教师的我对于他的情况了解不是太多,第二学期开始正式课堂教学时发现周同学学习积极性不是很高,和班级同学交流也不多。由于多年远离学校,周同学自身的知识储备较为薄弱,逐渐产生了学习积极性不高、学习目标不明确,学习方法不合理,学习环境融入难、工学矛盾等问题。

二、案例解决过程

(一)树立学习目标

周同学虽然学习上有困难,但是性格还算开朗。作为班主任,笔者深入地与他进行交流,剖析了现阶段他的心理状况和学习情况,帮他重新树立学习信心和学习目标。

(二)丰富课堂教学方式

除了现有的课堂教学外,专业课老师特意安排了线下、线上的课程内容,线上内容与课堂内容同步,作为课程学习的巩固和复习,使得周同学和班级其他同学有了较为灵活的学习方式。周同学和其他因为工作或家庭原因临时无法到校上课的同学均可以在线上进行课程学习,从而保证了课程学习的连贯性。

(三)提供课余辅导,夯实基础知识

由于周同学年龄较大,甚至比大部分任课教师还要年长,他所积累的基础知识较为薄弱,因此专任教师提供了很多相关知识的线上学习课程,由周同学先进行线上自学,课余时间再由专任教师来答疑解惑;同时,班级内部建立了学习互助微信群,互相督促学习,共同进步。

(四)激发优秀模范带头作用

周同学在服役期间多次获得部队嘉奖,工作期间连续九年获得"先进工作者"荣誉,2016年更是荣获"省级先进工作者"。在和周同学的交流中,笔者多次

提及并肯定他的模范带头作用,逐步激发他在部队养成的优良品质,并将这股精神继续发扬在校园里,发扬在学习的"沙场"上。

三、案例总结

大龄退伍返校大学生从军营或社会重新回到高校,面对全新的校园生活环境和专业学习环境,他们需要重新适应学校的学习与生活。同时,专业学习注重的是知识的积累与持续性,而多年的部队生涯或社会工作使他们在专业学习上出现了断层,因此他们的学习适应情况值得关注。

(一)学习目标不清晰

以周同学为代表的大龄退伍学生专业知识结构出现不完整、不系统的问题,尤其是理工科学生。当他们回到校园重新进入课堂时,已经跟不上老师授课的步伐。本案例中,周同学遵循着作战部队的优良传统严格要求自己,因没达到自己的目标而产生消极的心理状态,从而影响了学习与生活。学院与之进行深入交流并给出切合实际的目标——在学习的过程中要有侧重点,在保证正常完成学业的基础上汲取自身所需的专业知识,而与自身职业发展无关的课程可以适当降低学习目标,不能"胡子眉毛一把抓"。

(二)学习方法不适应

军队的课程教学模式主要是理论教学和硬性背诵,关于知识点的学习主要靠硬性背诵和纯理论记忆,学生的任务是听从指挥、服从安排。社会工作中的学习多是为了解决工作中实际遇到的问题而展开的需求性学习。而高校课堂的教学方式较为灵活多变,主要考察和培养大学生的独立思考能力和创新能力。课堂上任课教师不仅讲授专业知识,而且会和学生交流学习方法以及工作中的处事方法,积极地引导他们思考,并结合各自的工作情况总结适合自己的学习方法。本案例中,周同学不仅与专任教师交流学习方法,更是将工作中的实际经验分享给班级其他同学,引领其他同学共同进步。

(三)学习时间有限,依然勤奋努力

国家教育政策的调整,让一些年龄较大、有一定社会阅历的人,通过自身的努力圆了大学梦。大龄大学生这个特殊群体大多有工作经验和实践经验,有的甚至还有家庭、孩子。为了给这类学生更多的时间和空间自由学习,专业课教师同时进行线上线下教学,开展多元化、多维度教学。本案例中,周同学入学之前已经离开校园且工作多年,他的孩子也已经上初三了,但是周同学能克服困难进入大学学习,利用工作和家庭生活的间隙努力学习,以身作则地给自己的孩子做好榜样,并且在第二学期取得班级第一的好成绩,这对于年近 50 岁的他已属不易。

四、案例启示

大学教育和管理是指高校根据社会发展和学生的实际情况,科学地调度人力、物力、财力等各种资源,对学生进行纪律要求、行为控制和教育服务,以达到促其成才、教育公平的目标,其核心理念是以生为本。这已经成为高校学生管理教育普遍认同的工作理念。在实际工作中,由于各校实践的程度不一,针对大龄学生和退役学生的管理,还没有关于这一群体心理特征、思维方式及行为模式等的研究,尚未形成一套行之有效的学生思想教育和管理的方法。

(一)坚持以学生为本的理念,保持宽容和耐心

首先,积极帮助大龄退伍学生转变角色,适应新的环境。马克思说过,人创造环境,同样环境也创造人。一方面,环境影响人,制约人的活动;另一方面,人的实践活动可以改变环境,并在此过程中改造自身。班主任主动与周同学进行谈心沟通,帮助其转变角色,以更好地适应校园环境。在接触过程中,班主任把专业的特色、班级的特点、班级的人员构成及性格特点等讲清楚,为其更好地融入班级打下良好的基础。其次,大龄退伍学生在社会经验、年龄因素、家庭负担、就业压力、娱乐方式等方面与同届同学有很大的区别,在心理和行为上表现出别样的特点。学校学生管理者,要以足够的宽容之心和耐心去为其服务,多看其优点,包涵其缺点,不生硬对抗,充分发挥人文关怀和情感因素的作用,以情感人,以理服人,做到关心人、体贴人、帮助人、温暖人,最终打动人。

（二）坚持以学生为本的理念，做到教育和管理制度的弹性

首先，满足学生个性化的需求，建立多元的评价考核体系，改革考试手段，侧重考查学生对知识的灵活掌握和创新，推动高等教育个性化的发展；其次，改变课堂形式，增加课堂的多元性和维度，建立线上线下相结合的教学模式，给予学生更多的自由学习空间。最后，发挥他们具有实践经验的优势，积极利用他们吃苦耐劳、恪守纪律的特点，激发他们的模范带头作用。

（三）坚持以学生为本的理念，设计班级活动

在学习生活过程中，加强大龄退伍学生和年轻学生的沟通，消除他们的孤独感，帮助他们融入集体；积极帮助他们利用"老大哥""老大姐"自我控制、自我管理能力较强的特点，协助班主任带好年轻学生。要抓住他们刻苦学习的特点，以此为契机，加强学风建设。

五、结　语

总的来说，大龄退伍学生进入校园学习，在班主任和专业教师的引导下，应积极转变角色并快速融入班级，从而开始自己新的"战斗"生活，取得新的胜利。

实践育人 凝聚青春力量

——"暖春行"寒假社会实践活动项目

董雷雷①

一、案例背景与概述

（一）案例背景

"青年兴则国家兴,青年强则国家强,青年一代有理想、有本领、有担当,国家就有前途,民族就有希望。"时代在变迁,社会在发展。当今的在校大学生,已经不满足于校园内的故步自封了。他们渴望接触社会、了解社会并在社会中实现自己的价值,使自己今后能够迅速融入社会。

志愿服务活动与志愿者精神符合现代的道德规范,获得了社会的积极评价。志愿服务虽然不计报酬,但收获了心灵的净化,提升了社会、集体和他人对自己的道德评价,这对大学生而言具有非常重要的意义。

（二）案例描述

"暖春行"志愿服务活动(下文简称"暖春行")是浙江工商职业技术学院学生寒假社会实践活动的一个品牌项目,长期由国际交流学院承办、全校学生参与。从 2009 年起,每年春运期间,国际交流学院都会组织党员师生和团员青年,联合

---

① 董雷雷,浙江工商职业技术学院国际交流学院辅导员、助理研究员,研究方向为大学生思政教育。

宁波市交通团工委、宁波车务段团委、海曙团区委等单位在宁波市火车站共同开展"创先争优我当先,春运服务我奉献"的"暖春行"春运志愿服务活动。"暖春行"为缓解春运高峰做出了贡献,也有效地提高了参与活动学生的社会实践能力和社会责任感,同时让学生学习和传承了志愿者文化。该项活动在学校团委的领导下,在各二级分院的支持配合下将会持续开展。

(三)案例过程

"暖春行"开展了 12 年,志愿服务过程管理逐步趋向成熟。活动主要分为以下三个过程。

1.筹备工作

本次活动筹备组按照惯例做好了充分的前期准备,提前在学生中进行相关调查,并结合往年"暖春行"的实际情况制订了详尽的活动策划书,包括活动主题、活动周期、活动分组、考核标准、安全预案、宣传方案、宣传资料等。

活动筹备组提前在学校进行为期一个月的活动宣传,营造良好的"暖春行"气氛,如摆放各类宣传栏,张贴宣传海报,发放宣传单,开展两场以上巡讲会,等等。

活动筹备组对已报名的学生开展两期以上的活动前期培训,以保证"暖春行"顺利开展,如活动应急预案的宣讲和安全教育培训等。

2.动员工作

每年动员大会暨出征仪式上,宁波市志愿者服务指导中心副主任、宁波市志愿者服务指导中心志愿服务工作部部长、宁波车务段团委书记、宁波栎社国际机场团委书记、铁路宁波站团总支书记和学校的各位领导对与会的志愿者进行充分的动员与培训,鼓舞所有志愿者的士气。"暖春行"优秀志愿者在大会上介绍和分享自己的服务经验,同时全体志愿者会议上庄严宣誓。

3.活动过程

2009 年至今,"暖春行"于每年一月中下旬开始,每期志愿者工作时间为15 天。

截至目前,已有 3000 多人次的青年志愿者参与了"暖春行",累计服务时间超过 40000 个小时。其中,每年师生数量保持在 200 人以上,教师党员占比在 20％以上,学生党员、入党积极分子和干部占比在 30％以上。

"暖春行"志愿者们提供了广场站点引导服务,一楼售票大厅分流服务,旅客自助售票辅助服务,二楼候车室、安检口分流指引服务和重点旅客帮扶服务,等等。重点旅客帮扶组主要帮助有困难的旅客购票,引领老弱病残孕等重点旅客上车。大学生志愿者发挥自己的英语特长,用娴熟的英语为外国友人提供帮助与服务。

"暖春行"表彰和总结大会要求每位志愿者在活动结束后进行思考和总结,写心得体会。同学们感人的心得通过板报、微信、微博等途径与全校同学分享。每年共有 15 位志愿者荣获"全国铁路优秀志愿者""浙江省铁路优秀志愿者"以及"宁波市铁路优秀志愿者"等荣誉称号。

宁波市委常委、宣传部部长高度评价了"暖春行",肯定了大学生志愿者不忘初心、奉献爱心的高尚情操与"奉献、友爱、互助、进步"的志愿精神,表扬了他们为缓解宁波市春运高峰做出积极贡献。

二、案例分析与应对

(一)社会影响

1.发挥志愿服务名片效应

从 2009 年至 2020 年,"暖春行"从零开始,从无到有,持续开展,逐步壮大,增强了公益事业的实力。"暖春行"志愿者们每年持续无休地为南来北往的旅客提供服务,年平均咨询量达 10 多万人次。"暖春行"很好地起到了服务往来旅客、锻炼志愿者队伍的作用,成为展示宁波文明形象的"重要窗口"和响亮"名片"。

2.志愿助力青年成长成才

进入新时代以来,以习近平为核心的党中央高度重视志愿服务,明确指出,志愿服务助力青年成长、立德树人。"暖春行"是提高广大青年自身综合能力的一次绝好契机,使大学生通过参加社会公益事业,增长才干,奉献社会,锻炼毅力,培养品格,同时培育了大学生正确的人生观和价值观。

3. 贴心志愿服务温暖旅客

开展活动以来,志愿者们帮助了很多旅客,收到了无数封感谢信。"I'm so lucky to meet you."这是一位志愿者帮助过的外国旅客,在安全抵达义乌后给她回复的一条感谢微信。看着这字字句句,志愿者真切地感受到了帮助他人的快乐。"暖春行"充分展现了我们工商学子的专业优势与水平,得到了社会的认可。

4. 传承志愿服务精神

志愿者服务队伍得到不断的壮大,志愿服务的精神得到更广范围的传承。"暖春行"获得人们的关注和赞扬,我们的志愿者被"宁波公安"微博号亲切地称为"红色天使"。2015 年,来自效实中学、镇海中学、宁波中学、宁波四中的高中生,还有来自山东大学、南京理工大学的大学生纷纷加入我们的队伍;2016 年,来自台湾铭传大学、湖南农大、宁波惠贞书院等 10 多名外校学生也主动要求加入我们的志愿服务队伍;2017 年,镇海黄背包小天使志愿者加入我们的队伍;2020 年,来自蛟川书院、储能学校等多名学生加入我们的队伍。现在,我们的活动已不仅仅是工商学子的活动了,更凝聚了来自社会各界爱心群体的力量。

5. 用心志愿 12 年载誉而行

开展活动以来,我们得到了宁波火车站、宁波地铁、宁波汽车南站的相关负责人和社会各界的充分肯定和高度赞扬,广大学生家长也对志愿活动赞不绝口。宁波电视台、《宁波晚报》《东南商报》《钱江晚报》等各大媒体及宁波各个网站都对该项目进行了专题报道。同时"暖春行·宁波站春运志愿服务项目"荣获 2020 年宁波市海曙区新时代文明实践志愿服务项目大赛铜奖,24 名教师和 170 多名学生志愿者分别获得国家级、浙江省级和宁波市级"优秀志愿者"称号。

(二)育人价值

志愿者活动是大学生锻炼能力、提高素质、奉献社会、全面发展的重要途径,更是大学教育中不可或缺的重要环节。在"暖春行"的志愿服务活动中对学生进行有针对性的教育和引导,其效果远远好于校内的思想政治理论灌输教育;同时,这种活动为优秀的青年学生展示风采、演绎青春提供了良好的平台。

1.促进青年全面发展

习近平总书记曾将青年志愿者协会称赞为"社会文明进步的重要标志,广大志愿者奉献爱心的重要渠道"。志愿服务是青年实现参与社会活动,实现人生价值的重要途径,是实现青年全面发展的社会化大课堂,是校内课堂的延伸。"暖春行"旨在让更多青年志愿者能够为社会做出贡献,在参加志愿活动的同时,能实现"助人"和"育己"的双赢,为学校建设添砖加瓦。

2.增强青年服务意识

充分发挥"主渠道"作用,积极传播志愿服务文化,努力营造有利于志愿服务的文化环境,培育青年志愿服务的文化自觉,把志愿服务融入志愿活动之中。充分依托"暖春行"载体,深入开展志愿服务主题教育活动,逐步形成踊跃参与志愿服务的新风尚。春运第一线的服务,让志愿者们切身感受到奉献的快乐并践行了"奉献,友爱,互助,进步"的精神,有效地提升了基层团组织的战斗力和凝聚力,培养了广大青年学生的社会责任感及志愿服务意识。

3.锻炼青年组织、实践能力

学生的组织能力和实践能力在活动中得到了很好的锻炼。志愿者们在进行服务之前需要学习新知识,接受培训,提高了学习能力;在参与志愿服务的过程中,培养和提高自身的组织能力、交流能力和领导能力,增强自信心,为将来走上工作岗位,更好地适应社会打下了基础。

三、案例反思与启示

(一)案例反思

1.持续性强,受益面广,但缺乏深度

"暖春行"已经连续开展 12 年,后期还会继续开展。志愿服务这项活动方便了广大旅客群众,减轻了春运工作人员的压力,为铁路运输的畅通提供了有力保障,但是服务的深度还需进一步加强。

2.操作简单,容易开展,但与专业相结合的深度不够

志愿者工作的内容简单易学,所以学生经过短期培训后可以马上开展工作,学生参与的主动性也会得到加强,但是在与专业相结合的层面上,缺乏深度。

3.教师学生,共同参与,但缺乏党员先锋模范作用

"暖春行"志愿活动是帮助学生树立良好品德的第二课堂。在教师的示范引领下,学生切实地参与到社会实践活动中,提升了自身的思想道德水平,但缺乏党员先锋模范的深度挖掘,党员先锋模范作用体现得不够淋漓尽致。

4.价值引领,知行合一,但学生受益面缺乏广度

"暖春行"培育了学生正确的人生观和价值观,通过实践活动真正做到内化于心、外化于行、知行合一,但学生的受益面缺乏广度,参与度还有待进一步提升,需增加活动次数和增强活动深度。

(二)案例启示

1.拓载体增项目,探索志愿服务多元化

积极引导志愿服务队伍打破志愿服务载体和项目局限,围绕春运服务特点、社会关注点,扩大志愿服务的范围。坚持联动机制,主动与地方团组织、行业团组织合作,引进测量血压、免费修理等各行业特色公益服务活动,增强志愿服务的实际效用。如与宁波市医院友好合作,为春运旅客及时提供贴心医疗服务。

2.抓重点显特色,打造志愿服务专业化

青年志愿服务具有很强的实践性,在专业知识上有较高的要求,对报名的青年志愿者进行筛选、审查、分组后,成立专业化志愿者队伍,充分发挥自己的专业优势,提高志愿服务专业化水平。依托我校不同专业,利用志愿者的才能、经验和专业素养,满足不同旅客的需求。比如,旅游与休闲管理专业的同学可以发挥职业礼仪的优势,对团队旅客进行专业性引导。

3. 夯实岗前培训,促进志愿服务规范化

组织车站专业技术人员、志愿者骨干到高校举办专场培训会,实现志愿者全覆盖培训。编印、发放《青年志愿者工作手册》,强化培训效果。每日上岗前由服务站长、车站团学委员会委员围绕当日工作重点、岗位注意事项等内容进行再培训,保证志愿者明确岗位职责。在选拔志愿者时,挑选来自不同地区会讲当地方言的志愿者,因为方言更能拉近与旅客之间的距离,也方便交流沟通,更有利于帮助旅客。同时,进行仪态培训,展现青年志愿者的风范,由专门的旅游专业礼仪课程的主讲老师培训,包括站姿、坐姿、指引的手势等都要经过专门的训练。

4. 创建"互联网+志愿服务"模式

开展志愿服务,应利用网络,占领网络,建设网络,创建"互联网+志愿服务"模式,依托志愿服务网络对志愿组织和志愿者进行管理,通过志愿服务网络开展志愿服务活动,有利于实现志愿服务"注册便利、管理便利、服务对接便利、评价便利"的目的。我校利用"盗梦空间"平台研究和完善志愿者注册、需求发布、管理统计、资源对接等功能,积极推动团员青年实名注册成为志愿者,促进青年志愿者精细化管理,精准对接青年志愿者服务。利用网络平台推广和发动志愿活动,呼吁更多的人加入志愿服务中。

全员育人,破茧成蝶

——记一例学生干部的成长蜕变过程

殷帅帅[①]

一、案例背景

刘某某,女,浙江工商职业技术学院国际交流学院(以下简称"学院")旅游管理专业的学生。大一新生心理普测显示,该生人际敏感指数偏高,焦虑指数也偏高,属于学院心理重点关注对象。建档资料里记录,她在大一期间曾有自杀倾向。同时,她也是学院资助对象。大二期间,她积极报名竞选学院团总支组织部部长并竞选成功。在她的带领下,学院每一季的青年大学习参与率在全校排名第一,遥遥领先于其他分院。而她本人也得到了很大成长,获得了很多荣誉:2019—2020学年获校二等奖学金,2019—2020学年获"校优秀学生干部"荣誉,2019—2020学年获国家励志奖学金,2020年12月被评为校五星志愿者。

从心理存在一定问题兼经济困难,到个人优秀并带领团队走向优秀,这跟刘同学自身的主动、认真、进取是密不可分的,同时也离不开学院老师们的共同培养。

---

① 殷帅帅,浙江工商职业技术学院心理健康指导中心专职咨询师、助教,研究方向为大学生心理健康教育与生涯规划。

二、实施过程与方法

(一)资助育人

1. 保障性资助,兼顾公平公正与隐私保护

对于既是资助对象又是学生干部的这类群体,资助辅导员要做到客观公正,不因她是学生干部而有偏私,也要注意保护学生的隐私,让资助对象名册在有限范围内公布,并严格管理好与资助相关的电子信息,确保无关人员不得查阅、知晓或转发传播。

本案例中,学院学生工作委员会在整个资助对象评定过程中,坚持公开、公平、公正的原则,结合刘同学的家庭经济情况,评定她为"家庭经济条件为一般困难"的学生。而刘同学上一学年的综合测评、学习成绩排名均在班级50%以外,不满足国家励志奖学金的评定要求,所以无法参评国家励志奖学金。按照学院内国家一等、二等助学金名额分配指标,刘同学可获得国家二等助学金。同时,学院也鼓励她作为学生干部,除了要积极工作,也要在学习方面起到先进模范带头的作用,成绩要力争上游,凭自身实力争取下一学年的国家励志奖学金。

2. 发展性资助,全面提升学生素质

国家励志奖学金、助学金、学校寒窗奖学金、社会性资助的彩虹助学金等为经济困难的学生送去了不同程度的物质关怀,在一定程度上缓解了学生的经济压力,但这些保障性资助,在学生人格塑造、素质养成方面的作用并不明显。要发挥资助育人的作用,还需要依靠发展性资助去挖掘学生的主动性、创造性,培养学生的责任感。本案例中,负责资助工作的辅导员鼓励刘同学积极申报资助性发展项目并给予其指导。最后,刘同学跟其他同学合作,成功申报关爱自闭症儿童的资助项目。她定期与同学一起去宁波市特殊儿童机构为特殊儿童搞活动、送温暖。在这个过程中,刘同学的责任意识、实践能力都得到了提升。刘同学从单纯的受助者变成助人者,由被动接受关爱的一方变成主动创造爱的一方。

(二)心理育人

1.个体生涯咨询,解决学生困惑

现在的大学生很多存在学涯、生涯、职涯等多重迷茫的问题,学习缺乏明确目标、学习动机弱,不知道未来要干什么、能干什么,情绪容易焦虑、紧张。同样地,刘同学到了大三时,也产生了纠结:是选择专升本还是直接参加工作。她主动向在大学生生涯规划个体咨询方面经验丰富的辅导员求助。

在交谈中,刘同学说:"统招专升本是一次提升自己学历非常好的机会,不想放弃。前几天,我在招聘会投递了几份简历,收到了两家公司的回复,分别是提供前台服务岗位和餐饮部岗位的实习工作。我在考虑自己是去实习还是专升本。我跟我妈说了以后,我妈说,我如果想专升本,家里再困难也会供我读的(说到此,学生哽咽)。只是家里还有个在读初中的妹妹,爸爸还想给家里改造一下房子,如果我继续读书的话,家里会有一些压力。"

表面看起来,刘同学纠结于是否要专升本,但通过交谈,辅导员发现刘同学是想进一步提升学历,但又对自己学习能力不够自信,担心即使专升本考上的也只是学费贵的三本院校,这又会增加她对父母的内疚感。辅导员看到刘同学成绩从班级的中游一跃到第三,肯定了其在学习方面的潜力,也指出她想边实习边准备专升本背后的原因其实是害怕专升本失败。刘同学表示自己确实有专升本可能会失败的顾虑,也不确定自己是否喜欢酒店行业。辅导员通过启发提问,引导其进行自我探索。过了一段时间,刘同学反馈自己已选择去酒店实习,同时利用休息时间备考专升本,内心少了迷茫,多了前进的动力。

2.心理团辅,提升人际适应性

心理团辅作为开展心理育人的有效手段与重要抓手,是在团体情境下进行的一种心理辅导方式。它是运用适当的辅导策略与方法,通过团体成员间的互动,促使自我觉察,改善人际关系,增强适应能力的过程。心理团辅是有效提升大学生人际交往能力的方法,特别适用像刘同学这样人际敏感的学生。

为此,学院心理辅导员公开招募心理团辅成员,名额限定 12 人,要求是存在人际困惑或者寝室矛盾的女性学生。在对外招募通知发布后,辅导员有意识地将此招募信息推送给刘同学,刘同学选择报名。团辅分享主题为诉说人际上的小烦恼,团辅成员轮流交流。轮到刘同学的时候,她聊起大一刚入学的时候因为不适应有点想不开,说着说着就流泪了。这时有一名团辅成员为其递过纸巾,同时也谈了她对刘同学事件的解读,提供了理解人际的新视角。刘同学同样也去解构其他成员的故事,大家在分享中获得人际新知。团辅结束后的一个月,辅导员通过多种途径了解到刘同学的情绪控制能力比参加团辅前稳定很多。刘同学本人也反馈其与室友相处比以前融洽,没像以前那样敏感了,能学会从其他角度看待问题。

(三)实践育人

1.搁置异议,鼓励竞选团干

据班级同学反映,刘同学大一期间因适应问题与室友起了冲突,且做出想从阳台跳下去的危险举动。刘同学也坦陈确实有这样的事情。从这件事情看,刘同学确实存在一定的心理问题,或者说心理健康程度不是很高。在刘同学竞选团学干部前夕,辅导员收到班级心理委员的反馈:刘同学近期因学院团组织工作繁忙,在寝室性情烦躁易怒,晚上入睡困难。从学生干部择优选拔角度考虑,心理健康程度不高的刘同学不是重点学生干部培养的好人选。但从育人角度考虑,应该给予刘同学机会。毕竟面对新挑战,刘同学出现少许心理的烦躁焦虑是正常现象,侧面说明她有较强的成就动机。对此,学院学生工作委员会经过讨论达成一致意见:同意刘同学凭自身实力竞选,如果竞选成功,学院辅导员们会就其工作开展、学业情况、睡眠时间、心理状况等予以关注,培养其成为优秀的学生干部。同时,委托寝室心理联络员若发现刘同学的异常表现要及时报告。可喜的是,刘同学凭借其充分的准备赢得了学院团总支组织部部长的职位。

2.委以重任,提升干部素质

学院团总支书记作为学院团学组织的组织者、领导者,承担培养团学干部的重任,刘同学作为组织部部长是其重点培养对象。团总支书记让刘同学独当一面承担了很多工作,并给予其充分指导。成为组织部部长的刘同学,生活一下子充实起来,经历了许多的第一次:第一次整理参加党校的名单,第一次独立写策划案,第一次举办大型活动……从刚开始跟老师们打招呼都拘谨,到能主动询问老师们是否需要帮助;从刚开始接到任务后的害怕焦虑,到后来的镇定自若,是刘同学肯下功夫的结果,也是其一次次实践锻炼后的蜕变。这中间少不了团总支书记的指导与鼓励。团总支书记经常安慰刘同学,如果工作有困难可以找她,不要给自己太大的压力。这给了刘同学安全感、踏实感,她心里暗暗发誓自己要像这位老师一样认真、负责,不能辜负老师对她的期望。

三、经验总结与反思

(一)积极看待学生,看待学生积极面

没有完美的老师,也没有完美的学生。对于存在各种问题的学生,只要不突破法律底线,不伤害其他人,要相信他们是可以被教育、可以被改变的。不要轻易否定学生,打击学生积极性。案例中的刘同学如果当时因为心理问题就轻易被剥夺竞选资格,是否会给她造成更大的打击,是否会加重其心理问题,这很难说。给予机会让其竞选,在工作中培养能力,获得成长,而且成功带领学院青年大学习蝉联第一,这反过来又让她获得成就感,增强了其责任感与荣耀感。

(二)辅导员分工明确、通力合作

针对问题学生或者有其他问题的学生干部,需要心理辅导员、资助辅导员、就业指导辅导员等专业化辅导员分别从自己擅长的领域出发,帮助解决学生的实际问题,为学生赋能。比如,资助辅导员在政策范围内帮助经济困难的学生争取到该有的资助,就业指导辅导员给迷茫困惑的学生送去明灯,心理辅导员引导学生培养积极的心态。辅导员之间要建立定期沟通机制,及时跟进重点关注学生的情况,交流育人过程中的问题与突破,制定下一步的育人方案。

(三)辅导员要提升专业化水平

个体生涯咨询、心理团辅都需要深厚的心理学、职业生涯规划的理论基础知识与咨询实践经验。由于辅导员事务性工作多,用于专业学习、专业实践提升的时间少,因而辅导员的专业性不够强。本案例中的心理团辅囿于时间、经验的限制只进行了一次,团辅效果也未能通过问卷的前测、后测去量化评估。随着大学生心理日趋复杂化和学生需求日趋个性化,辅导员需要自觉地提升自己的专业化水平,多学习、多交流、多实践、多总结。

做"四有"好老师，担育人之主责，助其成长成才

——高职学生心理危机干预之我见

岳贤平[①]

近年来，随着经济的飞速发展、科技的日新月异，社会竞争日益加剧，快节奏的生活方式给人们带来了巨大的压力，高职学生群体中出现心理危机的人数明显增多。作为担负第一育人职责的班主任要帮助这些学生更好地度过人生中关键的几年，有心理危机的学生群体更需要班主任的"特殊关照"。

一、案例简介

2020年11月，浙江工商职业技术学院新生心理普测结果出来，笔者所带的两个班级测出心理危机学生共22人，为班主任生涯历年之最。一个是56人普高班中有10人测出心理有问题，另一个是52人"3＋2"班中有12人测出心理有问题。特别是，其中一个班在开学时就知道有一个心理问题较为严重的学生，后来此班还接收了一位因抑郁比较严重而休学、复学的学生。

经笔者与22位同学一对一地深入面谈交流，排除几位确实没有问题的同学，确认曾出现过心理危机的同学有15人包括复学一人，详情见附表。心理危机的主要表现有：(1)与父母关系不好，有六人(二男四女)；(2)轻度人际交往障碍，有五人，有的是极度内向或者特别敏感的，有的是高中与社会青年交友出问题的，有的是高中受同学歧视、排挤的；(3)恋爱感情出现问题，有两名女生；(4)重度洁癖强迫症自闭问题，有一人；(5)抑郁休学复学，有一人。上述出现心

---

① 岳贤平，浙江工商职业技术学院电子商务学院教师，主要从事电商专业课程教学工作。

理危机的同学,经过自我调节或外部帮助大多能正常地学习生活,只有一位心理问题特别严重的学生还没有改善的迹象。

二、案例分析

根据多年教学和学生管理工作经验,并结合其他学者对高职学生心理危机现象的研究,笔者感觉高职学生的心理危机有这么几个特征:一是高职学生群体中出现心理危机的人数有增多的趋势;二是绝大多数存在心理危机的同学是在上大学之前就出现了,很少是到大学之后才发现的;三是导致高职学生出现心理危机的原因主要有恋爱问题、家庭教育不当问题、父母间关系紧张等,家庭方面是导致学生出现心理危机的主要原因;四是有特别严重心理问题的学生在外力干预下,成功治愈少;五是大学校园生活总体上是有助于缓解学生心理危机的,对于大部分轻度心理危机的学生,通过适当引导和自我调节基本不会有大问题出现。

学生出现心理危机的情况并不可怕,对于大部分曾有心理危机表现的同学,只需要做到具体情况具体分析,明确症结原因所在,大多能通过自身和外在的帮助,变得和正常同学一样。只有极少数心理问题非常严重的同学,需要借助专业人士的力量帮助他们。笔者认为,高职学生群体中出现心理危机人数有增长趋势,这是一个系统性的社会问题,其根本原因在于家庭(见图1),具体包括留守儿童问题、父母间关系紧张、单亲家庭、父母不懂如何与孩子沟通、父母对孩子教育过于严厉等。15人中有12人是由于家庭出现心理危机的:有五人是留守儿童,有的是上小学后才来到父母身边,还有的是上中学之后才来到父母身边;父母间关系紧张(父母关系不好或者离异)导致孩子极度内向不愿与人交流、抑郁焦虑的有四人;家庭教育不当导致孩子与父母关系紧张、叛逆、不愿意与人交际的有三人(见图2)。

三、案例思考和建议

学生群体中出现心理危机的现象越来越得到社会的重视,各学校也不断加强对这类学生的引导与管理。我校在学生心理危机干预方面也做了很多工作,对班主任工作提出了更高的要求。有心理危机的学生群体需要班主任的"特殊关照"。班主任在班级管理中需要加强对心理危机学生的关注、关心、关爱,帮助他们树立正确的世界观、人生观和价值观,培养他们建立健康的心理品质。

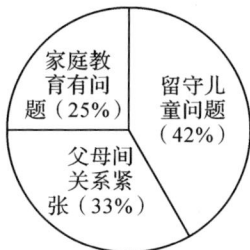

图1　出现心理危机的原因占比　　　图2　心理危机家庭原因占比

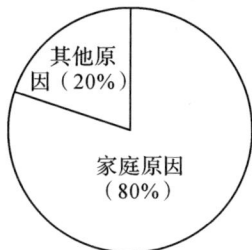

(一)争做"四有"好老师,价值引导,立德育人

每个专业老师在工作中,都应力争做到习近平总书记提出的"四有"好老师标准,即有理想信念,有道德情操,有扎实学识,有仁爱之心。

班主任工作要做好,更应以这"四有"为标准做好学生管理工作。因为高等教育育人其实就是一个帮助青年学生形成正确世界观、人生观和价值观的过程,十年树木百年树人。育人是一个长期的过程,是一个需要从量变到质变的过程。作为专业老师的班主任,在管理班级时,要给学生以正确的价值观引领,要达到立德树人的目的,就应该首先获得学生的认可与信赖,如果不做到这点,班主任的育人效果将大打折扣。

班主任要获得心理危机学生的认可,可以从"四有"老师的四个标准来提升自己,增强自己的人格魅力,提高自己在学生心里的威信。唯有如此,班主任在教育和引导学生建立正确价值观的时候才能真正走进学生的心里,学生才有可能真的听从老师的建议去做出改变,从而成为有温度的社会人。

(二)担当育人之主责,沟通引导,情感育人

正常来讲,学生毕业后对班主任感情最深,记忆最深的也是班主任。这是因为班主任几乎是学生在校期间能感受到的唯一持续对他提供教育、训诫和帮助的老师,其他老师很难取代班主任的地位,班主任可以说承担着育人的主体责任,一个好的班主任会影响学生的一生。

在赢得学生认可、好感和信任的前提下,班主任要多关注、多关心、多关爱有心理危机的学生,及时了解他们的心理动态。要做到这点并不容易,如果能跟他们定期见面,还是有可能通过观察确定其心理状态的,如果做不到,则可以争取平时主动与他们沟通,了解情况或者发展适当"眼线"提供这些同学的反常信息。无论哪种方式,不变的是多与其沟通,彼此间建立起和谐的关系,让他们有事愿意寻求班主任帮助,最终促使其爱生活、爱自己,让他们眼里有光,心中有爱,目光所及皆是美好。

(三)帮助学生成长成才,职业引导,专业育人

在校期间,帮助学生走出心理危机的一种有效方式就是让他们忙起来,让他们尽可能有事做,通过多做事来提升人际沟通能力、解决问题能力和心理承受能力。班主任在这方面有先天优势,比如动员学生在安排好学习的前提下积极参加团学部门、承担班委工作、参与社会实践等,利用班会或授课等各种机会从专业角度分享校友职场奋斗经历,引导学生做好职业规划、制定远期计划。班主任可以从专业技能提升上给学生创造各种机会,开阔他们的视野,扩大他们的格局,坚定他们的信心,激发他们的热情,使之将来成为有大爱、大德、大情怀的人。

附表:心理普测问题学生情况

序号	学生	性别	心理危机表现	原因分析
1	MM	女	焦虑、轻微人际障碍、缺乏安全感、有过轻生念头	父亲家暴,母亲出走
2	LH	女	有过轻生的念头,中学时因叛逆与母亲争吵	上小学之后来到父母身边,与父母没有感情,还有个弟弟一直在父母身边,有被抛弃的感觉
3	DS	女	有过轻生的念头,与父母感情不好	父母重男轻女,总是在孩子面前抱怨她是赔钱货,高中兼职赚钱还被父母要去补贴家用
4	BS	男	有过轻生的念头,不愿与人交际	小时候父母经常吵架
5	XP	男	有过轻生念头,性格内向,不愿与人交际	从小到大,父母管得严、管得多,又不懂与自己沟通,心理上很反感

序号	学生	性别	心理危机表现	原因分析
6	CL	女	有过轻生念头,性格内向不愿交际	小时候父亲在外工作,与母亲关系紧张,母亲经常无故打骂自己,很压抑
7	WY	女	有过轻生念头	恋爱原因
8	ZL	女	性格内向,没有安全感	恋爱感情问题
9	HW	男	洁癖、强迫症、自闭	小时候一直没有在父母身边,高中之前还能与人正常交流,高二突然间自闭了
10	ZX	女	不善与人交际,也不愿与人交际	小时候跟爷爷奶奶一起长大
11	XM	男	高中有过厌世念头,不能很好地处理人际关系,与社会青年纠缠一起,被公安警示教育	因叛逆厌学、逃学,叛逆期与父母不会沟通,他们也只是忙于工作
12	ZL	女	高中受同学歧视导致抑郁,不愿与人交际	性格内向,不懂主动与人沟通
13	JM	男	容易走极端、偏激,容易冲动,情绪控制差	小时候被奶奶带大,上学后父母过于溺爱
14	YL	女	比较敏感,容易情绪化,属于多愁善感型	性格原因,来自农村,小时候家里条件不好
15	YJ	男	比较严重的抑郁症,需要药物治疗	小时候父母忙于生意,与孩子交流太少,导致其性格方面存有缺陷

职规深度指导助力稳定就业

郑文新[①]

一、案例背景与概述

职业生涯规划比赛(以下简称"职规赛")是一项传统的学生个人技能竞赛项目,旨在引导学生树立正确的成才观、就业观,科学合理地规划大学学习与生活,提高就业技能与实践能力。

笔者作为指导教师分别于 2017 年、2018 年和 2020 年各指导一位学生参与竞赛,这三位学生在校级竞赛中都获得了校赛一等奖的好成绩。在这三位同学中,2015 级的 A 同学和 2017 级的 B 同学已经毕业并顺利地走上工作岗位,2018 级的 C 同学也进入了紧张的创业初期阶段。笔者是 A 同学和 C 同学的班主任,是 B 同学的任课老师,因此与他们的联系相对紧密,对他们后续的就业状态也比较了解。总结三位同学从职规赛到就业的现状发现,尽管他们分属于三种不同的就业类型,但他们的就业状态都与当年的职业生涯规划比赛目标接近或保持一致,并且明确表示在微调的基础上会继续将职业规划执行下去,直到实现目标为止。与他们的跟踪交流反馈发现,他们都有同样的感受:参加职业生涯规划不仅赢得了比赛,更是在比赛的过程中帮助他们厘清了就业方向,明确了就业目标,参与竞赛对各自的就业有着非常深刻的影响,最大限度地缩减了他们择业、就业的迷茫期,也使他们精准地找到就业方向与目标并有的放矢地执行下去,职业规划与就业过程呈现稳定性。从结果上看,有别于课程学习中"为了规划而规

---

① 　郑文新,浙江工商职业技术学院电子商务学院教师。

划"的覆盖式辅导,职业生涯规划参赛与备赛的过程既有深度又有个性化的精准辅导,同时不断修改的过程也是对职业规划深思熟虑的过程。这种"往深里走,往实里走"的做法不仅提升了学生职业规划的能力,也激发了他们的主观能动性,在严谨的比赛框架下对自己的规划更加深思熟虑。经这一过程建立起的择业就业观是稳定且可持续的,因而毕业阶段按职业规划去执行也就成为顺理成章的事了。

二、案例分析与应对

(一)问题分析

回顾指导竞赛的过程,再结合三位同学的就业情况,不难发现:职规赛与他们就业之间有着紧密而持续的联系。职业生涯规划对大学生学业质量与择业就业,乃至今后事业稳步持续发展有着直接的影响。三位参加竞赛的同学在高职学生中属于有追求、有目标的群体,但在指导竞赛的过程中,还是会有这样或那样的问题,要么对自己的认知不足,要么目标设定得不切实际,这也代表了高职学生职业规划与就业的普遍问题。总的来说,主要有以下两个方面的问题。

1.职业生涯规划的能动性不足

职业生涯规划的能动性不足,主要表现为仅为了完成课程学分而学习,而非真正地认识到职业规划的作用及意义,在进行职业规划时更多表现为形式主义,并未从实际角度出发对自我进行清晰、有效的认知与规划。

2.未能建立明确的择业就业观

不清晰的择业就业观主要表现为:对自我缺乏清楚的认知与定位,眼高手低是普遍现象,职业定位也不明确;对就业环境尤其是就业形势、政策和就业信息缺乏充分的了解与准确的判断;只关心眼前的利益,忽略职场的长期规划;把工作划分"三六九等",不愿意从基层做起,轻视一线工作;等等。这些不明确、不正确的择业就业认知,会直接影响学生的就业效率与效果。

（二）应对措施

职业生涯规划的意义在于寻找适合自身发展需要的职业，实现个体与职业的匹配，最终实现马斯洛需求层次理论的"自我实现"，实现人生的自我价值和社会价值。职业生涯规划课程作为必修课程在大学一年级开设，其后在临近毕业前，再开设就业指导课，因此缺乏有效的过程管理与衔接，出现了职业生涯规划与择业就业之间的脱节，这是目前普遍存在的现象。下面就对三位同学的职规赛指导与就业辅导过程进行分析，希望能从个案中总结出一些普遍规律和经验。

由表1可知，三位同学的职业规划与最后的就业去向保持较高的一致性和稳定性，但这个过程并不是一帆风顺的。以学生A为例：作为班级文体委员和分院学生会干部，性格活泼开朗，为人热情，热爱生活，活动能力、组织能力突出，但她思想波动比较大，最初的兼职只是赚取外快，并未真正从职业生涯的角度进行合理规划，所以在准备职规赛时并没有明确的职业发展目标，觉得自己啥都想做，却又抓不到头绪。在备赛过程中，学生A通过职业测试工具对个性特征的了解，加上对所兼职工作的职业发展进行分析后，逐渐找到职业方向，稳定职业规划的心态，并把目标锁定为将兼职转化为就业。这中间有一个突出的问题就是，大一时学生在职业生涯课程中都进行过个性测试和职业测试，但在严肃的竞赛背景下发现课程中的测试，除了采用敷衍的态度完成外，也有部分学生并没有真正将测试结果运用到职业规划中。所以在备赛和参赛阶段，认真且深入的分析能让学生真正理解并掌握职业规划与就业之间的关联。同样的情况也出现在同学B、同学C的案例中。针对每个同学采取个性化的深度指导，使得学生通过备赛与参赛，切实体会到职业规划与就业之间的系统联结。三位同学参加竞赛的时间刚好在二、三年级的过渡阶段，因此，职业生涯规划的深入、个性化指导也帮助他们在心理上和行动上为择业与就业做出积极的准备与应对。

表1 三位同学参加职规赛的基本情况

	性别	入学时间	毕业时间	与学生关系	备赛参赛时间	职业规划过程与目标	就业去向	当前就业状态
A同学	女	2015年	2018年	班主任	2017年4—9月	兼职→就职→企业高管	签约兼职单位	公司骨干

续　表

	性别	入学时间	毕业时间	与学生关系	备赛参赛时间	职业规划过程与目标	就业去向	当前就业状态
B同学	男	2017年	2020年	任课教师	2019年4—9月	自家企业基层→高层→创二代	签约自家公司	家族企业轮岗
C同学	男	2018年	2021年	班主任	2020年4—9月	全媒体中心团长→独立创业	众创空间创业	创业

A同学将兼职发展成全职,毕业三年仍然效力于最初的就业单位,成为骨干力量并坚定地将其作为终身的职业目标;B同学从最初不想回归家族企业到了解家族企业的就业优势,再到一年的企业基层实践,从家族企业视角明确实现自我的"创二代"方向;C同学从自身的兴趣爱好出发,充分利用在校的学习与工作资源,实现学业与职业的有机结合,坚实地踏上创业之路。三位同学在职业生涯规划竞赛的深度参与过程为他们稳定的就业之路奠定了基础。

三、案例反思与启示

择业与就业不是单一的独立事件,而是一个系统发展的过程。职业生涯规划为这个系统工程提供了持续推进的思路与方案,因而职业生涯规划与就业指导建立联动机制。古人说:"凡事预则立。"深入且细致的职业规划辅导可以更好地帮助学生实现稳定就业的目标。

(一)开展全程式、全员化、全方位的职业生涯教育与就业指导

职业生涯教育与就业指导应贯穿于大学学习生活的全过程。学校根据学生在各个阶段的发展特点及需求,有针对性地进行教育指导。对于新生,主要进行职规意识的唤醒;大二学生重点完成职规及就业观的探索与实践;对于大三学生,需要进行精准的个性化就业辅导,鼓励学生借助校企合作、订单班、现代学徒、顶岗实习等方式在实践中检验职业目标与职业定位。

(二)充分调动学生的主观能动性,提升自身就业力

职业规划与就业教育是系统工程,涉及多因素、多环节,但最关键的还是要发挥学生的主观能动性,提升自身的就业力,在充分认识自我和熟悉职业环境的

基础上,进行合理的职业定位,制订切实可行的计划,并付诸行动,从而不断提升自身综合能力,提升就业力及生涯发展的质量。

(三)建立职业规划的监测与跟踪机制

职业生涯规划从思考到探索再到实践的过程具有连续性和一致性,需要在实践中检验其效果,并及时进行评估和调整。目前,从规划到择业就业的过程中,监测环节薄弱,需要强化对各个环节的跟踪诊断,并结合职业规划的个性化指导及时做出调整与完善。

好的职业规划可以使人受益一生。正如我们常说的,人首先要有远大的理想,做好自己的职业规划,这是一个大学生踏入职场、扬帆远航的第一步。职业规划可以让人在迷茫中找到方向,一个比较清晰、明确的职业规划可以激发学生更强的行动力。

学生突发事件处置案例分析

潘央央[①]

一、案例背景与概述

有人说,世界上最遥远的距离不是生与死,而是,我就站在你的面前,你却不认识我。这句话说明,现在人类的沟通方式已经发生质的变化。市面上琳琅满目的电子产品,使人与人面对面的沟通变少,变得越来越依赖身边的电子产品。人们宁愿躲在虚拟世界里,也不愿去面对真实的世界。因为在虚拟世界里可以随心所欲,想干什么就干什么,不受其他人的干扰。一旦回到现实生活中,心理承受能力低的人遭受挫折时,很容易引发心理问题。

学生潘某,男,2020 级学生,入学不到一学期,就跟寝室同学产生了矛盾。经本人描述,结合寝室同学对他的评价,了解到该同学平常不讲卫生,而且性格比较内向、孤僻,缺乏与人面对面沟通的能力。该同学在寝室里很少表现出要与他人沟通交流的欲望,一直沉浸在自己所谓的"二次元"里。当该同学沉迷于自己喜欢的事物时,会不自觉地跟着里面的任务角色发出一些声响,有时还会表现出一些异常行为。这些表现对于其室友来说极为不正常,并影响到了他们的正常作息。其室友也曾几次提醒过他,但无济于事,该同学仍未做出改变,导致室友们开始对其厌烦。

当天中午,该同学又发出异常声响,影响到寝室里其他同学,于是其室友跟

---

① 潘央央,浙江工商职业技术学院电子信息学院辅导员,主要从事大学生思想政治教育。

他发生了口角冲突。两人争吵之后,该生表现出怪异行为:一开始徒手砸椅子,随后抱着椅子哭,接着又躲到桌子下面。其室友看到该生表现出的异常现象有点害怕,于是马上汇报给班主任。

二、案例分析与应对

(一)问题本质

通过与该生的沟通,对他家庭情况的了解,以及与其室友的交谈,笔者发现该生存在以下几个问题:

第一,家庭环境复杂。据了解,该生的家庭是他妈妈带着他重新组建的一个新家庭。家庭的改变对于一个未成年人来说影响重大,如果没有引起足够的重视,很容易在孩子的心里留下阴影。

第二,缺少家人的关爱,尤其是父亲的爱。据了解,他跟继父说不到两句就会吵起来。父亲在孩子一生中扮演着很重要的角色,特别是亲生父亲不在的情况下,如果母亲未能及时给予双份的关怀与关爱,已经有意识的孩子很难从阴影中走出来。

第三,该生性格内向、孤僻,喜欢沉浸在自己的世界里,这可能是他为了逃避家里的变故,从而选择沉迷于虚拟网络世界。

第四,该生人际关系能力弱,缺乏与他人的沟通,不知道怎么与他人交流。这是因为其家庭成员之间长期缺少必要的沟通,导致他自我封闭,不愿与外界交流。

(二)解题思路

学生事无小事,事无巨细。任何一件突发事情的发生,都有其必然性。经过梳理,我们首先要做好安抚学生情绪稳定的工作,以免其再次遭受打击,出现更严重的事态;其次,要做好学生隐私保护工作,同时安抚好其室友的情绪,打消他们的顾虑;最后,从长远角度看,要做好各类突发事件的应急预案,同时确保信息收集渠道的畅通,能够第一时间掌握有效信息。

（三）实施办法

1.赶赴现场，稳定局面

作为一名辅导员，笔者在了解事态的严重性之后，第一时间赶赴学生寝室，同时向学院副书记汇报此事。当笔者到达学生寝室时，看到双方在各自的位置上沉默。为了不影响其他同学，首先稳定双方情绪，以免导致冲突升级，接着大致了解整个事件的脉络。

2.做好各方沟通，全面了解事件

在大致了解整件事情之后，先稳住其他室友的情绪并消除他们的顾虑，再把当事学生带到办公室进行单独谈话。在整个沟通交流过程中，笔者发现该同学都是处于"我问什么他答什么"的状态，垂着头，双手紧握，时不时会呆呆地盯着笔者看。不难看出，他有一种焦虑、抵触防范的心理，同时也缺乏一定的交际能力。当谈到他喜欢的东西时，他会不自觉地多说几句，因为他认为在"二次元"的世界里，有很多好玩、新奇的事物。只有在虚拟世界里，他才能找到属于自己的快乐。

3.查找问题关键，寻求帮助

经过各方了解和沟通后，笔者和班主任一致认为，该生需要由专业的心理老师来诊断。于是，笔者立即跟学院领导反馈此事，经过同意后，带该生去学校心理中心寻求心理老师的帮助。最后心理老师初步判定，该生存在一定的心理问题，还需要进一步去专业医疗机构进行检查鉴定。

4.做好家校沟通，争取家长主动反馈

有心理问题的学生，往往是其自身或家里因素导致的，一般有既往史，所以在某一导火索产生时就会触发。这就需要在新生入学前，通过查看学生个人档案，学生主动申报或联系家长朋友进行了解，掌握一手资料。如果学生有既往史，家长应自觉主动地在第一时间跟班主任反馈这一问题，而不是选择隐瞒。其实隐瞒是一个错误的行为方式，可能会导致学校在学生出现问题时不能及时采取正确的应对措施。本案例中，如果前期已经正确掌握该生的既往史，那么在问题发生时学院会第一时间启动紧急预案，如此可以大大提高事情处置的效率。

三、案例反思与启示

1. 早期排摸，及时发现问题

由于目前高校学生心理问题凸显，在新生入学时，我们都会做各种情况的排摸，如新生心理普测。但普遍式的排摸有时候并不能真正起到作用，而且有些同学答题时很随意甚至刻意隐瞒，导致普测结果并不十分准确，排摸比较困难。同时，学生工作的不同区块的负责人有所不同，有些信息不能做到全公开、全透明，导致工作衔接上会出现纰漏，在一定程度上无法真正起到有效的预防作用。

2. 多方联动，开展共同帮扶

在此次事件中，学校各部门、各人员在关键时刻的共同配合是很重要的。学院同仁共同参与、共同解决，才能顺利地把事情处理好。虽然班主任老师有事在外地未能及时到达现场，但她与学生家长一直保持紧密联系，为我们处理该突发事件提供了宝贵的信息。作为学院辅导员，笔者知道此事后，第一时间到达现场，在班级学生干部的配合下，及时了解了事情的发展过程，发现该生可能存在心理问题的苗头后，马上移交到校心理中心，最后交给我院心理老师进行后续的跟踪。每一步都需要各位同仁的共同配合才能完成。

3. 畅通渠道，做好信息收集

由于高校扩招，高校出现人数暴增的现象。在学生人数众多的情况下，为能在第一时间掌握学生群体中发生的偶发事件，单单靠我们几位学生工作线的老师是远远不够的，还需要在学生群体中建立多条信息渠道。除班长、班委、寝室长等常规学生渠道外，还需要建立学生特有的信息收集渠道，以便在突发事件发生时，能够第一时间知晓，及时掌握相关事态，从而有效地对事件做出处置。

4. 快速响应，做好应急干预

校园突发事件，一般是不能事先预知的。当某事件发生时，我作为学生工作第一人员，而且是跟学生接触的第一人，必须在第一时间赶到现场，并及时做好相应的应急干预及妥善的处置。有些突发事件我们不能及时在前期很好地掌握,只能对事件的苗头进行有效的干预,才可能会更好、更有效地把不良事件给扼杀住。可见,做好平时的应急预案还是相当有必要的。

回顾整个事件,仍心有余悸。虽然最终该生因心理问题休学了,但作为在学生工作一线的我们,更应该注重平时应对突发事件的处置能力,并掌握相关的心理学知识。因为在这些事件中,往往伴随着有一定心理问题的学生。

学生寝室矛盾折射大学生沟通问题

——记一例学生寝室矛盾调解

胡丽卿[①]

一、案例背景与概述

在开学一个月后,一个新生女生寝室中的四位成员向辅导员反映,其中一位女生 A 君卫生习惯不好,生活邋遢。她们四人都想创建"文明寝室",但每次检查都因为 A 君的床铺和桌面问题而扣分。她晚上还会打游戏到很晚。无奈之下她们找到辅导员,希望让 A 君搬离宿舍。或者找一个空寝室,让她们四人一个寝室,只要不和 A 君一起生活即可。而 A 君认为室友们故意孤立她。这室友四人在高中的时候就相互认识,有什么事情都是她们四人一起商量,很少让她参与。因此,A 君渐渐地变得讨厌室友,有时候故意和她们做对,以至于激化了寝室矛盾,破坏了寝室和谐。

二、案例分析与应对

(一)问题本质

在日常工作中发现,诸如此次案例中的大学生宿舍矛盾越来越多。其产生的原因基本是矛盾双方缺乏彼此包容,以自我为中心,集体意识薄弱,以及对规

---

① 胡丽卿,浙江工商职业技术学院电子商务学院辅导员,主要从事大学生思想政治教育。

则约束缺少敬畏感。解决此类宿舍矛盾时,一定要了解事情的全貌,不可偏听、偏信一方之词。当下的大学生容易站在自己的角度看待问题,在涉及自身利益时把矛盾放大。此次案例中,矛盾看似是由 A 君没有积极参与集体的"文明寝室"创建而引发的,其实最为显著的问题是双方缺乏必要的集体意识。宿舍本就是一个小集体,而在此宿舍中还存在另外一个小集体。这就导致一旦出现问题,容易产生冲突。而这类问题产生的原因和学生性格、思维方式、成长生活习惯息息相关。

(二)解决思路

1.全面沟通了解实际情况,分析矛盾产生原因

生活中与人意见相左,言语激烈,一味地陷入争论之中并不可取。与人产生矛盾、争论,如何学会冷静克制,如何采用合理的方式处理问题、化解问题才是当下学生最需要学习和掌握的。事件发生时,先与矛盾双方单独沟通,了解事件发生的起因和经过,记录其反应最集中的问题所在,查明矛盾产生的根本原因,再做后续的判断处理。通过沟通了解,反映问题的四位女生来自同一所高中,在暑假时组建了微信群,约好大学要同一宿舍一起生活,加上彼此之间性格相投、生活习性相差不大,因此这四人感情很好,也很有默契。即使在寝室没有安排固定值日生的情况下,她们四人每天共同完成寝室卫生打扫工作,相互之间不需要特别的交代,也能协调得很好。因此,在寝室的集体问题上,并没有进行公开的讨论,她们认为 A 君要有眼力见地一起参与进来。面对 A 君存在的问题,四人也不直接沟通,而是希望 A 君能够自己发现并改正。渐渐地,四人就与 A 君疏远了。其实,A 君希望能够融入集体,和舍友和谐相处,交到新朋友。关于室友反映的问题,如果室友与 A 君沟通,她是愿意改正或调整的,但是四人没有给予其机会。

2.针对矛盾产生的原因,逐步拆解

学校明确表示四人的要求是不合理的,不能要求 A 君搬出宿舍;A 君确实存在做得不妥的地方,寝室四人同样存在沟通的问题。

(1)关于 A 君

关于作息的问题,虽然寝室成员没有公开说明,但个体需要考虑集体成员的

共同习性,这其实就是为他人考虑。为他人考虑是靠近、融入集体一个很重要的因素。寝室是社会的一个"缩影",单独的个体无法脱离集体而存在。很多情况下,集体是不允许自我选择的,因此学会如何适应所遇到的每个集体很重要。集体由独立的个体组成,所以集体有共性和个性。一般情况下,和谐的集体需要个性服从共性。经过分析沟通,A君表示愿意调整自己的作息,而关于桌面以及床铺检查不合格的问题,她也会在辅导员的指导下,按照"文明寝室"创建的标准进行整改。

(2)关于室友四人一行

其实,A君不参加寝室卫生打扫,并不能全然归因于 A 君的问题。寝室是一个集体,A君是这个寝室的一份子,因此在处理寝室问题时要考虑到 A 君的存在。进入大学前,A君和四人并不相识,相处了短短的一个月时间,不足以让A君与她们产生她们四人之间的那种默契。因此,在寝室生活中发生问题时,需要与 A 君直接沟通,而不是寄希望于 A 君能够自己发现。室友四人由于来自同一高中,彼此之间相处得分外和谐,但进入社会以后呢? 当自己成为 A 君的这个角色呢? 在这次的寝室矛盾上,室友四人同样需要设身处地站在 A 君的角度考虑,如此才能让寝室关系变得更加和谐。同时,在寝室中制定一些简单的约定或规则有利于避免误会的发生。经过分析沟通,室友四人表示理解矛盾产生的原因,并且会安排好每日的固定值日或者区块负责人,此后和 A 君好好相处。

三、案例反思与启示

1.慎重判定责任归因,以实际论断

在学生反映矛盾的时候,不采用直接批评、指责的方式,而是分别找到学生了解事情经过,站在双方立场感受学生情绪、了解学生的想法,将相互理解放在第一位。同时跳出问题,从矛盾产生的根源分析处理,便于学生理性地化解矛盾。

2.规范系统化处理学生寝室矛盾

在处理学生寝室矛盾时,要尽可能地考虑到事件所涉及的方方面面。当学生之间发生矛盾时,往往会提及此前生活中的琐碎小事作为寝室矛盾爆发的导

索,例如此案例中的不按时作息、不打扫卫生等。因此,要解决寝室矛盾就必须将这些问题当作一个系统的问题来看待。寝室是一个集体,一个集体应当只有一个核心,但实际情况是出现了内部小团体。小团体中存在小向心力往往导致大团体产生离心力,于是原本应该团结的寝室就渐渐分裂了。大学寝室矛盾形成的原因逃不开习惯问题、口舌之争、利益之争、拉帮结派。而化解寝室矛盾的最有效手段就是建立沟通,相互理解。

3.提高学生的沟通能力

寝室是学生日常生活与学习的场所,同时也是在课堂之外对学生进行思想教育的重要阵地。引导学生用正确的态度看待问题的发生,用合理的方式化解矛盾,学会利用沟通来解决人际关系问题,加强建立良好寝室关系的意识,构建一个舒适温馨、整洁干净的寝室,这对大学生全面发展有重要的意义。

以文明寝室建设为载体,构筑劳动教育新阵地

杨晓岚[①]

一、案例主题和思路

(一)以寝室为阵地开展劳动教育的重要性

习近平总书记在全国高校思想政治工作会议上强调,要坚持把立德树人作为高校工作的中心环节,把思想政治工作贯穿于教育教学的全过程,实现全员育人、全过程育人、全方位育人。劳动教育是全面落实立德树人根本任务的必要一环,是学生成长的必要途径,具有树德、增智、强体、育美的综合育人价值。开展文明寝室建设,是构建"三全育人"的大学生思想工作体系的重要途径,也是探索新时代教育体系中劳动教育的突破口。学生寝室是学生在校期间生活、学习、休憩的主要场所,也是开展学生良好行为养成和实施劳动教育的重要阵地。加强文明寝室建设不仅可以为大学生提供更好的学习、生活、人际交往环境,更有助于大学生养成良好的精神风貌,加强日常生活劳动,提升自觉劳动意识。

(二)文明寝室建设存在的不足

浙江省作为全国高校文明寝室建设工作的"排头兵",早在 2012 年就发布了《关于深入开展学校文明寝室建设的通知》。近年来,我校大力推进德育工作进

---

①　杨晓岚,浙江工商职业技术学院辅导员,研究方向为思想政治理论课教学。

寝室,在寝室环境卫生、秩序管理、文化建设、体制机制保障等方面积累了不少经验。目前文明寝室建设的系统性和有效性仍存在不足,建设的方法较为单一,主要以查寝和评比为主,没有运用丰富多样的教育和管理方法,尚未形成长效的工作机制,导致文明寝室建设效果不理想,成果不长久。学生并不完全了解文明寝室建设的意义和标准,以至于把文明寝室建设当作学校的硬性规定,或仅仅作为评奖评优的必备条件,缺乏打造文明寝室的主动性与积极性。同时,高校劳动教育的宣传也不够,劳动教育的载体缺失。目前,高校学生以"00后"为主。"00后"自主意识较强,缺乏集体协作与自主劳动精神。

(三)推行文明寝室建设"帮帮团"

为有效培养学生的劳动意识,提高学生创建文明寝室的自主性,充分发挥学生的主体作用,我院以加强寝室卫生管理为切入点,以劳动教育为抓手,以引导学生形成正确的社会主义核心价值观为目标,推广并成立了文明寝室建设"帮帮团",包干到寝,构建全员一对一帮扶网络格局,以期带动全院学生积极参与文明寝室建设。

二、实施过程和方法

(一)确定"帮帮团"成员与被帮扶寝室

首先,确定首批"帮帮团"成员主要由获得过文明寝室两次以上者、学生干部、学生党员和入党积极分子组成。明确"帮帮团"成员主要职责为:与被帮扶寝室建立深度联系,定期去被帮扶寝室进行现场指导。指导的内容主要包括马克思主义劳动观的理论知识、卫生劳动技能培训、文明寝室建设重要性讲解、内务标准说明与展示、公寓管理制度解读、安全防范意识提升等。其次,确定被帮扶对象。被帮扶寝室主要包括在日常卫生检查中被评为较低等级的以及其他自愿报名想要参与建设的寝室。被帮扶寝室的主要任务是:自觉接受"帮帮团"成员的指导,主动学习并提升劳动技能,履行文明寝室建设过程中的各项义务。

(二)强化监督,亮牌显示

学院作为组织者,一方面对"帮帮团"成员与被帮扶寝室的寝室门牌进行特别的设计,使所有学生都能清晰、准确地知道本单元的先进文明寝室以及他们所帮扶寝室的分布情况。另一方面,对学生党员和入党积极分子所在的寝室特别挂牌,一个党员一面旗帜,充分发挥党员的榜样引领作用,让其他学生向他们学习,并接受大家的监督。学院作为监督者,每月将被帮扶寝室所申请的达标寝室、文明寝室通过率以及安全检查结果详细记录在案,作为考核"帮帮团"成员的工作实效和评选"优秀帮扶员"的重要指标。同时,为了加强"帮帮团"成员和被帮扶寝室的情感联系,楼管部会定期组织见面会,彼此交流意见和建议,同时分享和学习帮扶过程中的先进经验。

(三)以点带面,展示成效

为扩大示范作用,吸引更多学生参与文明寝室建设活动,充分实现以点带面的良好成效,学院每周会收集被帮扶寝室被帮扶前后对比图,整理优秀帮扶成果,及时通过学院公众号、微博、QQ 群、微信群等途径进行展示,真正把创建工作和劳动理念传递到学生的"神经末梢"。每月推出男、女各一个文明寝室"样板间",每天定时开放参观,充分发挥标杆寝室的示范作用。另外,邀请我院一位在寝室内务整理方面特别擅长的当兵退伍学生,为彼帮扶寝室成员进行现场教学,并录制可传播的短视频。在视频中,退役学生生动地讲解并展示有关床铺折叠、物品收纳、垃圾分类、脏污清洗、卫生间清理等劳动小技巧和寝室安全防范知识。通过抖音、快手等当下较为流行的社交媒体平台进行投放推广,更好地吸引学生通过观看视频,内化劳动技巧,树立自觉劳动的意识,主动参与到文明寝室的创建中来。

三、主要成效和经验

经过一段时间的帮扶,从学院文明寝室申报的成功率来看,整体通过率较以往有所提高。从被帮扶寝室的卫生检查结果来看,寝室卫生状况改善较为显著,大都评上了达标寝室,还有部分寝室评上了文明寝室。针对被帮扶寝室成员的问卷调查显示:在劳动意识方面,被帮扶学生自主劳动、崇尚劳动、珍惜劳动成果的意识有所增强;在行为习惯方面,大部分学生养成了爱劳动、勤劳动、能劳动的良好习惯,劳动技能显著提升;在思想转变方面,被帮扶学生对参与建设文明寝室的积极性显著提高,集体协作和安全意识普遍增强,对建设文明寝室的重要意义认识得更加清楚;在人际关系方面,寝室关系更加和谐,发生矛盾的频率显著降低,寝室氛围积极向上。因此,无论是在"质"上还是在"量"上,都充分显示出文明寝室建设在作为校内开展劳动教育的主要载体上发挥了良好的作用。

劳动教育以文明寝室建设为载体,必须着力在落细、落小、落实上下功夫,要让学生真正参与文明寝室建设,将劳动教育内化于心、外化于行。让学生充分认识到"室"无小事,以寝为家,把最简单的劳动做好,把小的劳动做扎实,成为青春奋进的新时代大学生。在推进文明寝室建设的过程中,要充分发挥先进寝室和先进个人的榜样示范效应,加强榜样示范与普通学生的联结,以先进带动后进,让后进变为先进,进而带动更大范围的同学,最后实现全院学生的共同参与。同时,学生们在创建文明寝室的过程中,可以切实体会到劳动创造美好生活,弘扬积极向上的劳动精神和认真负责的劳动态度。一对一的全方位指导,有助于学生培养马克思主义劳动观念,提升基本的劳动能力,养成热爱劳动的习惯和良好的劳动品质。

四、下一步加强和改进的计划

(一)扩大帮扶网络格局,探索教育新形式

将以先进榜样为主的"帮帮团"成员逐步扩大到其他普通学生、班主任及辅导员,以主题班会、劳动技能大比拼、寝室美化大赛等方式传授给学生与劳动有关的知识,提升学生相关劳动技能,引导学生积极参与文明寝室创建。组织优良学风寝室评选活动,优化学生学习成长环境和寝室文化氛围。加强寝室文明公约学习宣传,开展文明礼仪教育,提升学生的文明礼仪素养。

(二)丰富劳动教育内容,贯穿教育全过程

根据学生所处的不同阶段,以寝室为载体,布局寝室日常劳动教育。在新生军训阶段,组织新生参观学习大二、大三优秀寝室,让学生直观地感受优秀寝室

的卫生情况。军训期间,教官下寝室为学生现场示范内务整理,帮助学生从入学开始就树立正确的劳动观念,培养良好的卫生习惯。在校期间,着重培养学生掌握与劳动有关的理论知识和技能,教育、引导学生热爱劳动、崇尚劳动,树立正确的劳动观,积极参与文明寝室的建设。毕业离校时,开展"离校一片净"活动,倡议毕业生在离校前将寝室打扫干净,使其恢复刚入校时那般整洁。

(三)激发劳动积极性,探索学分互通制

探索寝室劳动成果与三创学分的互通机制,找准成果与学分之间的转换标准,激发学生日常劳动的积极性,实现劳动教育与专业教育、学生素质拓展的有机融合。以文明寝室建设为载体,夯实高校劳动教育的基石,再结合实习实训强化劳动教育,弘扬劳动精神、工匠精神,形成"校内厚植,校外开花"的中国特色社会主义高校劳动教育良好发展体系。

扬起希望之帆，筑梦起航

——软件 1822 班级学风建设工作案例

吴冬燕[①]

软件 1822 班是 2018 级软件技术专业普高制生源的学生，共有学生 53 名，其中，浙江省生源的学生有 34 名，来自新疆、内蒙古、甘肃和贵州等九个省份的省外生源学生 19 名。软件 1822 班在 2018 级班级中录取平均分位居全校第一，所有学生的录取分数都达到本科线录取分数线以上。在三年的时间里，笔者尤其注重班级的班风学风建设，从大一一进校就帮助学生正确定位自己，树立三年的学习目标，建立三年的学习规划。软件 1822 班有着非常强的班级凝聚力，学习氛围浓厚；所有授课老师对该班的整体班风和学风都有着非常高的评价。三年的时间里，软件 1822 班在各方面都取得了较好的成绩。

该班有九名学生获得浙江省省级以上竞赛奖项，其中，国家三等奖一人，省一等奖一人，省二等奖二人，省三等奖五人。班级中有四名党员，其中，正式党员一名，预备党员三名。2021 年，班级报名参加专升本考试共 35 人，有 30 人上线，其中，29 人被杭州电子科技大学、浙江海洋学院等本科院校录取，班级专升本报考率达 66％，上线率高达 85.7％，班级就业率达到 100％。

笔者认为，软件 1822 班的成绩取得和班级优良学风建设是分不开的。学风是大学精神的集中体现，是教书育人的本质要求，是高等学校的立校之本、发展之魂。优良学风是提高教育教学质量的根本保证。加强学风建设，在良好的学风环境中引导学生端正学习态度，能够帮助学生成长成才，实现高等教育的育人功能。以下是笔者在软件 1822 班学风建设方面的具体做法。

---

① 吴冬燕，浙江工商职业技术学院软件技术专业教师、讲师，研究方向为高职教育、数据处理与数据挖掘。

一、以思想为基石，扬起希望之帆

（一）做好生源摸底工作，精准对接学生

只有走进学生心里，才能引领学生。在迎新生工作中，笔者一直坚持做一件事情：在学生报到之前，通过学生档案了解学生的基本情况，通过学生自发创建的 QQ 群了解学生对专业的学习意愿、对各门课程的掌握情况等，结合地域差异对学生的专业基础做到心中有数；在学生报到的时候，制作学生花名册，贴上照片，熟悉学生姓名，对照照片事先认准每一位学生，这样就能够快速认识每一位学生，也能尽快地熟悉他们；在学生军训期间，笔者坚持每天两次看望学生，关心学生的校园生活，了解学生的各种状况并帮助他们解决遇到的难题。教师一开始就快速地叫出学生的名字，并了解他们的基本情况，那么学生就能真实地感受到教师内心对他们的期待和喜爱，从教师身上感受到大学生活的温暖，也就能向教师打开心房。如此一来，教师就能更好地引领学生。

（二）做好思政教育工作，提高思想认识

在第一次班会中，笔者特别重视对全班思想道德的学习教育，帮助学生树立"我为人人，人人为我"的意识，要求学生进大学后首先学会做人，成为一名新时代大学生。在学校和班委会的组织下，开展了许多有针对性的党团组织活动，学习老一辈无产阶级革命家的优良作风，并结合自身努力学习积极实践。

到目前为止，该班已有一名正式党员、三名预备党员和六名入党积极分子。他们处处以身作则，学生身边有了这样的榜样，在思想学习上就有了动力，每一位学生积极地争取党校的培训资格。通过培训学习，大家思想上高度统一，一致认为作为新时代的大学生应充分了解并认识我们国家的国情，高度关注时事政治，认真学习思政知识，掌握专业技能，充分发扬爱国主义、集体主义精神，团结同学，在提高自身素养的同时，增强班级凝聚力。

（三）着力新生始业教育，树立学习目标

以新生始业教育为着力点，在新生入学教育期间，组织专业课教师、学长学姐等与新生进行面对面的交流，向新生介绍专业培养方案、专业学习技巧与方法

等,做好专业认知教育,培养其认真学习的意识;组织参观创新创业成果展,充分发挥高年级学长、学姐的榜样力量;开展"早读＋晚自习"学风建设动员会,学生干部等严格落实考勤制度;组织班级开展学风建设主题活动,以学生为主体,学生干部身体力行,带动全班形成奋发向上的学习氛围。针对不同学生,帮助其规划三年的大学学习生活,树立学习目标,构筑梦想并坚定为实现梦想而不懈努力的信念。

二、以制度为抓手,规范学生行为

没有规矩不成方圆,严格而系统的管理制度是学风的基础和保障。学生一入学,笔者将根据《学生手册》修订完善的班级内部考核制度,分发到班级里的各个寝室,要求每位学生以此作为自己在学习、生活中的准则,并作为学期末德育考核、评优活动的参考依据。

基于各项制度,班级各种活动涉及的奖惩有理有据、公正公开、公平透明。每学期末,由学生民主选举出评估小组,对班级所有学生的操行分和德育成绩等进行考核并公布,由全体同学监督,最后得出结果。

在各项制度的实施保障下,软件1822班学生重视课堂纪律,学生上课出勤情况非常好,几乎没有学生无故迟到、早退或旷课。学生自发自觉地规范自己的行为,心态越发积极向上。在寝室管理方面,全班10个寝室全都获得过"校文明寝室"的荣誉。

三、以活动为核心,助力学生成长

(一)开展学习方法交流活动,帮助学生学会自主学习

学会自主学习是大学学习的一个重要内容,将会使学生受益终身。笔者充分利用专业教育活动,由专业老师与班级学生座谈或开展专业讲座,让学生了解专业前沿动态,了解专业发展方向,树立清晰的职业目标,激励学生朝着目标努力奋进;积极开展有关在大学学习方法的交流活动,联系历年优秀的毕业生和本班的优秀学生参与到学习方法交流活动中来,让学生知道应如何对待自己的大学生活、如何学习更为有效,帮助学生树立自主学习的意识。

(二)构建学习兴趣小组,助力专业能力提升

从大一第二学期开始,学生的专业学习已有明确的方向,通过调研在班级中成立了分别面向前端、Web 后端开发、移动应用开发和嵌入式开发四个方向的学习小组。学生根据自己的兴趣,加入相应的小组,为优秀的小组成员在专业创新创业工作室争取位置。小组内成员经常开展学习研讨活动,分享学习所得。学习小组之间可以分享学习的作品,引领学习兴趣,助力专业能力提升。学习小组的组建使学生能够长久地保持学习兴趣和学习冲劲,也使得专业课程的课堂上有着浓厚的学习氛围。

软件 1822 班的 15 名学生不仅参与了专业的创新创业工作室的学习活动,还参与了各项竞赛,成绩显著。在各种竞赛中,他们获得国家三等奖一项,省级一等奖一项、二等奖二项、三等奖五项,还成功申报大学创新项目省级项目二项、校级项目三项。

(三)打通校企通道,提升职业素养

充分利用专业的校企合作基地,打通校企通道,带领学生参观企业,了解企业的实际运作流程、专业知识的应用场景,以及理应具备的职业能力。学校安排双导师课程,即由校内、校外教师同时开展授课,使理论和实践相结合、真实项目和模拟项目相结合。此外,选取优秀的学生参与教师的横向课题,通过在真实项目的磨炼,进一步提升学生的专业技能水平和职业素养。这为学生的就业打下良好的基础。软件 1822 班 53 名学生中,除了专升本的 30 名学生,其他 23 名学生都在较短的时间内实现了理想就业,就业率达到 100%。

学风建设是一项长效工程。优良学风的形成需要长时间的精心培养,必须坚持不懈。学风建设,要真抓实干,要建章立制,要不断分析学风建设过程中出现的新情况、新问题并实事求是地采取相应的措施。优良学风一旦形成,可使学习者受益终身,保障学习者筑梦起航。

拯救了你，成就了我

——一个重度抑郁患者的重生①

马淑君②

一、案例背景与概述

怀某(化名)，于 2020 年 12 月 9 日通过心理咨询热线联系上了我。学生自述其不受个人情感、家庭关系、社会压力的困扰。起因是上周五手机掉在地上，其突然感觉不能控制自己的情绪，曾尝试着去跑步、听音乐和找朋友倾诉，但都不能缓解。最近，别人跟他说话，他经常听不到；别人靠近他，甚至拍下他的肩膀他才知道。而且，有时他前面说过的话等一会儿就想不起来了。凌晨睡觉是常有的事情，且失眠多梦，经常惊醒。他在家是独生子，爸爸工作忙很少关心他，父子关系一般；妈妈在宁波某商场工作，不经常联系，出现这种症状父母都不知情。高中时，他也出现过这种症状，后来经自我调节转好。进入大学后，大一时曾去过康宁医院就诊，但具体情况已经回忆不起来了。

---

① 本文荣获浙江省第四届辅导员工作案例三等奖。

② 马淑君，浙江工商职业技术学院经济管理学院辅导员、国家二级心理咨询师、中级职业指导师、高级婚姻家庭咨询师。

二、案例分析与应对

(一)点盏心灯,寻觅信任

过了几天,我不放心他,在网上询问他怎么样。他说:"老师,我想去找您继续咨询。"我说:"除非你答应我去医院治疗,我才能在学校用箱庭疗法给你辅助咨询治疗。"稍过一会,他把预约医生信息发给了我。他说,他的状态非常不好,情绪低落,脾气暴躁,睡眠质量差,因为正在恋爱,生怕情绪控制不住对女朋友发脾气,并坦言自己重度抑郁,大二有服用氢溴酸西酞普兰片,服药期间曾有自残行为。了解基本情况后,我开始让他摆沙具。他站在沙具面前沉思良久,过了好长时间,他终于完成了作品。作品里只放了五样沙具,最后一样放的是棺材,而且在放棺材的过程中卡顿很久。我让他给作品起个名字,他想好久说就叫《困》吧。他认为,此次作品非常符合自己的想法,感到暴躁,不甘心被困,而又力不从心,不知道该怎么办!此次,我建议他一定要去专业机构进行药物治疗。我和他约定每周约谈一次,但是下次必须是用药以后。

(二)敞开心扉,守护心灵

这次他告诉我,他初中是在云南上的,从小不太合群,在学校曾遭受校园欺凌,那时候父母离异,心情很烦躁,在学校又经常挨打,唯一的办法就是去跟混混们学打架,后来同学们都知道他经常和混混们在一起就不敢欺负他了。有一次,室友惹他生气,他准备好工具打算晚上把他给杀了,后来混混们喊他去喝酒,喝得不省人事才没付诸行动。这次的作品是《梦》,其中的场景有跳楼、溺水和车祸。我问他什么感受,他说希望梦消失,让生活充实起来。这次正在服药,药名是丙戊酸钠,一日两次,一次半片;西酞普兰片一日一次,一次半片。虽然作品中出现选择自杀的方式,但是整个人的精神状态不错,我给他疏导好之后预约下一周再次面谈。

(三)心若有光,何惧远方

这次来了之后,他竟然主动笑了,我说他笑起来的样子很帅,他告诉我现在已外出实习。这次他给自己的作品命名为《前行》。我问他:"如果你给你自己的作品提个问题,你想问什么?"他说:"试着往前走,这些路要走多远?"他感觉原来太颓废了,现在希望重生。随后他说他女朋友很体贴,他感觉自己的女朋友对他是一个很好的监督者,监督他吃药并且定闹钟提醒他。他感觉很幸福,希望能一直这样走下去。

三、案例反思与启示

第一,要真诚、无条件地接纳学生。老师对学生真诚是一种教育力量。学生在与老师的交往中,只有感到被信任才愿意向老师敞开心扉。

第二,以来访者为中心并共情。"共情"不只是一种咨询技术,也是一种情感的反应与表达。要尽量设身处地地站在来访者的立场上考虑问题和他们的内心感受。

第三,尊重来访者,聆听他们的心声。耐心倾听,用心帮助来访者逐渐改变他们的消极认知,但是这种改变方式不是直接评价或告诉来访者他们应该怎么做,而是要充分地尊重来访者。

第四,坚持保密原则,与来访者建立信任关系。保密原则是保证来访者畅所欲言的前提。只有这样,才能与来访者建立良好的信任关系。

第五,相信每一个来访者都是独特的,要有针对性地走进他们的内心世界。努力发掘他们自身的力量,不管是潜力还是能力,然后你会发现,每个人都有强大的自愈能力。

贫困生精准帮扶研究

李翠凤①

一、案例背景与概述

电子某班是应用电子技术普高班,有学生 44 人,其中,男生 38 人,女生 6 人;汉族 43 人,壮族一人,省内学生 32 人,省外学生 12 人。学生既有来自经济发达的地区,也有来自贫困县。据统计,该班于 2020—2021 学年获各类助学金和寒窗奖学金共 15 人,约占班级总人数的 34%。让贫困生在校能顺利完成学业,需要我们能精准地对贫困生进行帮扶。

小王,安徽人,非校贫困生,于 2019 年进入我校应用电子技术专业学习。该生性格较内向,不善言谈;生活较简朴,不追求吃好穿好;学习能力特强,善于思考,曾获校级奖学金一等奖和特殊贡献奖。初次与该生交谈时,发现该生目光躲闪,缺乏眼神交流,存在较强的自卑心理。后经了解,该生家庭是当地的贫困户,家中还有八人:爷爷奶奶、爸爸妈妈、一个哥哥和三个妹妹。父亲是家里唯一的劳动力,仅靠外出打零工的微薄收入维持生计。该生在 2013 年做了一个大手术,家里的债务至今未还清。2021 年 2 月,经专业选拔,该生以优异的成绩进入专业竞赛班。经过将近半年的努力,该生在浙江省各类电子竞赛中表现突出,获一等奖一项、二等奖一项、三等奖一项,用自己的成绩回报学校、分院和专业老师的培养。

---

① 李翠凤,浙江工商职业技术学院电子信息学院副教授,研究方向为高校教学改革、课程思政建设。

小李,浙江余姚人,校贫困生,于2019年进入我校应用电子专业学习。该生性格比较开朗,交际能力较强;生活消费较高,穿着讲究;学习成绩一般,多门课程不及格。初次与该生交谈时,发现该生比较能猜测老师的心理,有较强的应变能力。该生家中还有三人:爸爸妈妈和一个妹妹。父亲靠打零工挣钱,母亲在家务农。经同学反映,该生有一部苹果手机,穿的是名牌鞋子,价格在500元以上。

二、案例思考

第一,如何精准扶贫,识别真贫和假贫。在扶贫过程中,要很好地将扶贫对象识别出来,避免真正的贫困对象被"屏蔽",而假贫困对象却享受着扶持帮助。

第二,对于"贫困生",不仅要给予他们经济上的支持,更重要的是要给予他们精神上的扶持,关注其心理的健康成长。一把钥匙开一把锁。要根据每个贫困生的不同经历和个性特点,实行具体的扶贫帮困方式,转变贫困生的思想观念,激发贫困生的脱贫动力,给予其经济上、生活上、学习上全方位的帮助,实现由经济资助到资助与育人的结合。

三、案例分析和措施

(一)精准扶贫,加大高校思想教育力度,逐一建档立卡

案例中的小王,家庭人口较多,劳动力少,靠父亲打零工勉强生活。因小王生病做手术花费巨大,至今还欠债,对家庭来说雪上加霜。小王自尊心较强,不想让同学知道他家的经济状况,故未申请各类助学金。案例中的小李,虽然家庭条件算不上富贵,但是家庭开销较小,无突发事故,日子还是比较好过的,觉得助学金额度高,因此不惜冒充贫困生,牟取私利。

案例中的两个学生,形成了较大的反差。学校在认定贫困生的时候未能将真贫困和假贫困识别出来,造成了帮扶对象定位不准。学校在精准帮扶时,一定要明确界定贫困对象,了解申请者真实的家庭生活情况。同时,班主任或辅导员要加大高校思想教育力度,提高贫困生对帮扶的认识,讲透精准扶贫的相关政策,将一些帮扶资助措施细化。学校在认定贫困生的时候要"识真贫",要很好地

将扶贫对象识别出来,切勿让真正的贫困对象被"屏蔽"。开学后,班委协助班主任对学生逐一建档立卡,记录学生的每月生活费情况、经济来源、各类奖学金、勤工助学以及校外兼职等。通过数据分析及经验总结,非贫困生在食堂就餐次数相对贫困生人数偏少,且每餐消费金额要高于贫困生,大约是贫困生消费的两倍;贫困生的经济来源多数来自奖学金、助学金和兼职收入,非贫困生的经济来源多来自父母的资助;贫困生在勤工助学和校外兼职的人数高于非贫困生。

(二)赋权增能,改善心理贫困状态

要解决好贫困生在校的生活、学习问题,最重要的是要关注他们的思想状况和动态,加强贫困生的思政教育工作,让贫困生意识到家庭经济困难是暂时的,他们可以通过自身的努力改变当前的状况,不能妄自菲薄、怨天尤人。每个人都有自己的闪光点,我们要利用好自己的优势,发挥自己的主体地位,提高自我效能感。

案例中的小王,他学习非常努力刻苦,而且对本专业表现出了极大的热情。由于他比较内向,自卑心理较强,为了避免他在群体中被边缘化,我在征得小王的同意后,让其担任班级学习委员,增强了其在班级里的话语权,发挥了其潜能和优势,使其在历练中得到成长。

(三)建立"一对一"的帮扶机制

班级内部组建贫困生帮扶小组,由班主任、班委、学生党员及热心学生组成,调动大家的积极性,以实现对贫困生的"一对一"帮扶。贫困生帮扶小组通过平时跟贫困生的接触,了解他们生活上的困难,倾听他们的心声,及时做好开导疏通的工作,必要时可以联系校心理辅导老师来参与心理疏导,帮助他们学会自我接纳和自我欣赏,培养自信心。对于经济压力较大的贫困生,帮扶小组可通过正规渠道,让贫困生优先获得勤工助学或校外兼职的机会,并让他们知道努力可以让人变得优秀,靠自己的双手赚钱比纯粹接受父母的资助更加值得人尊重。

案例中的小王,一开始不想让同学们知道他家里的经济状况,怕同学们会以异样的眼光看他,会看不起他。贫困生帮扶小组耐心开导小王,告诉他贫困并不丢人,丢人的是自己都看不起自己,要想脱贫,只能靠自己的努力来改变,未来是靠自己创造的。在精神帮扶的同时,笔者给小王介绍了一份打扫实验室卫生的

工作,使他兼顾工作的同时又不耽误学习。经过自身努力,小王获得校级一等奖奖学金和特殊贡献奖奖学金。同时,经专业选拔,小王以优异的成绩进入竞赛班。经过将近半年的努力,小王在浙江省各类电子竞赛中表现突出,获一等奖一项、二等奖一项、三等奖一项。

四、结语

国家非常重视贫困生的教育问题,要让家庭经济困难的学生获得公平、有质量的教育。因此,贫困生的精准帮扶是非常重要的,能够让真正有需要的学生得到有效的帮助,减轻其经济和生活的双重压力,顺利地完成大学的学业,从而有机会回馈社会。具体而言,我们不仅要给予贫困生经济上的支持,更重要的是我们要给予他们精神上的帮助,使其树立正确的人生观和价值观。我们要做好贫困生的心理疏导工作,帮助他们抬起头做人,不能妄自菲薄,要让自己变得强大,在自己的领域中发光发热。同时,我们要根据贫困生的个人情况和长远发展目标给他们一些建议,也要给他们提供一些勤工助学的岗位和校外兼职工作的机会,让他们活得更加自信、更加光彩。在工作中,我们一定要尊重贫困生个人的想法,切勿"一刀切"。我们能做的是慢慢地疏导他们,让他们意识到贫困不是件丢人的事,唯有靠自己才能改变现状。

将仪式感教育融入学生思政教育全过程

余璐璐[①]

一、案例背景及概述

在全国教育大会上,习近平总书记强调,要立足基本国情,遵循教育规律,坚持改革创新,培养德智体美劳全面发展的社会主义建设者和接班人。来自"421"结构家庭的"95后""00后"大学生成长于21世纪的网络时代,又经历了中国社会政治经济的重大变革转型,其价值理念呈现多元化的倾向,自我意识较强,人际交往能力、实践能力相对不足。同时,高职教育重在培养高素质技术技能型人才,重点关注知识的传授和技能的培养,但在以文育人、以文化人方面相对薄弱。

针对上述现象,在思政教育中将"仪式感教育"融入学生思政教育全过程,赋予"仪式感教育"新内涵。在新生报到、开学典礼、毕业典礼、入党仪式等大型活动中,抓住当代大学生的思想行为特点,以培养德智体美劳全面发展的社会主义建设者和接班人为目标,努力践行党建思政教育、创新通识教育、课堂思政教学与个性化培养相融通的理念,使学生在使命感中成长,让师生情在仪式感中升华。让学生通过仪式,唤醒对政治信仰、传统文化的认同感,形成尊师重道的优良学风,赋予仪式感新内涵,让思政教育焕发新活力,从而培养高职学生的使命感与责任感。在此基础上,将"仪式感教育"由学工活动向教学、实践等层面延

---

① 余璐璐,浙江工商职业技术学院经济管理学院辅导员,主要研究方向为大学生思想政治教育、心理健康教育、就业指导等。

伸,由大型活动向日常的小活动延伸,由独立的仪式到"仪式感教育"贯穿三年学习的全过程,不断探索仪式感教育在情感共享、凝聚人心、坚定信仰、文化传承等方面的积极影响。

二、具体做法及成效

(一)通过仪式履行价值认同作用

传统的仪式指的是典礼的一种秩序形式,利用开学典礼、毕业典礼、拜师礼、谢师礼等大型仪式,让学生在庄重严肃的文化情境中被熏陶,着力通过仪式向学生传递社会主义核心价值观,使抽象的价值观变得可听、可看、可触,建立具象化、系统化的仪式体系。通过走红地毯、致毕业词、念师恩、授证书、拍合影等程序,抓住时机向学生传递学校的办学宗旨和核心价值。以浓缩的方式将社会主义核心价值观投射给学生,在庄严的仪式氛围中,一种平时不易调动的、深藏于心的价值认同油然而生,那种不能被直接感知并描述的潜在价值观被唤起,体现了学生对校训、价值观念、行为标准、道德规范的认同,进而形成强大的向心力和凝聚力。同时,充分把握和利用仪式与社会主义核心价值观教育的内在契合点,将社会主义核心价值观通过仪式渗透到大学教育的方方面面。

(二)构建系统性仪式感教育体系

大学三年,是学生世界观、人生观和价值观的成长塑型期。结合高职学生的特点和思政教育的目标,从新生入学到毕业,设计包含新生入学接待、开学典礼、拜师礼、军训开训式、开学第一课、运动会动员大会、社会实践出征仪式、双代会、团学干部交接仪式、谢师礼、毕业典礼等一套系统性、周期性的仪式教育方案,拓宽文化传承教育主渠道,融仪式感于具体行动,使学生在使命感中成长,让师生情在仪式感中升华。文化教育很大程度上有赖于具有"言传身教"性质的实践记忆。我院努力举办的各种仪式正是具有这一特性的实践活动,是大学特殊的文化场域。有了仪式,大学就有了根基,就有了文化传承载体。因此探索以文化事件、学业周期、特色活动等为标志,以树立典型榜样、传播文化思想、传承商帮精神为宗旨,将师生置于一个生动活泼或庄重严肃的文化情境中加以熏陶。在仪式氛围的渲染下,学生容易集中精力做出仪式所规定的行为,强化心灵归属感。学生在仪式中直观感受到学校文化的生命力、凝聚力和感染力,在潜移默化中接受传统道德、思维方式、审美情趣教育,从而唤起对文化的认同感、归属感和自豪感。教师通过这个仪式,感受到肩上责任,重燃对教师职业的自豪感。

(三)创新仪式感教育形式

除了大型活动的仪式感教育以外,在日常学习生活中也不断创新仪式教育的新形式。比如,展开"与信仰对话"大讲堂,通过"我的党员故事"专题访谈、"思政小沙龙""信仰读书"三大模块,开展形式多样、相辅相成的活动,使全体师生进一步坚定信仰、夯实使命;设立寝室"清扫日",要求全院学生在周三下午进行寝室大扫除,教育引导学生崇尚劳动、懂得劳动最光荣的道理;在每届新生入学时开展新生第一课,由党总支书记主讲,鼓励新生在大学三年中激流勇进,不虚度年华;在社会实践开展前,组织社会实践出征仪式,坚定学生服务社会、报效祖国的决心;此外,针对在校学生体质弱等问题,组织集中晨跑、夜跑活动,加强学生身心素质锻炼,创建"健康校园"。同时,在劳动教育周,通过动员宣讲、集体劳动、表彰先进等环节,唤醒同学们劳动激情,实现劳动育人成效。

(四)通过仪式感教育丰富政治信仰载体

努力丰富政治信仰教育载体,深入推进党建亮显工程建设,将十九大精神学习、党章党规学习等贯穿在开学典礼、入党宣誓、毕业典礼等仪式中,增强政治信仰教育的影响力与感染力。在新生入学接待、运动会、毕业生返校时设立党员服务岗,为师生提供服务的同时进行入党启蒙教育与政治教育。同时,利用党员活动,开展以学习新党章为主题的党课活动,并以朗诵党章的形式让党员学习新颁布的党章,提醒广大党员要时刻牢记党章中的各项规定,自觉遵纪守法。此外,以"七一建党节"、政治生日、党日活动、入党积极分子一周年分享会等党组织重大活动为契机,组织党员重温入党誓词,唤起广大师生党员的入党使命感,升华和固化广大党员的政治认同感。我院在综合楼四楼建立分院形象墙、党建文化墙、巾帼文明岗文化墙等。建立党建文化墙、办巾帼文明岗文化墙,将工商精神、学校的校训、办学理念、办学特色上墙,丰富学院环境文化蕴涵。在党团活动室挂党旗党徽,将入党誓词、三会一课制度、议事制度等张贴在醒目位置,建设规范化的党建文化阵地,形成积极向上的院风、学风、教风。

(五)发挥学生在仪式中的主体作用

牢牢把握"立德树人"中心环节,将仪式感教育作为切入点,以全院、全员、全部门、全过程参与和以多样化形式进行文化自信教育,融思政教育入教育教学全过程。如专业教师指导社团、指导学生社会实践,开展志愿服务活动,引导学生以服务社会为己任,强化责任担当;对涌现出来的先进人物和典型事例进行广泛宣传,讲好学院故事。学生是受教育的主体,必须全员、全方位、全过程地参与到仪式教育活动中。在以往的仪式教育中,教师是策划、筹备、组织仪式的主力,学生处于被动接受或旁观者的位置。在运动会、女生健康节等大型学生活动中引入项目化管理方式,遵循"责任制管理、过程化监控、具体化执行"的原则,立活动为项目,统筹安排资源,加大学生参与度,充分发挥学生的能动性和积极性,让学生在一次次的项目论证仪式、项目汇报仪式中形成集体情感认同,增强仪式感教育的效果。

三、反思与启示

(一)打造情感共享新课堂

紧紧把握学生成长特点和规律,通过仪式感教育增强学生的社会责任感和使命感。让仪式走进学生的日常学习生活中,使学生在仪式这一特殊的课堂中有所感悟,通过"仪式"这一显性的集体行为实践,激发多角度、多层次的一系列情感,达到情感共享的目的。

(二)传递凝聚人心正能量

在仪式的氛围下,学生容易集中精力做出仪式规定的行为,强化心灵归属感。通过简单的仪式,让学生在进行仪式过程中产生自我暗示,暗示自己需要更加认真,更加专注,从而作出改变,形成一种发自内心的行为习惯。校友对学校的感情不断升温,众多校友反哺母校,心系学院发展。

(三)激发坚定信仰新活力

将仪式感教育融入政治信仰培养,大力推进学院文化阵地建设,将十九大精神学习、党章党规学习等贯穿在开学典礼、入党宣誓、毕业典礼等仪式中,为每位党员过政治生日,开展入党积极分子一周年分享会;增强了政治信仰教育的影响力与感染力,唤醒了广大师生党员的政治激情,升华和巩固了广大党员的政治认同感。

精准施策,扶智育人

高　巍[①]

一、案例简介

王同学,男,贫困生,2018级计算机应用技术专业学生,来自四川偏远山区,父母早年离异,父亲在外打工受伤后回家务农,家中非常贫困,通过办理生源地贷款升入我校。王同学平时性格比较沉默,和同学甚至室友的交流都比较少,习惯性地独来独往。他大部分时间用在学习上,但是因为偏远山区学习底子不是很好,且资质不高,成绩在班级排名中游水平。王同学因为性格内向,很少参与学校组织的课余活动,故经常被当作"隐形人"。大学相对自由的环境,非但没有成为王同学获得人生成长的助推剂,反而让他变得更加迷茫和自卑。

二、分析与措施

(一)问题本质

家庭经济困难生一直是高校学生工作中最值得关注的群体。他们因为面临经济压力和生活困难,从而形成了特殊的心理特点,往往缺乏自信。王同学是这类群体的典型,通过和他长时间的接触,发现在其性格形成的关键时期,家庭的

---

① 高巍,浙江工商职业技术学院电子信息学院组织员、辅导员,主要从事学生党建、心理健康、困难资助等相关工作。

变故对其心理造成较为明显的影响。因为平时生活中缺少他人的关爱,容易导致人际关系较为紧张,形成敏感、内向的性格特质,极易出现社交障碍、自卑等心理问题。特殊的家庭环境,导致他习惯性地隐藏自己,胆小怯懦,缺少自信,容易逃避问题。

(二)总体思路

在国家精准扶贫的视阈下,教育公平问题凸显。如何帮扶在校贫困生解决现实困境、处理危机问题,是高校学生工作的重点。本案例中的王同学,可以说是这一类学生群体的代表,短期看需要"物质"帮扶使其顺利度过大学生活,长期看需要"精神"帮扶使其完成人生的转折。从工作的角度出发,首先要解决"燃眉之急",其次要从教育的角度影响其心智,从根本上助其自我成长和自我提升,最终通过个案分析和总结,形成一套比较成熟的贫困助学工作法。

(三)具体措施

1.谈心谈话,加强关注

畅通沟通渠道,提供"被动"沟通契机,如召开资助生座谈会、恳谈会等,特别在关键时间点,加强正向的舆论导向,让学生有合理的倾诉平台,主动寻求解决问题的办法;同时,加强深入的一对一沟通,了解学生的实际困难,引导其接纳自己、积极面对、努力改变。在不同的资助时间节点上,广泛通知动员,单独提醒经济困难生,并帮助其申请奖学金、助学金。

2.思想帮扶,正向鼓励

结合身边的事例,鼓励经济困难生在困难面前不低头。传递积极的人生观和价值观,把逆境当成历练,通过自身的努力去改变现状。直面困难,克服困难,提高抗挫折能力。组织观看励志电影,推荐励志书籍,引导学生形成正确的价值观,学会学习、打好专业基础,过好大学生活。

3.家校连接,构建体系

在必要的时间节点,与班主任、学生干部、学生家长保持紧密联系,构建多级帮扶体系,形成工作闭环,避免"孤军奋战"的窘境。特别注重同学生家长的有效沟通,获得家庭助力,对待特殊家庭也可采用家访等方式,形成家校合力,提升帮扶实效。

4.开展活动,营造环境

丰富校园文化生活,依托各级、各类平台,针对资助生开展有特色的活动,如依托团学组织开展的校园品牌活动和依托学生党支部开展的党员志愿者活动等,丰富"帮扶+"体系,发现、带动受资助群体中的先进分子,树立榜样典型,营造互帮互助的良好氛围。

三、相关启示

2017 年,国家财政部、教育部联合发布了《不让一个学生因家庭经济困难而失学——2017 年国家学生资助政策简介》,明确提出本专科生教育阶段的 13 项利好政策,通过国家奖助学金、国家助学贷款、学费补偿贷款代偿、校内奖助学金、勤工助学、困难补助、伙食补贴、学费减免、绿色通道等多种方式的混合资助体系,加大对贫困学子的求学帮扶和政策倾斜力度。2013 年 9 月,习近平总书记在联合国"教育第一"全球倡议行动一周年纪念活动上讲话:努力让每个孩子享有受教育的机会,努力让 13 亿人民享有更好、更公平的教育,获得发展自身、奉献社会、造福人民的能力。2015 年 9 月,习近平总书记给"国培计划(2014)"北京师范大学贵州研修班参训教师的回信中明确提出:扶贫必扶智,教育扶贫是根本。在国家精准扶贫背景下,教育公平、贫困学子的扶智与扶志,值得每个教育工作者深思。

(一)做好贫困生认定工作,完善退出机制

根据(教财〔2018〕16 号)文件精神,做好家庭经济困难学生认定工作。在个人自助申报的基础上,对六类群体进行排查,深入了解学生的家庭收入、家庭财

产和负债情况,重点关注特殊群体如优抚对象、低保、特困等人员,完善资助学生数据库;以专业和班级为单位,成立分院贫困生认定工作小组,制定分院认定工作方案,根据贫困生的困难程度认定贫困等级,并进行打分排序。同时,加强在库贫困生的后续跟踪工作,通过深入排摸和走访,动态了解学生情况。如发现实际情况与上报材料不符,及时剔除,确保数据库真实有效。

(二)资助工作讲方法,注重实效

在工作实际中,要注意保护受资助学生的隐私,公示环节只出现事项、姓名等重要信息,家庭详细情况不能公之于众,避免给受资助学生造成心理负担。不公开讨论学生的家境,不鼓励学生比惨。同时,不能戴有色眼镜来评判受资助群体,要及时做好贫困生的心理及思想工作;对个别需要关注的个体,摆正心态,积极引导,帮助其摆脱困境、完善自我;善于借助班主任、学生干部队伍的力量,共同关注,保证信息的畅通,精准关注贫困生的实习、就业情况,让受资助群体能时刻感受到学校的温暖。

(二)发挥辅导员在资助工作中的作用

高校辅导员是思政教育的主力军,对高校资助工作而言有着非常重要的作用,其角色明确,在资助工作中处于重要的位置,理应发挥更大的影响力和积极的作用。辅导员除了在贫困生认定、各项奖助学金评选、心理帮扶等方面发挥作用外,更应该注重对工作的总结和反思。辅导员的工作对象是人,不能过于教条和僵化,在把握大原则和大方向的基础上,要灵活地对待受资助的学生,如此才能在具体工作中产生实效。

新媒体下大学生网络安全意识缺失深层次剖析

史晓燕[①]

一、案例背景与概述

案例1

我院某专业学生小梁,是位孤儿,父母在他八九岁时相继离世,随后他被送到内蒙古某福利院。在福利院期间,他各方面表现不错,2016年9月进入我校学习。初入社会的小梁,耳旁少了福利院妈妈们的"唠叨",开始迷失自我,沉迷游戏,在网络的虚拟世界里一发不可收拾,逃课、旷课成了"家常便饭",虽然班主任苦口婆心,但他始终无动于衷。当他囊中羞涩时,一些鼓吹门槛低、无抵押、免担保、放款快的网贷平台向他汹涌袭来。经不住诱惑的小梁开始网上贷款,由最初的两三百元到1000元,利滚利,短短几个月贷款累积到上万元。

案例2

我院某专业学生小周,低保,父亲年幼时过世,母亲天天疲于赚钱养家,跟女儿沟通较少。小周由于身材肥胖,形象不佳,在现实生活中找不到称心的男友。2020年4月,在新冠肺炎疫情的特殊时期,空虚无聊的小周打开了陌陌的交友软件,认识了小王,在一次又一次的糖衣炮弹的面前,小周似乎找到了"自信",两

---

① 史晓燕,浙江工商职业技术学院电子信息学院副教授,主要从事专业课程教学和班主任等相关事宜。

人快速地由线上转到了线下！短短半年期间，小王以各种理由向她要钱，被"爱情"冲昏头脑的小周，毫不犹豫地将自己的贫困补助、生活费、兼职的钱拱手相送，甚至还向亲戚借钱给小王，总计 17000 元左右。这期间，小王多次劝说小周到许多不良的网贷平台去贷款。幸运的是，我校校园贷宣传比较到位，小周还算保持着清醒的头脑没有去贷款。

像网恋被骗、校园贷、网络诈骗这些新闻已经屡见不鲜，但还是有许许多多大学生上当受骗，可见增强大学生网络安全意识已经刻不容缓。基于此，笔者想对大学生缺失网络安全意识的原因进行分析，提出相应的解决对策，引导他们树立正确的世界观、人生观和价值观。

二、大学生网络安全意识缺失的原因分析

(一)社会原因

在大数据时代，网络的自由与开放使其存在着大量纷繁的信息，许多低价值的信息掺杂其中，这就加大了大学生甄别网络信息的难度。政府对网络信息监管不够完善，信息发布存在虚假现象，同时政府对虚假信息打击力度不够大，加之信息流动快速化，给那些有害信息提供了适宜的温床，助长了有害信息的产生与繁衍。网络又因其特有的虚拟性和隐蔽性，使学生产生好奇甚至偷窥心理，浏览各种非法网站，沉迷于网络游戏和虚拟世界，导致他们深陷其中不能自拔，严重影响了他们的身心健康，也冲击着他们的世界观、人生观和价值观。

(二)学校原因

部分高校并未将网络信息安全意识教育纳入专门的课程体系中，已开设相关课程的高校也只是从理论的角度教育大学生要重视网络信息安全，形式单一，枯燥乏味，并不能帮助大学生深刻体会到网络信息安全的重要性。这种重课堂理论灌输、轻社会实践教育，重显性教育、轻隐性教育的方式已经脱离了学生的需求，同时大大降低了学生的学习兴趣。特别是对于不断变化的网络风险，滞后的理论教育模式已远远跟不上信息的更新速度了。

（三）家庭原因

家庭教育对一个孩子的成长来说是至关重要的。孩子是父母的影子,父母的一言一行及家庭环境对大学生网络信息安全意识的形成具有不可忽视的作用。现实生活中,有些家长只注重孩子的学习成绩,忽视了孩子的健康教育;有些家长忙于生计,只管生不管养;有些家长文化程度低,教育理论知识缺乏,难以以身作则……总的来说,许多父母对网络安全的警觉性和安全意识是远远不够的。因此,没有良好的家庭教育,不重视孩子的安全教育和健康教育,也是新媒体下大学生网络安全意识淡薄的重要原因。

（四）自身原因

大学生正处于成长的关键时期,生理和心理仍不成熟,分析和处理事情的能力不足。他们通过网络平台获取资讯信息,体会虚拟世界带来的快感,但缺乏基本的网络安全知识;对网络过度依赖,缺乏防备心,对网络世界的风险了解甚少,风险防控能力不够;在网络平台上填写的个人真实信息,造成信息的过度暴露,不可避免地带来各种各样的信息安全问题。大学生群体初入社会,经验尚浅,缺乏辨别是非的能力,面对复杂的网络,一旦受诱惑,就容易深陷其中,从而影响他们的身心健康。

三、网络安全意识增强的解决对策

（一）加大对网络环境的监管,营造安全纯净的绿色上网环境

首先,政府要完善网络信息安全法律法规,清除网上垃圾,消除网络隐患,根据出现的新情况,对相关的法律进行及时的修改和补充。其次,政府要积极发挥引导作用,加大网络信息安全的宣传力度和网络监管力度。对于网络上出现的不良现象,应持之以恒、严抓不懈以确保安全,严厉打击网络信息违法的各种犯罪行为,将相关政策严格落实到每一方面。最后,组建专业的网络管理和评估人员,加强对网络信息安全的维护,营造良好的上网氛围,为大学生的网络信息安全保驾护航。

（二）加大网络安全意识教育的力度，培养大学生正确的网络信息安全观

网络信息安全教育是大学生安全教育的重要内容，也是思想政治教育的重要组成部分。作为培养大学生网络信息安全观的主阵地，高校要将网络信息安全教育和网络素养教育纳入专门的课程体系，改变事后说教、亡羊补牢的教育模式；提高师资队伍建设，开展专业教师的网络信息安全培训和不定期的专题研讨会，聘请网络领域的专家和网络监管的专业人士来校宣讲；依托校园文化这种隐性教育活动来营造网络信息安全意识氛围，开展丰富多彩的文化活动来潜移默化地影响学生，提高学生对网络信息安全的关注度，使得网络信息安全教育更加深入人心；积极拓展校内外实践活动来丰富网络信息安全意识教育，采用第一课堂和第二课堂相结合的方式，如举办网络信息安全的相关活动和组织参观网络陷阱主题教育或相关的教育基地等。这些活动既能丰富大学生的生活，又可以宣传网络信息安全知识，达到知行合一，从而提升大学生的网络安全技能和防范水平。

（三）建立家校联合的有效途径，提高家长网络安全意识

家庭是学生接受教育的第一场所，网络信息安全意识提升千万不可忽视家庭教育的重要作用。父母重视对孩子独立思考能力的培养，不受他人的影响或一些虚假信息的诱导，树立正确的网络价值观；注重与孩子的沟通，及时发现他们在生活中出现的一些问题，若其遭遇网络诈骗或信息被窃取，应鼓励其采取法律手段维护个人的权益；深刻认识到网络信息安全的重要性，严于律己，严格遵循网络生活行为规范，以身作则，起到良好的示范作用。建立家校联合的有效途径，便于高校和家庭及时有效地掌握大学生的网络信息安全情况和思想状况。

（四）引导学生主动学习网络安全知识，自觉提升网络安全素养

加强对网络安全知识的学习，积极参加学校开展的网络安全课程，对于网络上接触到的各种信息，要注意辨别真假，不要盲目听信；注重对自我信息的保护，在日常生活中培养信息安全意识，身份证、学生证和银行卡账户等个人信息，不要轻易透露给他人；努力提升个人网络安全素养，合理使用网络，避免沉溺其中，

如果个人信息被不法分子利用,对自身造成了损害,应及时告诉学校老师和父母,并采用法律手段来维护个人权益;在面对各种网络诱惑时,时刻保持清醒头脑,树立正确的世界观、人生观和价值观。

四、结　语

随着高校网络的全面覆盖和各种应用平台的推出,网络已成为大学生生活中不可或缺的东西。网络在给大学生带来便利的同时,也威胁着大学生的信息安全。大学生在利用网络的同时承担了网络不确定性带来的风险。因此,如何提高大学生的网络安全防范意识,增强大学生应对网络陷阱的能力,树立正确的世界观、人生观和价值观,已经迫在眉睫,更离不开社会的严格监管、学校的宣传教育、家庭的正确引导,以及学生的自主学习!

阳光心态，助力成长

——对提高学生干部心理承受能力的引导教育

汪小燕①

一、案例概述

小王(化名)，我院大二学生，在学院团学组织中担任学生干部，学习成绩优异，工作表现突出，因其寝室个别同学生活习惯不好，平时又不愿配合室友寝室卫生打扫工作，不能共同营造良好的寝室卫生环境，导致该寝室一直没有被评为"文明寝室"。学期初，根据学校评奖评优的条件，小王发现努力了一学年，却因自己寝室没有获得文明寝室而错失所有评奖评优的机会，他对自己一年来在学习、工作上辛勤付出的努力和最终不呈正比的收获感到很失落，心理上产生了各种消极情绪，对学院团学工作也没了之前的干劲，甚至想退出团学组织。

二、案例分析

小王同学本是个自我要求较高、有明确的学习目标且对自己大学生活有明确规划的学生。作为学院团学组织的一名学生干部，他认为只要自己在学习、工作上够努力，就一定能收获成功的喜悦，但最终事与愿违，他的努力和付出没有得到相应的认可。相反，他觉得自己所有的努力，仅仅因为所在寝室没有获得文明寝室而被否定了。他深感一切太不公平了，这件事对他造成了严重的打击。他认为，在文明寝室的创建上，自己已经完成分内工作，也曾努力尝试着和室友

---

① 汪小燕，浙江工商职业技术学院电子信息学院辅导员、助教，研究方向为思政教育。

沟通交流,希望大家可以共同营造良好的寝室氛围,但每个人生活习惯不同,各自的目标不同,个别室友始终不愿配合他做好寝室卫生工作。小王觉得自己很无力,也很委屈,觉得自己一直够努力,但一直不够幸运。他甚至开始怀疑自己的能力,也对学校的评奖评优制度提出过质疑,但最终的结果还是没有达到他的预期。结果,他开始对身边的人和事产生各种不信任,对学习提不起兴趣,对工作也丧失了原有的热情,心理上产生了消极的情绪。

三、应对策略

(一)通过谈心谈话,深入了解学生的实际问题,进行正确引导

通过和小王的谈心谈话,笔者了解到小王想退出团学组织的真正原因,并对其因没有获评文明寝室而失去评奖评优资格这一事件进行引导。通过下寝走访,了解其室友的学习、生活情况,对其室友进行集体主义价值观的引导,将身边优秀寝室室友间携手共进的典型案例、故事分享给其室友,帮助其室友建立良好的集体荣誉感和荣辱观,共同营造良好的寝室氛围。

(二)找准问题根源

通过与其多次交谈,小王终于袒露他想退出团学组织的真正原因。首先,他对学校这个评优评奖的制度存在异议,对多次提出质疑却未改变感到身心疲惫。其次,作为学生干部,他感觉自己不能带领身边的同学共同完成某个目标,认为自身的能力方面有一定的欠缺。小王觉得他对自身的管理没有任何问题,可作为一名学生干部,他深知责任和压力。而在与寝室同学相处中,他感到了深深的无力感,认为自身的影响力不够,室友也不愿意配合他的工作。其寝室几位同学都是学习成绩平平,对自身要求不高,不想评奖评优,也没有集体观念,因此,平时都是小王一个人打扫寝室卫生,其他同学都不配合他。长此以往,这使得他对于自己作为一个学生干部的领导力和组织协调能力产生了怀疑。

(三)找寻学生的闪光点,让学生重拾信心

通过多方面、多渠道了解,小王是一个很自律,对自己的学习、生活很有规划的男生。他在大一期间就积极参加学院的团学干部竞选,并表现出很强的干劲,

仅仅因为评奖评优的条件限制了他这次的申报资格,让他对付出与收获感到不平衡。因此,通过回忆他在上一学年团学的工作表现,对他的工作给予充分的肯定,并让他明白人生不可能不遇到些挫折、坎坷,不能因为一次评奖评优的失利而一蹶不振,鼓励他调整自己的心态,适应当前的环境,摆脱消极的情绪,找到自我的价值。

四、经验启示

此次事件引起了笔者对学生干部心理承受力的思考。现在的大学生心理较为脆弱,他们常常只能享受成功和喜悦,难以承受失败和挫折,对于环境和人际关系的适应能力较弱,容易因为个别小事而产生消极心理。作为辅导员,笔者该如何引导学生走出消极情绪,正确面对挫折与失败呢?

第一,花时间细心观察,真正了解学生背后的故事。通过定期开展座谈会、寝室走访等形式与学生进行沟通,了解问题、发现问题,及时与相关部门反映问题、解决问题;与学生建立定期的沟通交流机制,了解、关心学生的真正需求,做好学生的引路人。

第二,及时了解、掌握学生的心理状态,特别是作为学生中坚力量的学生干部的心理状态,定期开展心理团辅、心理疏导活动,舒缓他们的压力,减少其在生活以及工作上的焦虑。要注意细节,因为学生往往在放松的情况下,会流露出更多的深层想法。

第三,对学生干部进行充分的肯定,给予他们指导性的意见和建议,真正为他们考虑,帮助他们建立信心。同时,注重言传身教、寓教于乐,将纾解情绪的正确方式传授给他们。

第四,营造以文化人的新环境,不断发挥文化育人的效应。辅导员要在团队理念上下功夫,用正能量的团队文化感染学生干部积极投身日常工作中去,给足精神食粮,并对学生做好引领工作,让学生有一定的归属感。这样一来,学生干部就会想着团队利益和工作需求,在工作中不断地主动提升自我的业务能力和引领意识。

第五,做细实践育人的各个环节,用仪式感吸引学生。可以采取学生干部身份确认的仪式感,举办正式的聘任仪式,并宣布一系列的任命决定,使学生干部切切实实有存在感,并体会到自己职务的责任感和使命感。

第六,不断拓展以文育人的工作平台,抓牢网络育人空间。随着新媒体时代的全面到来,手机、平板、笔记本电脑等移动终端在高校学生中全面普及,使得网络影响着在校学生的方方面面。利用网络文化对学生进行教育,可以直接推进学生的素质教育进程和质量。要想真正实现网络文化的育人功能,就要丰富网络文化育人平台,建立和健全网络文化育人制度,提升网络文化整体水平,优化网络文化传播模式。

立德树人，弘扬精益求精的工匠精神

韩　梅[①]

全面推进课程思政建设是落实立德树人根本任务的战略举措。培养什么样的人、怎样培养人、为谁培养人是教育的根本问题，立德树人成效是检验高校教育的根本标准。落实立德树人的根本任务，必须将价值塑造、知识传授和能力培养三者融为一体，不可割裂。全面推进课程思政建设，就是要寓价值观引导于知识传授和能力培养之中。帮助学生塑造正确的世界观、人生观和价值观，是课程思政建设的必备内容。这一战略举措，影响甚至决定着接班人的继承问题，影响甚至决定着国家的长治久安，影响甚至决定着民族复兴和国家崛起。在课程思政建设过程中，教师队伍是主力军，课程建设是主战场，课堂教学是主渠道。班主任和课程的主讲教师，都应承担好育人责任，守好一段渠、种好责任田，使班级同学与课程思政同向同行，将显性教育和隐性教育相统一，形成协同效应，构建全员、全程、全方位育人大格局。

一、案例背景

现在的学生个性非常突出。作为班主任，笔者遵循共性与个性相结合，既注重教学内容的价值取向，也尊重学生在学习过程中的独特体验，坚持实事求是的原则来教育学生；坚持以正面引导、说服教育为主，积极疏导，启发教育，同时辅之以必要的纪律约束，引导学生向正确、健康的方向发展。

---

① 韩梅，浙工工商职业技术学院电子信息学院副教授。

二、案例解决过程

（一）教育学生树立正确的世界观

关于学生进校的入学教育,笔者会紧紧围绕坚定学生理想信念,以爱党、爱国、爱社会主义、爱人民、爱集体为主线,围绕政治认同、家国情怀、文化素养、宪法法治意识、道德修养等课程思政内容,系统地将中国特色社会主义和中国梦教育、社会主义核心价值观教育、法治教育、劳动教育、心理健康教育、中华优秀传统文化教育等嵌入学生学习的知识点中。

在第一节课上,笔者就提出将社会主义核心价值观,即"富强、民主、文明、和谐、自由、平等、公正、法治、爱国、敬业、诚信、友善"作为学生学习和生活的指南针。培育和践行社会主义核心价值观,要以培养能担当民族复兴大任的时代新人为着眼点,强化教育引导、实践养成、制度保障,发挥社会主义核心价值观对国民教育、精神文明创建、精神文化产品创作生产传播的引领作用,把社会主义核心价值观融入社会发展各方面,转化为人们的情感认同和行为习惯。"富强、民主、文明、和谐"是我们的最高境界。为了达到这个境界,我们必须坚持"自由、平等、公正、法治",这是对美好社会的生动表述,也是从社会层面对社会主义核心价值观基本理念的凝练。"爱国、敬业、诚信、友善",是公民的基本道德规范,是从个人行为层面对社会主义核心价值观基本理念的凝练。它覆盖了社会道德生活的各个领域,是公民必须恪守的基本道德准则,也是评价公民道德行为选择的基本价值标准。"诚信"即诚实守信,是人类社会千百年传承下来的道德传统,也是中国特色社会主义道德建设的重点内容,它强调诚实劳动、信守承诺、诚恳待人。"友善"强调公民之间应互相尊重,互相关心,互相帮助,和睦友好,努力形成社会主义的新型人际关系。

（二）教育学生树立正确的人生观

笔者对自己带的电子专业的班级提出,电子技术专业知识是科技创新的基础。对于科技这个词语,大家都很熟悉,电脑、电视都是电子技术发展的馈赠。随着科技产品更新换代的不断加快,可视电视、电脑上网、心脏起搏器、无人驾驶汽车和酒店服务机器人等高科技产品不断出现,都包含着电子技术知识。只有掌握好电子技术基础知识,才能进行科技创新。我们可以从以下几个方面引导学生认识电子科技的有趣点:其一,支配宇宙的自然规律是充满魅力的;其二,探索电子科技、揭示自然规律的过程也是趣味无穷的;其三,科技一旦与人类社会发生关系,无论正面与反面,都是趣味横生的。科技无处不在,电子科技让人类无比自豪! 科学技术的日新月异,使得科学不只为尖端技术服务,也越来越多地渗透到人们的日常生活之中,例如越来越多的小电子产品:蓝牙耳机、智能垃圾桶、雾化器等。通过专业教育,班级学生对电子专业的兴趣大增。

(三)教育学生树立正确的价值观

将学生的专业学习兴趣调动起来以后,带学生们走出去,到全国排名前 100 名的匠心企业——宁波福特继电器有限公司实地参观,请企业创始人、宁波福特继电器有限公司董事长杨晓厦讲创业史,让同学们明白:将 20 世纪 80 年代濒临倒闭的街道小厂做成现在年生产量两亿只、年销售额五亿元的匠心企业是怎样一种情怀——精益求精的工匠精神。杨晓厦用自己的亲身经历告诉学生:想要实现"中国梦",就要大力发展经济;想要发展经济,就要积极拓展海外市场;想要拓展海外市场,就必须提高产品质量;想要提高产品质量,就必须弘扬精益求精的工匠精神。这个企业有很多我校电子专业毕业的学生,相关负责人带学生到有学长工作的相关岗位参观,让学长言传身教,注重运用传帮带的工匠精神引导学生,使学生学思结合、知行统一,增强学生勇于探索的创新精神,让学生在亲身体验中增强创新精神、创造意识和创业能力。注重教育和引导学生弘扬劳动精神,将"读万卷书"与"行万里路"相结合,在实践中增长智慧才干,在艰苦奋斗中锤炼意志品质。

三、工作启示

目前,应用电子技术专业正以校企双元合作模式实施现代学徒制。我带的班级是试点班级之一。作为班主任,我运用自己的资源首先选好企业,多次调研,邀请条件比较成熟、技术含量比较高的电子行业的专家与自己班级的学生进行座谈研讨,以高端企业一线优秀员工成长路径为榜样,设定基础目标和教学内容,将相关电子企业作为育人的另一个环境,按照职业规范、岗位工作流程和考核标准,着重解决实践性强、标准高、具有企业专属性的教学内容,由企业安排技术能手作为"准师傅"负责带领学生上岗学习,实现校内校外共同培养,帮助学生实现"学生—学徒—准员工—员工"的四种身份零距离转换。通过一系列德智体美劳的教育和精益求精的工匠精神的洗礼,遵循共性与个性相结合,尊重学生在学习过程中的独特体验,坚持实事求是的教育原则。

四、结　语

弘扬工匠精神,不仅是对传统工匠技艺的留恋,而且是对职业道德的呼唤。工匠精神不仅仅是制造业实现突围的法宝,也不仅仅是企业的金字招牌,还代表了一个时代的气质,更是我们每一个人该有的精神追求与人生态度。当精益求精、踏实专注和坚守执着的工匠精神成为我们工作的追求和精神支柱时,我们的中国梦一定能加速实现。

以生为本:学生违纪处理有效模式构建

王　娜[①]

一、案例背景与概述

王某某,浙江工商职业技术学院大三学生,重庆人,建档立卡贫困户,性格内向。该生因寝室内部长期不和,暑期恰逢培训班集训,在校外租房,开学后续租,未遵守《学生手册》规定,在外住宿长达一月有余。十月某日,安全巡查员例行夜间查寝,因室友间再次发生纷争,室友主动向安全巡查员举报其私自外宿。安全巡查员当即联系学生本人,告知其私自外宿性质,并第一时间告知辅导员进行报备。

因私自外宿已严重违反《学生手册》相关规定,但考虑到学生日常表现,结合《学生手册》规定,学生工作委员会研究决定,要求该生提交书面检讨,对其进行学院内通报批评,并取消本年度奖学金评选资格。

二、案例分析与应对

(一)问题本质

学生以寝室不和、作息不同等因素影响学习为由,并认为理由充足,将其行为"合理化",这表面是"正名违纪",其实质是学生缺乏规则意识,漠视校纪校规。

---

① 王娜,浙江工商职业技术学院国际交流学院辅导员,主要从事大学生思想政治教育。

此外,私自外宿也暴露出以下问题:第一,安全巡查员管理不到位,查寝流程存在纰漏,查寝制度有待完善;第二,学生外宿期间安全无法得到保障,尤其是新冠肺炎疫情期间,存在诸多安全隐患;第三,师生间的信任仍待进一步构建,学生缺乏"有困难找老师"的意识,惯性选择"私下处理";第四,家校尚未形成联动,家长与老师间缺少沟通交流。

(二)解题思路

学校无小事,处处皆教育。针对本案例,坚持把握问题发展轻重缓急的各要素,用好快慢思维。首先,用好快思维,解燃眉之急。先确保该生的安全,督促其在次日返回学校住宿,并向辅导员、班主任说明情况,采用合理方式及时将外宿问题解决,把人带回学校,与家长交互信息。其次,用好慢思维,从长远来看,解决好学生整体层面和个体层面安全教育这一关键问题,做到一把钥匙开一把锁,将安全意识和规则意识与思想政治教育相融合。

(三)实施办法

根据上述工作思路,针对本违纪行为采取以下措施。

1.着眼紧要问题,迅速介入

考虑当天晚上已近十点,该生如深夜返校存在较大的安全隐患,辅导员当即与其家长取得联系,确认家长知悉其外宿情况。同时,委托附近同事核实租房环境安全后,电话告知该生次日一早务必返校,并报备其班主任。次日上午八点,该生返校到办公室报到,当天搬回学校寝室住宿。

2.晓之以情,教育以"共情"

在和该生沟通过程中,主动询问了解情况,避免一味地说教与批评,让学生明白私自在校外租房的安全隐患,通过共情唤醒学生在校的自觉性,同时对照《学生手册》,告知其行为的严重性,明确学校对这件事严肃处理的态度。辅导员通过谈心谈话,了解到该生性格较为内向,因专升本压力、室友长期不和等原因才选择外宿。

3.多渠道了解，全面综合研判

依托学生干部，该室友、班主任和家长，对该生进行多方面的了解。结果发现，该生家境贫寒，在学校十分内向，先前与其室友因评奖、评优起争执，靠校外兼职垫付房租，此前无违反校纪校规的行为。在掌握相关材料了解事发原因后，遂将该事件的概况、起因和初步发展向分管领导进行汇报。分院了解情况后，根据学生的书面检讨立即召开学生工作委员会会议，讨论决定对其进行学院内通报批评，并取消本年度奖学金评选资格。

4.以心比心，争取家校零距离

家长是教育的关键部分，因此在处理过程中，辅导员始终积极地与家长保持沟通、交流，帮助其梳理学生在校内学习的优势，如复习氛围、朋辈互助与专业指导，从更全面的角度为家长及学生分析利弊。同时，还分析了校外租房的安全隐患，如社会小区人员流动频繁，疫情防控存在一定压力，学生往返途中人身安全无法得到保障，等等，通过比较来消除家长的困惑。事后，该生家长对学院工作表示支持，协助其退租校外住房。

5.树立闭环思维，持续跟进事件发展

该生表示接受该处理结果，开始积极寻求辅导员的帮助来协调寝室矛盾。经过多方沟通后，该生寝室关系有所缓和。目前，该生已正常住宿，并积极备考专升本，同时定期与辅导员交流，也与家长全程保持沟通。

6.健全管寝机制，以点带面教育

本案例中，学生私自外宿，辅导员期间毫不知情，充分暴露出工作机制的漏洞。因此，要根据分院寝室网格化管理细化名单，落实一级网格员、二级网格员等责任，召开安全巡查员培训会议，再次明确安全巡查员的巡查职责，严格规范巡查制度，确保"查到人、见到人"，定期更新学生晚归、未归名单，及时按照相关规定进行处理，并开展主题班会，严肃学生安全纪律。

三、案例反思与启示

(一)站在家长视角换位思考,形成家校合力

在与家长沟通过程中,虽然在教育理念方面可能存在分歧,但关键在于求同存异。要学会从共同关心孩子、帮助孩子的角度出发消除隔阂,引起共鸣。从关心切入,用权威的素材客观全面地介绍问题的严重性和学生的现实状况,更容易获得家长的理解与支持。在工作过程中,要注意与学生家长的沟通,把学校教育和家庭教育相结合,联动校内校外,最大限度地发挥教育的积极作用。

(二)站在学生视角剖析问题,正视合理诉求

以此案例为启示,学生专升本是高职院校学生就业的重要组成部分,也是提升就业数量乃至质量的关键举措。辅导员要高度重视毕业生的专升本考试,并合理引导。对于有志于专升本、有明确目标的学生,要鼓励引导、创造条件;而对于跟风报考的学生要全面分析,让学生形成清晰的自我认知,找到合理的发展赛道和就业方向。同时,通过排摸调查,在条件允许范围内设立专升本寝室,进行寝室整合,做好指导帮扶工作。

(三)站在辅导员视角反思能力提升,以生为本

作为辅导员,在实际工作中必须要自觉树立和培养自身的危机意识,时刻保持工作的敏感性和警惕性,坚持"防不胜防也要防""管了没用也要管""说了不听也要说"三个基本观念。要深入到学生中去,倾听学生的心声,洞察学生的变化,了解学生的烦恼,发现学生的问题,成为学生的知心人。同时,要完善日常工作机制,保证联系渠道畅通。针对重点关注的"特殊学生"要做到心中有数,事无巨细,力争通过细致、深入的工作化解隐患于无形之中。

面对学生违纪处理情况,积极构建学生违纪"三衔接"模式:在教育上,主渠道与主阵地衔接;在处理上,时效性和思辨性衔接;在跟踪上,剖析与反思衔接。处理过程中必须坚持"以生为本"的核心理念,落实事前教育、事中处理、事后跟踪的工作准则,心理辅导和思想引领双管齐下,全方位、全过程地关心、关爱学生成长。